Sybil Gräfin Schönfeldt
Die Jahre, die uns bleiben

W0372063

SERIE PIPER

Zu diesem Buch

Das Alter nehmen, wie es eben ist. Sybil Gräfin Schönfeldt, die sich selbst zu den Alten zählt, hat sich wichtige und vor allem hilfreiche Gedanken über das Alter gemacht. Sie geht von ihren eigenen Erfahrungen aus: Man wird dem Körper untertan, das Zeitgefühl ändert sich, mehr und mehr Freunde sterben. Doch man ist auch glücklich über die Kinder und Enkel, man genießt es, außerhalb von Pflicht und Zwang zu stehen und zu tun, was einen freut. Gräfin Schönfeldt spart aber auch das Ärgerliche nicht aus: Ärger darüber, wie die Jungen über die Alten reden, daß überall so getan wird, als könnten die Alten mit ein bißchen Kosmetik und Gymnastik wie Junge funktionieren, daß junge Ärzte oft einfach grausam sind im Umgang mit den Alten und daß der Kult um die jungen Alten in der Werbung unerträglich ist. Sie führt viele Texte aus der Weltliteratur an und gibt auf die vielen Fragen zum Alter und Altern humorvolle und ehrliche Antworten.

Sybil Gräfin Schönfeldt, geboren 1927 in Bochum, studierte Germanistik und Kunstgeschichte, Promotion 1951. Sie arbeitet als Journalistin unter anderem für »Die Zeit« und den »Stern«, für Rundfunk und Fernsehen. Sie übersetzte und veröffentlichte Bücher für Kinder und Erwachsene und erhielt zahlreiche Auszeichnungen. Zum Thema schrieb sie auch die beiden sehr praktischen Bücher: »Kinder brauchen Großmütter« und »Bei Großmutter ist es am schönsten. Ein Handbuch für Großeltern«. Sie lebt in Hamburg.

Sybil Gräfin Schönfeldt

Die Jahre, die uns bleiben

Gedanken einer Alten über das Alter

Piper München Zürich

Von Sybil Gräfin Schönfeldt liegen in der Serie Piper außerdem vor:
Kinder brauchen Großmütter (2127)
Bei Großmutter ist es am schönsten (2517)

Ungekürzte Taschenbuchausgabe
August 1999
© 1997 Piper Verlag GmbH, München
Umschlag: Büro Hamburg, Andreas Rüthemann
Foto Umschlagvorderseite: Gisela Floto
Satz: Uhl + Massopust, Aalen
Druck und Bindung: Clausen & Bosse, Leck
Printed in Germany   ISBN 3-492-22833-X

Eines Tages, ich war schon alt, kam in der Halle eines öffentlichen Gebäudes ein Mann auf mich zu. Er stellte sich vor und sagte: »Ich kenne Sie seit jeher. Alle sagen, Sie seien schön gewesen, als Sie jung waren, ich bin gekommen, Ihnen zu sagen, daß ich Sie heute schöner finde als in Ihrer Jugend, ich mochte Ihr junges Gesicht weniger als das von heute, das verwüstete.«

Marguerite Duras, Der Liebhaber

Gestern in der einsamen Mittagsstunde ging ich nach meinem Grundstücke und konnte mich nicht enthalten, in meinem Bau herumzuklettern; auf langer Leiter nach oben, wo nur noch die etwas dünnen Verschalungsbretter lose zwischen den Balken liegen und wo die Luft frei durch die Fensterhöhlen zieht. Ich blieb lange in meiner Zukunftsstube und webte mir Zukunftsträume, indem ich in das sonnige, weithin unter mir ausgebreitete Land hinausschaute. Wie köstlich ist es zu leben! Wie schmerzlich, daß die Kräfte rückwärts gehen und ans baldige Ende mahnen. Einmal dachte ich, wenn nun die Bretter brächen oder die Sicherheit deiner Hände oder Augen einen Augenblick versagte, und man fände den Bauherrn unten liegen als stillen Mann. Ich ging recht behutsam nur von einem festen Balken auf den anderen; und draußen flimmerte die Welt im mittagsstillen Sonnenschein. Sehen Sie, so schön erscheint noch heute im 63. Jahre trotz alledem mir Welt und Leben.

Theodor Storm, Brief an Theodor Fontane,
Husum, 23. März 1853

Inhalt

Einleitung
... wie kurz die Spanne in der Mitte ist

Tausend Sätze im Ohr: Alt werden ist die Hölle. Im Alter hat man endlich seine Ruhe, habe ich gedacht. Werde du erst einmal so alt wie ich, mein Kind. Alter ist eine Frage der Haltung – und ich habe, noch längst nicht alt, keinem dieser Sätze geglaubt. Oder besser: nichts verstanden.

Was ist denn, wenn man in der ersten Lebenshälfte steht, das Alter? Doch nichts als die Jahre, die sich den eigenen hinzufügen werden. Und was ändert sich denn für den Jungen bei einem Lebensjahr mehr? Er feiert ahnungslos Geburtstag. Er blickt nicht unter seine Haut, die sich glatt und elastisch über die Muskulatur spannt. Er spürt nichts von dem, was sich in seinem eigenen Leibe vorbereitet. Er liest Todesanzeigen und lächelt, wenn jemand von den Älteren mit dieser gewissen Betonung sagt: »Mein Jahrgang.«

Er betrachtet sich vielleicht einmal seine Hand und sieht, daß sie – über Nacht? – wie die Hand des eigenen Vaters aussieht, aber er glaubt seinem Kind, wenn es sagt: »Du siehst viel jünger aus als die anderen Väter!«

Und dann liegt eines Tages ein Schnappschuß vor ihm, der ihn so zeigt, wie er im gnadenlosen Blitzlicht aussieht. Dann gibt es bestimmte Bewegungen, die ihm nicht mehr gelingen. Dann hört er die Gespräche von älteren Freunden oder Kollegen mit neuen Ohren. Und dann ärgert er sich, wenn in der Zeitung oder in Sachbüchern junge Autoren über seinen eigenen Zustand, über das Alter, plaudern, so als ob es der gleiche wie jeder andere Lebensabschnitt wäre, nur erschwert durch den Trotz der Alten, nicht mehr joggen oder bergsteigen zu wollen. Es nützt einem oder einer Alten nichts, wenn ein Junger – sei es nun der Arzt oder das eigene Kind – ungeduldig sagt: »Nun gib dir doch Mühe, mach schon!« Wer alt zu werden beginnt, würde gerne machen, aber er kann nicht, und das ist der wahre Schmerz, nicht das plötzlich stechende Gelenk.

Bei der alten Frau, die angefahren wurde und sich die Knochen gebrochen hatte, nun im Krankenhaus liegt, erst Intensivstation, dann Krankenzimmer, dann Rehaklinik, geht es nicht nur um Kallusbildung. Es geht um den Schock, nun vielleicht über eine Grenze gestoßen worden zu sein, unwiederbringlich. Ihr nützt es nichts, wenn die Heilgymnastin sagt: »Und hoch den Fuß und beugen und kräftig – hoch! Höher! Aber das können wir doch!« Es hilft ihr nichts, wenn ein Besucher sagt: »Also, ich hatte praktisch das gleiche, und ich bin nach vierzehn Tagen wieder auf den Beinen gewesen!«

Es nützt ihr nichts, wenn ihr Wohlmeinende den allerneuesten »Ratgeber für unsere Senioren« mitbringen, in dem die erfreulichsten Statistiken über das Leben im Alter stehen und Fitneßprogramme für den Ruhestand.

Vielleicht möchte sie sich ja betrügen und läßt sich von all den jungen Stimmen einlullen. Aber sowie sie versucht, mit eigener Kraft – Kraft? – die Beine auch nur um Zentimeter zu heben, muß sie erkennen, daß sich etwas verändert hat. Sicher, »alte Menschen heilen verblüffend schnell«, wie mir ein Arzt sagte, als ich einen alten Freund nach seiner Krebsoperation besuchte. Aber der alte Mensch hat auch ein altes Inneres, und das braucht länger als die Narbe nach dem Operationsschnitt, um sich mit der neuen Situation zurechtzufinden.

Nein, ich meine nicht, daß man verzagen soll. Oder aufgeben, sich aufgeben. Oder sagen: Es hat doch alles keinen Sinn!

Wer will das wissen? Wer kann sagen, was der nächste Tag bringen wird? Vielleicht endlich die Sonne, die den alten Knochen und der alten Seele so wohl tut. Vielleicht den Besuch eines geliebten Kindes, Balsam gegen jeden Schmerz. Wahrhaftig nicht aufgeben.

Nur: Sich nicht von den Jungen verwirren lassen. Sie reden vom Alter wie der Blinde von der Farbe. Da haben natürlich auch viele entdeckt, daß man mit unserem Alter Geld machen kann, vor allem wenn man es durch das Wort Senioren ersetzt: Seniorenreisen und -residenzen, -kuren und -kleider, -apparate und -stützen, -ernährungsprogramme und -zellaufbauprogramme – alles interessant und sicher manchmal auch nützlich. Aber der alte Mensch ist kein Reparaturproblem. Er ist einfach alt. Vor allem alt. Unveränderlich alt. In unserer Zeit oft älter, als er sein möchte.

Und darum habe ich ein paar Stimmen gesammelt, die vom Alter sprechen, weil sie wissen, was das Alter ist. Ich will nicht behaupten, daß es tröstliche Stimmen seien. Es sind Stimmen von Dichtern, die der Wahrheit nicht ausweichen, von Frauen und Männern, die selbst den eigenen Wandel genauer zu beobachten zu vermögen als Geriater. Auch Stimmen, die verklären, was sonst nicht zu ertragen wäre, und solche, die das fast Unerträgliche beschreiben.

Wer alt wird, begreift die Köstlichkeit des Lebens tiefer denn je, weil er weiß, daß die Zeit bemessen ist. Und weil er nicht weiß, wie lange sein Tod auf sich warten läßt.

Ich saß im Herbst des Jahres, in dem der Krieg endete, im offenen Fenster, im milden Sonnenlicht, und schaute hinaus auf die Straße, die mir seit Kindertagen vertraut war und in der sich nichts verändert hatte. Rotgoldene Ahornbäume, gelbflammende Birken. Keine Trümmer. Ich wartete auf einen Freund. Wir wollten in den Hainberg wandern, wollten dort den Wald oder vielleicht nur einen

Zweig mit seinen letzten Blättern zeichnen. Ich wartete und dachte plötzlich: Eines Tages wirst du so auf den Tod warten.

Seitdem habe ich immer wieder an dieses Bild gedacht. Die Erinnerung an die Verluste des Krieges, an den Tod der Jungen, die so gerne alt geworden wären, ließ die Älteren, läßt meine Generation sicher anders altern als Junge, für die selbst das Kreuz in der Kirche keine Bedeutung mehr hat.

Was ist das Alter? Es sind die Jahre, die uns bleiben. Es ist der Nachsommer, und man sieht eine alte Frau im Garten zwischen ihren Rosen. Es ist die Zeit der Besinnung, und man sieht einen alten Mann in seinem Studierzimmer am vollgeräumten Schreibtisch. Es ist die Zeit der Großeltern, und man sieht sie unterm blühenden Apfelbaum mit ihren Enkeln spielen.

Ach, wer diese Zeit genießen kann! Wer sie festhält, selbst auf Fotos, wer einlädt und sich einladen läßt, um die Zeit zu nutzen, wer Familienfeste feiert, locker, ohne die gesellschaftliche Anstrengung des eingebildet Schicklichen. Wer sich Geschichten erzählen läßt und sie notiert und später nicht klagen muß: Hätte ich doch gefragt!

Was ist das Alter? Es ist die Zeit der steifen Gelenke und des Griffs nach jedem Geländer. Es ist die Zeit der schwindenden Kräfte. »Ich kann nichts mehr tragen. Dieser Koffer, den ich früher immer ohne Anstrengung...« Es ist die Zeit der Schwäche. »Ich bin so müde...« Oder gerade das Gegenteil. »Ich kann nicht mehr schlafen.« Die senile Bettflucht, wie das die Ärzte nennen. Und dazu der Verlust des Zeitgefühls. Aufwachen und nicht wissen, ob es Tag oder Nacht ist. Aufstehen und nicht wissen, ob es Sommer oder Winter ist. Irgend etwas anziehen und aus dem Haus gehen und nicht wissen, wohin.

So steht die alte Frau barfuß und im Nachthemd auf der

Straße, mitten im Winter und halb in der Nacht, und der Nachbar, der zur Arbeit, fährt hält an und fragt: »Was machen Sie denn um diese Zeit hier draußen in der Kälte?« Und sie fragt zurück: »Und was fahren Sie so früh durch die Gegend? Ich bin alt genug, ich kann machen, was ich will.«

Es ist die Zeit der kleinen Gebrechen. »Dies tut mir weh und das, aber ich gehe nicht zum Arzt. Der findet jetzt immer was, und dann ist es aus mit mir.« Und der Beine wegen geht man ohnehin nicht zum Arzt. »Die wollen eben nicht mehr!«

Alte Männer bekommen Knickebeine, können die Füße nicht mehr ordentlich heben, alte Frauen werden kurzatmig und müssen an jeder Treppenkehre warten. Sie sagen die Sätze, die sie von ihren alten Eltern gehört haben, wie einen Trost oder wie eine Beschwörung: »Alles Anstellerei!« oder »Da muß man gegenan!«

Was ist das Alter? »Ich bin noch immer an das oberste Regal gekommen, und jetzt muß ich um Hilfe bitten, wenn ich an die Gläser will.« Man wird kleiner, die Wirbelsäule sackt zusammen. Und man kann sich nicht mehr so leicht drehen. Man wird schwindlig, wenn man einen Walzer tanzt. Man sollte vernünftige Schuhe tragen, flach und mit Fußbett, aber die fast Achtzigjährige sagt: »Ich denke nicht dran! Das können meine Cousinen machen! Ich habe noch sehr anständige Beine. Und zum nächsten Geburtstag kaufe ich mir ein neues Kleid, richtig schön kurz. Da ärgern sie sich schwarz!« Aber nicht lange später fragt sie: »Wo hab ich eigentlich gewohnt, eh ich hierher gezogen bin?« Nicht du – ihr seid hierher gezogen, sagt der Sohn oder die Tochter und lacht, noch ahnungslos,daß die Mutter für einen Moment den Vater vergessen hat. Aber der Vater ist, sagen wir, seit zehn Jahren tot, und sie hat ihn tatsächlich vergessen. Oder sie fragt und meint ihn: »Wo ist eigentlich dieser andere Mann, der früher immer zu mir kam?«

Die Verbindung zwischen Gegenwart und Vergangenheit ist gerissen. Der »andere Mann« lebt, frisch und im Glanz der damaligen Jahre, als eine ganz selbständige Gestalt in ihrer Erinnerung weiter, und es hat keinen Sinn, auf der Logik oder der Wirklichkeit zu beharren.

Das ist das Alter. Die Logik hat ihr Recht verloren. Im alten Hirn herrscht Anarchie, und die letzten Truppen scheinen sich ihre eigene Wirklichkeit zu entwerfen, manchmal jeden Tag eine neue. Das verwirrt die Jungen, aber wenn sie auf der nicht mehr verbindlichen Logik bestehen, verwirren sie die Alten, rütteln an dem letzten bißchen, das ihnen sicher scheint, und machen sie mißtrauisch.

Das ist für die Jungen das Schlimmste und das Schwierigste: »Ich erledige das schon für dich, Mutter!»

«Warum denn? Was denn? Warum läßt man mich denn nicht? Ich habe doch immer ...« Und so werden die – sagen wir: Bankvollmachten, die eine Mutter dem Kind gegeben hatte, in einem Augenblick der Entscheidungskraft wieder zurückgenommen, und wenn ein wenig später ein Besucher kommt, der ein paar Minuten auf die alte Frau warten muß, so knistert es, wenn er sich in einen Sessel setzt. Im Bezug des losen Kissens stecken Tausendmarkscheine. Andere liegen als Lesezeichen in dem Buch auf dem Tisch, in dem er müßig zu blättern begann.

Es ist schwer, den plötzlich hellwachen Blick voller Mißtrauen zu ertragen. Man braucht lange, die Zeichen zu erkennen, braucht lange, ehe man begreift, daß es nur noch um Erbarmen geht und um unermeßliche Geduld. Wenn der alte Mann bei Tisch fragt: »Wann kommt denn meine Suppe?«, macht ihn der Hinweis nur wütend, daß er sie ja gerade erst bestellt hat. Er will keine Beweisführung, er will seine Suppe. Er will, daß ihm die Leute parieren. Er weiß, daß er ein gebrechlicher alter Mann ist, aber er will es nicht wissen. Er schreit dagegen an, er will, daß es wie früher ist, wie immer: »Wo bleibt meine Suppe?«

Wehe, wenn das jemand mißversteht und für spaßiges Theater hält. Dann wird er angeblafft und kann von Glück sagen, daß dem Alten der Krückstock, wie immer, unter den Eßtisch gefallen ist.

Jeder gesunde junge Mensch weiß, daß irgendwann das einsetzt, was man früher Verkalkung genannt hat. Jeder nickt gleichgültig oder mitfühlend, je nachdem, wenn andere von ihren alten Vätern und Müttern erzählen und von dem, was sie nun machen und sagen: Ja ja, nickt man dann, die Verkalkung. Heute spricht man gern von Alzheimer, die Kinder haben die Altersheimer-Krankheit daraus gemacht, und andere sagen: Vergreisung. Auf jeden Fall findet man auch diese Sache ganz normal. Denkt gar nicht lange darüber nach. Man wird halt alt, nicht wahr? Und es kann nicht jeder das Glück haben, einfach tot umzufallen. Manche vertrotteln vorher, das ist eben so. Nein?

Doch wenn es den eigenen Vater trifft, geliebt und verehrt oder – fast noch ärger – das ganze Leben verhaßt wegen seiner Überlegenheit und unnachgiebigen Härte, dann weigert sich das Bewußtsein des Sohnes und der Tochter, diese gewissen ersten, für alle unbeteiligten anderen so klar erkennbaren Anzeichen wahrzunehmen. Wie kann ein großer Geist plötzlich so zerfallen? Wie kann einer, der schneller und klarer und tiefer dachte als alle anderen, plötzlich nicht mehr abstrahieren? Wie kann ihm dieser wunderbare, bissige Humor abhanden kommen? Wie kann er plötzlich einen Scherz für Ernst nehmen und wütend parieren? Das schockt mehr, als wenn er sich entblößte.

Aber das Leben ist grausam und narrt den Ahnungslosen, läßt den alten Mann am nächsten Tag wie immer sein. Hat sich der Luftdruck geändert? Ist das Gehirn besonders gut mit Blut und Zucker versorgt? Sind durch irgendeine

Bewegung die Wackelkontakte der Zellen geschlossen? Wer weiß. Er ist wieder der alte, und die um ihn herum atmen auf und bilden sich ein, sie hätten die Sorgen übertrieben und sich zu früh geängstigt.

Eine ältere Frau, die ich kenne, eine Schwester, mit dem Blick, der sich auch durch Liebe und Hoffnung nicht betrügen läßt, sagte von dem Tag, an dem sie an ihrer Mutter, die bei ihr und ihrem Mann lebte, die ersten Symptome erkannte: »Das war die Stunde, in der ich meine Mutter verlor.« Sie starb erst Jahre später, und das Schlimmste, sagte die Tochter, war die Tatsache, daß »ich wußte, ich rede mit ihr, aber ich komme nie mehr an sie heran«.

Kann man das akzeptieren? Die Mutter wie ein Kind behandeln, das die Sinneseindrücke noch nicht zu einem Bild, die Handlungen noch nicht zu einer Abfolge von Ursache und Wirkung zusammenfassen kann? Noch nicht und nicht mehr. Wer dazwischen steht, sieht, wie kurz die Spanne in der Mitte ist.

Die Geschichten dieses Buches stammen aus den Jahrhunderten dessen, was man als Abendland bezeichnet.* Geschichten aus alter Zeit, und auch mein Blick geht oft zurück. Aber nicht, weil ich die besonnte Vergangenheit suche, ganz im Gegenteil. Da ich zwischen alten Menschen aufgewachsen bin, sind mir die falschen Urteile über das Alter immer suspekt gewesen, und je älter ich selber wurde, desto mehr berührte mich die Wahrheit dieser Geschichten, die ich täglich vermehren könnte.

Das Vertuschen und das Enthüllen. Wer hat recht? Wer übertreibt und warum die Wahrheit? Wer will sie – und warum – nicht wahrhaben?

* *Die Geschichten stehen jeweils am Beginn der Kapitel in schmalerem Satzspiegel. Für die Quellen siehe »Nachweis der Texte«.*

Solange es Menschen gibt, werden sie sich quälen wie wir. Aus der fernsten Ferne der Zeit tönt ihr Schrei, und ich höre ihn und finde keine anderen Worte als die von einst und immer und muß schreien wie sie.

Die Geschichte von Noah

So ging Noah heraus mit seinen Söhnen und mit seiner Frau und den Frauen seiner Söhne, dazu alle wilden Tiere, alles Vieh, alle Vögel und alles Gewürm, das auf Erden kriecht; das ging aus der Arche, ein jedes mit seinesgleichen.

Noah aber baute dem HERRN einen Altar und nahm von allem reinen Vieh und von allen reinen Vögeln und opferte Brandopfer auf dem Altar. Und der HERR roch den lieblichen Geruch und sprach in seinem Herzen: *Ich will hinfort nicht mehr die Erde verfluchen um der Menschen willen; denn das Dichten und Trachten des menschlichen Herzens ist böse von Jugend auf.* Und ich will hinfort nicht mehr schlagen alles, was da lebt, wie ich getan habe. *Solange die Erde steht, soll nicht aufhören Saat und Ernte, Frost und Hitze, Sommer und Winter, Tag und Nacht.*

Und Gott segnete Noah und seine Söhne und sprach: Seid fruchtbar und mehret euch und füllet die Erde. Furcht und Schrecken vor euch sei über allen Tieren auf Erden und über allen Vögeln unter dem Himmel, über allem, was auf dem Erdboden wimmelt, und über allen Fischen im Meer; in eure Hände seien sie gegeben. Alles, was sich regt und lebt, das sei eure Speise; wie das grüne Kraut habe ich's euch alles gegeben. Allein esset das Fleisch nicht mit seinem Blut, in dem sein Leben ist! Auch will ich euer eigen

Blut, das ist das Leben eines jeden unter euch, rächen und will es von allen Tieren fordern und will des Menschen Leben fordern von einem jeden Menschen. Wer Menschenblut vergießt, dessen Blut soll auch durch Menschen vergossen werden; denn Gott hat den Menschen zu seinem Bilde gemacht. Seid fruchtbar und mehret euch und reget euch auf Erden, daß euer viel darauf werden.

Und Gott sagte zu Noah und seinen Söhnen mit ihm: Siehe, ich richte mit euch einen Bund auf und mit euren Nachkommen und mit allem lebendigen Getier bei euch, an Vögeln, an Vieh und an allen Tieren des Feldes bei euch, von allem, was aus der Arche gegangen ist, was für Tiere es sind auf Erden. Und ich richte meinen Bund so mit euch auf, daß hinfort nicht mehr alles Fleisch verderbt werden soll durch die Wasser der Sintflut und hinfort keine Sintflut mehr kommen soll, die die Erde verderbe.

Und Gott sprach: Das ist das Zeichen des Bundes, den ich geschlossen habe zwischen mir und euch und allem lebendigen Getier bei euch auf ewig: Meinen Bogen habe ich in die Wolken gesetzt; der soll das Zeichen sein des Bundes zwischen mir und der Erde. Und wenn es kommt, daß ich Wetterwolken über die Erde führe, so soll man meinen Bogen sehen in den Wolken. Alsdann will ich gedenken an meinen Bund zwischen mir und euch und allem lebendigen Getier unter allem Fleisch, daß hinfort keine Sintflut mehr komme, die alles Fleisch verderbe. Darum soll mein Bogen in den Wolken sein, daß ich ihn ansehe und gedenke an den ewigen Bund zwischen Gott und allem lebendigen Getier unter allem Fleisch, das auf Erden ist. Und Gott sagte zu Noah: Das sei das Zeichen des Bundes, den ich aufgerichtet habe zwischen mir und allem Fleisch auf Erden.

Die Söhne Noahs, die aus der Arche gingen, sind diese: Sem, Ham und Japheth. Ham aber ist der Vater Kanaans. Das sind die drei Söhne Noahs; von ihnen kommen her alle Menschen auf Erden.

Noah aber, der Ackermann, pflanzte als erster einen Weinberg. Und da er von dem Wein trank, ward er trunken und lag im Zelt aufgedeckt. Als nun Ham, Kanaans Vater, seines Vaters Blöße sah, sagte er's seinen beiden Brüdern draußen. Da nahmen Sem und Japheth ein Kleid und legten es auf ihrer beider Schultern und gingen rückwärts hinzu und deckten ihres Vaters Blöße zu; und ihr Angesicht war abgewandt, damit sie ihres Vaters Blöße nicht sähen. Als nun Noah erwachte von seinem Rausch und erfuhr, was ihm sein jüngster Sohn angetan hatte, sprach er: Verflucht sei Kanaan und sei seinen Brüdern ein Knecht aller Knechte! Und sprach weiter: Gelobt sei der HERR, der Gott Sems, und Kanaan sei sein Knecht! Gott breite Japheth aus und lasse ihn wohnen in den Zelten Sems, und Kanaan sei sein Knecht!

Noah aber lebte nach der Sintflut dreihundertundfünfzig Jahre, daß sein ganzes Alter ward neunhundertundfünfzig Jahre, und starb.

1. Mose 6

Das sind die ersten Urteile über den Menschen: Sein Dichten und Trachten ist böse von Jugend auf. Verderbt, verderbt, voller Frevel. Soll untergehen. Alle außer Noah. Der aber ist ein frommer Mann und ohne Tadel.

Und so bekam er, schon ein alter Mann mit zahlreichen Söhnen, die Gnade seines strengen Herrn zu spüren und einen genauen Bauplan für das Rettungsfahrzeug. Er schaffte es, seine Sippe vorm Tod im Hochwasser zu bewahren, er schaffte es, das verwüstete Land wieder fruchtbar zu machen, und er pflanzte Weinstöcke. Sie brauchten sicher auch damals, in der biblischen Zeit, Jahre, bis sie Trauben trugen, aus denen Noah seinen Wein bereiten konnte. Er muß also, als er im Rausch lag, ein sehr alter Mann gewesen sein.

Warum war er dann um des Himmels willen seinem Sohn Ham nicht dankbar, daß dieser den alten Vater nicht einfach in seiner Blöße liegen ließ, sondern eine umständliche Aktion der Vaterbedeckung ohne Augenschein einleitete? Es kam mir immer seltsam vor, daß sich Noah nicht bedankte, aber je älter ich wurde, desto öfter erlebte ich, wie schwer es Menschen ertragen, wenn andere zu Zeugen ihrer Schwäche, ihrer Demütigung oder Beschämung wurden und wie sie es diesen Zeugen zum Vorwurf machen, daß sie nun für alle Zeit dieses schreckliche Bild in Erinnerung behalten.

Noah, so dachte ich, ist der Mann, dessen Körper ihm zum ersten Mal nicht gehorcht, ihm zum ersten Mal den irdischen Verfall zeigt. Noah ist nicht mehr der starke Mann aus dem Kasten. Noah ist alt. Noah verträgt nichts mehr. Noahs Körper versagt. Noah ist nicht mehr Herr seiner selbst. Noah ist nur noch das, was ihm die Schwäche seines Körpers zu sein erlaubt. Und dieser Körper zeigt Noah unerbittlich durch ebendiese Schwäche das einzig Unbezweifelbare seiner Existenz. Auch Noah, der Herr der Arche, Noah, der Vater, der Freund Gottes, ist sterblich.

Ich weiß nicht, wann ich die Geschichte dieses Mannes zum ersten Mal gelesen habe. Sicher in der verstümmelten Form der Schulbibel. Aber kein noch so vorsichtiger Herausgeber kann die wilde Gewalt des Alten Testamentes so zusammenstreichen, daß sie nicht noch in den pädagogischsten Trümmern eine numinose Furcht vor der Welt erzeugt, in der noch nichts gezähmt ist.

Will die Geschichte zeigen, daß Noah doch nicht so fromm, sondern frevelhaft selbstbewußt war? Ein Machovater, der es nicht ertragen konnte, wie ein hilfloses Kind den eigenen Söhnen zu Füßen zu liegen, vielleicht im Erbrochenen, wie es zu den Folgen des Vollrauschs gehört?

War es eine Frage der Macht, der gefährdeten Autorität? Des alten Königs, der zum ersten Mal stürzt und weiß, daß alle nur auf diesen Sturz gelauert haben?

Oder wurde die Würde eines Mannes, eines Familienherrschers, so hoch geachtet, daß es schon ein Frevel war, seine Altersschwäche auch nur wahrzunehmen?

Die Würde der Alten, wenn sie an Apparaten oder mit Medikamenten versehen werden, die auf physikalische oder chemische Art und Weise ihren biologischen Zustand verbessern sollen. Die die Einheit von Verstand und Körper rücksichtslos mißachten und den einen ohne den anderen verderben lassen.

Noah heute, dessen Herz nicht länger schlagen will, könnte mit Leichtigkeit ein neues, flinkes Herz bekommen, zumindest ein kleines Ding über den Rippen, die beim Stammvater Adam einst Gott berührte, und das Ding berührt nun sein Herz im Innersten und befiehlt ihm, zu schlagen und zu schlagen und zu schlagen. Aber das Ding ist nicht weise, und es berührt nur das Herz, es weiß nicht, in welches mürbe Adernsystem die Blutströme fließen. Es weiß nicht, ob das Gehirn noch erreicht wird, ob es nicht längst die Kraft verloren hat, Noah das Bewußtsein seiner selbst zu geben, seine Gedanken und Erinnerungen so zusammenzuhalten, daß er noch der Herr seines, wenn auch verfallenden, Leibes ist.

Noah auf der Intensivstation. Noah im Altenheim, in der Pflegeabteilung, wo die Betten dicht an dicht stehen und die Alten gefüttert, gewindelt, künstlich entleert und wieder gewindelt werden, im eigenen oder medikamentösen Dämmer den ganzen Tag und die ganze Nacht. Keiner legt ein Kleid auf Noahs Blöße, keiner kümmert sich darum, daß er von allem entblößt ist, was ihn zu Noah hat werden lassen.

Im Alten Testament wird die Geschichte weitererzählt. Man erfährt im zehnten Kapitel, was aus Noahs Söhnen geworden ist, wie zahlreich sie sich nach der Sintflut vermehrt und bis zu den Gebirgen ausgebreitet haben. Im elften Kapitel aber heißt es: »Es hatte aber alle Welt einerlei Zunge und Sprache. Als sie nun nach Osten zogen, fanden sie eine Ebene im Lande Sinear und wohnten daselbst. Und sie sprachen untereinander: Wohlauf, laßt uns Ziegel streichen und brennen! – und nahmen Ziegel als Stein und Erdharz als Mörtel und sprachen: Wohlauf, laßt uns eine Stadt und einen Turm bauen, dessen Spitze bis an den Himmel reiche, damit wir uns einen Namen machen, denn wir werden sonst zerstreut in alle Länder. Da fuhr der HERR hernieder, daß er sähe die Stadt und den Turm, die die Menschenkinder bauten. Und der Herr sprach: Siehe, es ist einerlei Volk und einerlei Sprache unter ihnen allen, und dies ist der Anfang ihres Tuns; nun wird ihnen nichts mehr verwehrt werden können von allem, was sie sich vorgenommen haben zu tun. Wohlauf, laßt uns hernieder fahren und dort ihre Sprache verwirren, daß keiner des anderen Sprache verstehe! So zerstreute sie der Herr in alle Länder, daß sie aufhören mußten, die Stadt zu bauen. Daher heißt ihr Name Babel, weil der Herr daselbst verwirrt hat aller Länder Sprache und sie von dort verstreut hat in alle Länder.«

Nein, es wird ihnen nichts mehr verwehrt werden können, und ihre Sprache ist auch nicht mehr verwirrt. Sie können sich verstehen. Sie können ihre Formeln und Rezepte austauschen und vervollkommnen. Sie können mit sich selber und der Welt machen, was sie wollen. Und mit Noah, ihrem Vater.

Fünf oder sechs Sätze im Alten Testament, und was für ein Sinnbild! Was für ein Schmerz über den größten Verlust, den ein Mensch erfahren kann, den Verlust des Lebens und der Manneskraft. Mediziner fragen bei solchen Sätzen nur kühl und sachlich: Wieso Drama? Wieso Verlust? Das Alter mit seinem allmählichen Verfall und dem Tod als Abschluß gehört zum Programm unserer Gattung und garantiert deren Fortbestand. Jugend, Fortpflanzung möglichst mit Verbesserung des genetischen Erbes, Jahre der Kraft, um den Nachwuchs zu schützen und ihn das zu lehren, was wichtig erscheint – damit ist das Programm abgelaufen. Das hat nichts Tragisches, da ja kein Held an einem ehernen Gesetz gescheitert ist, sondern sich etwas ganz Natürliches wie seit Anbeginn der Welt schon myriadenmal erfüllt.

Wenn mich der Körper zum ersten Mal im Stich läßt, so weiß ich eben, die letzte Strecke des Weges beginnt. Das weiß jedermann. Das ist also kein Grund zum Jammern oder gar zur Überraschung, höchstens ein Grund, sich auf diesen Wandel einzustellen und dankbar zu sein, daß und wenn einem die Söhne in der Schwäche des Leibes helfen.

Aber man kann diese Geschichte ganz anders lesen. So wie Sigmund Freud, der sich dabei auf Charles Darwin stützte und dessen Vision der Urhorde, des Stammes, in dem der Vater die mächtigste Gestalt war. Ihm gehörten alle Frauen, und seine Söhne fürchteten und haßten ihn – bis auf den jüngsten, das Hätschelkind der Mütter. Denn wenn der Hordenvater all seine älteren Söhne und Widersacher getötet oder vertrieben hatte und irgendwann doch von der Schwäche des Alters überwältigt wurde, war es der Jüngste, der seine Nachfolge antrat, manchmal, wie diese beiden Visionäre der menschlichen Entwicklung vermuteten, nachdem die Söhne den Vater erschlagen hatten.

Das ist die Szene in der Hütte, wie Freud sie sah: Der Jüngste, der ja auch in allen Märchen seine ganz besondere

Rolle spielt, hat das Alter des Vaters erkannt und hat ihn erschlagen. Das sagt er den Brüdern, und sie decken den Leichnam zu.

Nichts davon ist beweisbar, aber Sigmund Freud wird nicht nur diese beiden anderen Sätze des Alten Testaments im Kopf gehabt haben: »Zu der Zeit und auch später noch, als die Gottessöhne zu den Töchter der Menschen eingingen und sie ihnen Kinder gebaren, wurden daraus die Riesen auf Erden. Das sind die Helden der Vorzeit, die hochberühmten. Als aber der Herr sah, daß der Menschen Bosheit groß war auf Erden und alles Dichten und Trachten ihres Herzens nur böse war immerdar, da reute es ihn, daß er die Menschen gemacht hatte auf Erden, und es bekümmerte ihn in seinem Herzen, und er sprach: Ich will die Menschen, die ich geschaffen habe, vertilgen von der Erde...«

Das war vor Noah, vor der Sintflut. Freud jedoch, der vor den Tyrannen seiner Zeit 1938 aus Wien, aus Österreich nach England fliehen mußte, wußte nur zu genau, daß die Bosheit der Menschen stärker als jede Sintflut ist, und seine geistigen Augen sahen den Ursprung der Menschheit im Mord und im Blut. Im Brudermord wie bei Kain und Abel und im Vatermord wie bei Noah. Krieg und Alter, beide nicht zu besiegen, nur zu beschwichtigen, zu vertuschen, zu bedecken. Immer wieder der archaische Wunsch, die Alten aus den Augen zu bekommen, sich ihrer Last zu entledigen, immer wieder die Tabus und die Hemmnisse der Ethik und der Religion, diese Mordlust der Horde durch sittliche Verzichte und durch kulturelle Magie und Verheißungen von Lohn und Lob in alle Ewigkeit zu bändigen.

Noah und die Bosheit der Menschen. Ist das die älteste Geschichte über das Alter? Gibt es in der Zeit der Mythen und der Horden eine zeitliche Abfolge? Vielleicht ist diese nächste Geschichte jünger oder ganze Eiszeiten älter. Sicher wurde sie nicht in der Wüste erzählt oder an südlichen Hängen, an denen Wein wächst, sondern in kalten Gefilden, im Norden, wo die alten Knochen in der Winterkälte schmerzen und an den Tod mahnen und wo das junge Grün des Frühlings, die erste linde Sonne als ein Labsal, ein unbeschreibliches Geschenk der Natur empfunden wurden.

Diese grünen Zweige, die Meien, gehören als Sinnbild der verläßlichen Wiederkehr von Wärme, Fruchtbarkeit und Lebenskraft zu vielen Frühlingssitten, die weiter zurückreichen, als es eine Schrift gibt, mit der sie hätten aufgezeichnet werden können. Und immer sind die sprießenden Zweige fast dasselbe wie der menschliche Sproß, wie die Kinder, das verläßliche Sinnbild von Dauer. Ein Streich mit einem Meien, das hieß: Etwas vom Frühlingszauber geht auf dich Alten über. Ein Streich mit einem Meien, von einem Kinde ausgeführt, das war der beste, der zweifache Zauber und das Gegenteil der düsteren Mythe vom Vatermord.

Ja, es mag Aberglauben sein. Aber der grüne Zauber wirkt bis heute. Der Winter der Verzweiflung, die Kälte der Niedergeschlagenheit mag noch so schrecklich sein – wenn ein Kind kommt, fliehen die Schatten, und das Alter verliert seine Schwere. Wenn die junge Hand in der alten ruht, geht etwas von der Lebenskraft in diese über. Es ist nicht nur die Liebe zu meinem Kinde, die mir in diesen Augenblicken das Herz wärmt. An dieser Hand kann ich noch einmal verharren, kann leise und bedächtig zurückgehen. Kann den Kindern zeigen, woher ich kam, ich und meine eigenen Alten und Vorfahren. Kann noch einmal die Geschichten erzählen, die mich so zeigen, wie ich war und wie ich mich immer noch sehe.

Das Gedächtnis hat längst dafür gesorgt, daß die Erinnerung nur das bewahrt, was mir dient, ohne Verzweiflung zu leben. Die Erinnerung erlaubt uns manchmal, uns so zu sehen, wie wir vielleicht gern gewesen wären, so mutig und mächtig.

Aber wenn man wirklich in Weisheit alt wird, merkt man, daß diese Spiegelfechtereien gar nicht mehr notwendig sind, und dann kann man auch das erzählen, was vielleicht lange geschmerzt und beschämt hat.

Und vor allem, was das Glück meines Lebens gewesen ist, was ich von ihm gewonnen habe und was einst so schön war.

Die alte Hand in der des Kindes – das ist etwas Uraltes, Archaisches, ein Bündnis von Jugend und Alter gegen alle Dämonen des Daseins, und ein Mann kann sich glücklich schätzen und friedlich zum Greis werden, wenn er Kinder und Enkel hat, die ihn nicht erschlagen, sondern mit einem grünen Meien streichen.

Im Alter endlich frei oder
Die unwürdige Greisin

Meine Großmutter war zweiundsiebzig Jahre alt, als mein Großvater starb. Er hatte eine kleine Lithographenanstalt in einem badischen Städtchen und arbeitete darin mit zwei, drei Gehilfen bis zu seinem Tod. Meine Großmutter besorgte ohne Magd den Haushalt, betreute das alte, wacklige Haus und kochte für die Mannsleut und Kinder.

Sie war eine kleine magere Frau mit lebhaften Eidechsenaugen, aber langsamer Sprechweise. Mit recht kärglichen Mitteln hatte sie fünf Kinder großgezogen – von den sieben, die sie geboren hatte. Davon war sie mit den Jahren kleiner geworden.

Von den Kindern gingen die zwei Mädchen nach Amerika, und zwei der Söhne zogen ebenfalls weg. Nur der jüngste, der eine schwache Gesundheit hatte, blieb im Städtchen. Er wurde Buchdrucker und legte sich eine viel zu große Familie zu.

So war sie allein im Haus, als mein Großvater gestorben war.

Die Kinder schrieben sich Briefe über das Problem, was mit ihr zu geschehen hätte. Einer konnte ihr bei sich ein Heim anbieten, und der Buchdrucker wollte mit den Seinen zu ihr ins Haus ziehen. Aber die Greisin verhielt sich abweisend zu den Vorschlägen und wollte nur von jedem ihrer Kinder, das dazu imstande war, eine kleine geldliche Unterstützung annehmen. Die Lithographenanstalt, längst veraltet, brachte fast nichts beim Verkauf, und es waren auch Schulden da.

Die Kinder schrieben ihr, sie könne doch nicht ganz allein leben, aber als sie darauf überhaupt nicht einging, gaben sie nach und schickten ihr monatlich ein bißchen Geld. Schließlich, dachten sie, war ja der Buchdrucker im Städtchen geblieben.

Der Buchdrucker übernahm es auch, seinen Geschwistern mitunter über die Mutter zu berichten. Seine Briefe an meinen Vater und was dieser bei einem Besuch und nach dem Begräbnis meiner Großmutter zwei Jahre später erfuhr, geben mir ein Bild von dem, was in diesen zwei Jahren geschah.

Es scheint, daß der Buchdrucker von Anfang an enttäuscht war, daß meine Großmutter sich weigerte, ihn in das ziemlich große und nun leerstehende Haus aufzunehmen. Er wohnte mit vier Kindern in drei Zimmern. Aber die Greisin hielt überhaupt nur eine sehr lose Verbindung mit ihnen aufrecht. Sie lud die Kinder jeden Sonntagnachmittag zum Kaffee, das war eigentlich alles.

Sie besuchte ihren Sohn ein- oder zweimal in einem Vierteljahr und half der Schwiegertochter beim Beereneinkochen. Die junge Frau entnahm einigen ihrer Äußerungen, daß es ihr in der kleinen Wohnung des Buchdruckers zu eng war. Dieser konnte sich nicht enthalten, in seinem Bericht darüber ein Ausrufezeichen anzubringen.

Auf eine schriftliche Anfrage meines Vaters, was die alte Frau denn jetzt so mache, antwortete er ziemlich kurz, sie besuche das Kino.

Man muß verstehen, daß das nichts Gewöhnliches war, jedenfalls nicht in den Augen ihrer Kinder. Das Kino war vor dreißig Jahren noch nicht, was es heute ist. Es handelte sich um elende, schlecht gelüftete

Lokale, oft in alten Kegelbahnen eingerichtet, mit schreienden Plakaten vor dem Eingang, auf denen Morde und Tragödien der Leidenschaft angezeigt waren. Eigentlich gingen nur Halbwüchsige hin oder, des Dunkels wegen, Liebespaare. Eine einzelne alte Frau mußte dort sicher auffallen.

Und so war noch eine andere Seite dieses Kinobesuchs zu bedenken. Der Eintritt war gewiß billig, da aber das Vergnügen ungefähr unter den Schleckereien rangierte, bedeutete es »hinausgeworfenes Geld«. Und Geld hinauszuwerfen war nicht respektabel.

Dazu kam, daß meine Großmutter nicht nur mit ihrem Sohn am Ort keinen regelmäßigen Verkehr pflegte, sondern auch sonst niemanden von ihren Bekannten besuchte oder einlud. Sie ging niemals zu den Kaffeegesellschaften des Städtchens. Dafür besuchte sie häufig die Werkstatt eines Flickschusters in einem armen und sogar etwas verrufenen Gäßchen, in der, besonders nachmittags, allerlei nicht besonders respektable Existenzen herumsaßen, stellungslose Kellnerinnen und Handwerksburschen. Der Flickschuster war ein Mann in mittleren Jahren, der in der ganzen Welt herumgekommen war, ohne es zu etwas gebracht zu haben. Es hieß auch, daß er trank. Er war jedenfalls kein Verkehr für meine Großmutter.

Der Buchdrucker deutete in einem Brief an, daß er seine Mutter darauf hingewiesen, aber einen recht kühlen Bescheid bekommen habe. »Er hat etwas gesehen«, war ihre Antwort, und das Gespräch war damit zu Ende. Es war nicht leicht, mit meiner Großmutter über Dinge zu reden, die sie nicht bereden wollte. Etwa ein halbes Jahr nach dem Tod des Großvaters schrieb der Buchdrucker meinem Vater, daß die Mutter jetzt jeden zweiten Tag im Gasthof esse. Was für eine Nachricht!

Großmutter, die zeit ihres Lebens für ein Dutzend Menschen gekocht und immer nur die Reste aufgegessen hatte, aß jetzt im Gasthof! Was war in sie gefahren?

Bald darauf führte meinen Vater eine Geschäftsreise in die Nähe, und er besuchte seine Mutter.

Er traf sie im Begriff auszugehen. Sie nahm den Hut wieder ab und setzte ihm ein Glas Rotwein mit Zwieback vor. Sie schien ganz ausgeglichener Stimmung zu sein, weder besonders aufgekratzt noch besonders schweigsam. Sie erkundigte sich nach uns, allerdings nicht sehr eingehend, und wollte hauptsächlich wissen, ob es für die Kinder auch Kirschen gäbe. Da war sie ganz wie immer. Die Stube war natürlich peinlich sauber, und sie sah gesund aus.

Das einzige, was auf ihr neues Leben hindeutete, war, daß sie nicht mit meinem Vater auf den Gottesacker gehen wollte, das Grab ihres Mannes zu besuchen. »Du kannst allein hingehen», sagte sie beiläufig, »es ist das dritte von links in der elften Reihe. Ich muß noch wohin.«

Der Buchdrucker erklärte nachher, daß sie wahrscheinlich zu ihrem Flickschuster mußte. Er klagte sehr. »Ich sitze hier in diesen Löchern mit den Meinen und habe nur noch fünf Stunden Arbeit und schlecht bezahlte, dazu macht mir mein Asthma wieder zu schaffen, und das Haus in der Hauptstraße steht leer.«

Mein Vater hatte im Gasthof ein Zimmer genommen, aber erwartet, daß er zum Wohnen doch von seiner Mutter eingeladen werden würde, wenigstens pro forma, aber sie sprach nicht davon. Und sogar als das Haus voll gewesen war, hatte sie immer etwas dagegen gehabt, daß er nicht bei ihnen wohnte und dazu das Geld für das Hotel ausgab!

Aber sie schien mit ihrem Familienleben abgeschlossen zu haben und neue Wege zu gehen, jetzt, wo ihr Leben sich neigte. Mein Vater, der eine gute Portion Humor besaß, fand sie »ganz munter« und sagte meinem Onkel, er solle die alte Frau machen lassen, was sie wolle.

Aber was wollte sie?

Das nächste, was berichtet wurde, war, daß sie eine Bregg bestellt hatte und nach einem Ausflugsort gefahren war, an einem gewöhnlichen Donnerstag. Eine Bregg war ein großes, hochrädriges Pferdegefährt mit Plätzen für ganze Familien. Einige wenige Male, wenn wir Enkelkinder zu Besuch gekommen waren, hatte Großvater die Bregg gemietet. Großmutter war immer zu Hause geblieben. Sie hatte es mit einer wegwerfenden Handbewegung abgelehnt mitzukommen.

Und nach der Bregg kam die Reise nach K., einer größeren Stadt, etwa zwei Eisenbahnstunden entfernt. Dort war ein Pferderennen, und zu dem Pferderennen fuhr meine Großmutter.

Der Buchdrucker war jetzt durch und durch alarmiert. Er wollte einen Arzt hinzugezogen haben. Mein Vater schüttelte den Kopf, als er den Brief las, lehnte aber die Hinzuziehung eines Arztes ab.

Nach K. war meine Großmutter nicht allein gefahren. Sie hatte ein junges Mädchen mitgenommen, eine halb Schwachsinnige, wie der Buchdrucker schrieb, das Küchenmädchen des Gasthofs, in dem die Greisin jeden zweiten Tag speiste.

Dieser »Krüppel« spielte von jetzt ab eine Rolle.

Meine Großmutter schien einen Narren an ihr gefressen zu haben. Sie nahm sie mit ins Kino und zum Flickschuster, der sich übrigens als Sozialdemokrat herausgestellt hatte, und es ging das Gerücht, daß die beiden Frauen bei einem Glas Rotwein in der Küche Karten spielten.

»Sie hat dem Krüppel jetzt einen Hut gekauft mit Rosen drauf«, schrieb der Buchdrucker verzweifelt. »Und unsere Anna hat kein Kommunionskleid!«

Die Briefe meines Onkels wurden ganz hysterisch, handelten nur von der »unwürdigen Aufführung unserer lieben Mutter« und gaben sonst nichts mehr her. Das Weitere habe ich von meinem Vater.

Der Gastwirt hatte ihm mit Augenzwinkern zugeraunt: »Frau B. amüsiert sich ja jetzt, wie man hört.«

In Wirklichkeit lebte meine Großmutter auch diese letzten Jahre keinesfalls üppig. Wenn sie nicht im Gasthof aß, nahm sie meist nur ein wenig Eierspeise zu sich, etwas Kaffee und vor allem ihren geliebten Zwieback. Dafür leistete sie sich einen billigen Rotwein, von dem sie zu allen Mahlzeiten ein kleines Glas trank. Das Haus hielt sie sehr rein, und nicht nur die Schlafstube und die Küche, die sie benutzte. Jedoch nahm sie darauf ohne Wissen ihrer Kinder eine Hypothek auf. Es kam niemals heraus, was sie mit dem Geld machte. Sie scheint es dem Flickschuster gegeben zu haben. Er zog nach ihrem Tod in eine andere Stadt und soll dort ein größeres Geschäft für Maßschuhe eröffnet haben.

Genau betrachtet lebte sie hintereinander zwei Leben. Das eine, erste, als Tochter, als Frau und als Mutter, und das zweite einfach als Frau B., eine alleinstehende Person ohne Verpflichtungen und mit bescheidenen, aber ausreichenden Mitteln. Das erste Leben dauerte etwa sechs Jahrzehnte, das zweite nicht länger als zwei Jahre.

Mein Vater brachte in Erfahrung, daß sie im letzten halben Jahr sich gewisse Freiheiten gestattete, die normale Leute gar nicht kennen. So konnte sie im Sommer früh um drei Uhr aufstehen und durch die leeren Straßen des Städtchens spazieren, die sie so für sich ganz allein hatte. Und den Pfarrer, der sie besuchen kam, um der alten Frau in ihrer Vereinsamung Gesellschaft zu leisten, lud sie, wie allgemein behauptet wurde, ins Kino ein!

Sie war keineswegs vereinsamt. Bei dem Flickschuster verkehrten anscheinend lauter lustige Leute, und es wurde viel erzählt. Sie hatte dort immer eine Flasche ihres eigenen Rotweins stehen, und daraus trank sie ihr Gläschen, während die anderen erzählten und über die würdigen Autoritäten der Stadt loszogen. Dieser Rotwein blieb für sie reserviert, jedoch brachte sie mitunter der Gesellschaft stärkere Getränke mit.

Sie starb ganz unvermittelt, an einem Herbstnachmittag, in ihrem Schlafzimmer, aber nicht im Bett, sondern auf dem Holzstuhl am Fenster. Sie hatte den »Krüppel« für den Abend ins Kino eingeladen, und so war das Mädchen bei ihr, als sie starb. Sie war vierundsiebzig Jahre alt.

Ich habe eine Photographie von ihr gesehen, die sie auf dem Totenbett zeigt und die für die Kinder angefertigt worden war. Man sieht ein winziges Gesichtchen mit vielen Falten und einen schmallippigen, aber breiten Mund. Viel Kleines, aber nichts Kleinliches. Sie hatte die langen Jahre der Knechtschaft und die kurzen Jahre der Freiheit ausgekostet und das Brot des Lebens aufgezehrt bis auf den letzten Brosamen.

Bertolt Brecht, Die unwürdige Greisin

Im Alter endlich frei. Ein Geschenk des Lebens, doppelt zu genießen, wenn jemand unter der Fron eines Berufes, der Fron der Familienarbeit hat leiden müssen und eben nicht zu sehr durch den Verlust des Partners um jede Fähigkeit der Freude gebracht wurde.

Und vor allem: wenn jemand so vorgesorgt hat, daß die Zeit zwischen Alter und dem eigenen Tod nicht der Sorge, sondern dem Genuß gehören kann.

Folgt man dem Augenschein, so freuen sich vor allem Frauen dieser Freiheit. Wilhelm Busch hat zwar den unsterblichen Zweizeiler gedichtet: »Heißa, rufet Sauerbrot, heißa meine Frau ist tot!«, aber erstens irrt hier ein Ehemann, wie so oft, und zweitens hat ihn Busch aus dramaturgischen und nicht aus realen Gründen sich irren lassen.

In Altersheimen zum Beispiel, Kurorten und winterlichen Sonnenstränden stellen die alten Männer die Minderheit dar, und von diesen wenigen wären viele froh, wenn sie es wie früher nur mit einer einzigen Frau zu tun hätten.

In den Kurorten der österreichischen Alpen bringen die Juweliere und die Modegeschäfte ihre besten Stücke aus den Hauptstädten in die Berge, wenn »die reichen deutschen Witwen« kommen, im Winter werden Wege von Hotel zu Hotel, von Restaurant zu Konditorei geräumt und gestreut, im hintersten Winkel noch lädt ein Café oder ein Almstüberl zum Verschnaufen bei entsprechenden Preisen ein, und beim Abendessen sieht man die alten Frauen allein oder zu zweit das vorführen, was sie sich vielleicht gerade erst an diesem Nachmittag »gegönnt« haben.

»Sieh mal«, sagt die eine Freundin zur anderen, »Frau Weiß in einem Strickkostüm aus dem Lädchen an der Ecke!«

»Ja«, antwortet die andere, »nun ist der Alte ja endlich tot. Jetzt kann sie selber über das Geld verfügen. Er hat sie ja nie rangelassen.«

Ist das unwürdig? Oder ist es unwürdig, wenn die Kinder täglich im Kopfe nachrechnen, was die Mutter von ihrem Erbe vergeudet? »Du sollst nicht begehren …« Wie lange hat eine alte Frau Zeit, ihre Freiheit zu genießen? Wie lange warten die Gebrechen und Hinfälligkeiten, die das freie Leben und das weite Reisen zumindest behindern? Jeder Reiseleiter teurer Bildungstouren kennt das Geräusch der klappernden und kippenden Krückstöcke, kennt die Fragen, mitten in Ruinenarenalen unter gnadenloser Mittagssonne, nach den Toiletten. Kennt die Suche nach den verlorengegangenen Teilnehmerinnen, die plötzlich die Orientierung verloren haben, nicht mehr wußten, wer und wo sie waren und automatisch mit einer anderen Gruppe mitgingen, und wenn es Museumswärter waren, die Schichtwechsel hatten. Kennt die Angst vor einem Sturz, vor einem Zusammenbruch mitten in arzt- und spitalsloser Abenteuer-Einsamkeit.

Und jede alte Frau kennt die Angst vor der Erkenntnis: Dies ist das letzte Mal! Und wenn sie gleich nach dem Tod des Mannes einen Sommerpelz kauft, weil sie nichts anderes Schwarzes für die Beerdigung hat, wenn sie nach Jahren oder Monaten schwerster häuslicher Pflege die Weltreise bucht, weil sie endlich aus der Enge und dem Geruch des Krankenzimmers heraus will, so ist das nicht mehr als eine Reaktion und eine Bestätigung dafür, daß man noch ein Mensch ist, eine Frau, wenn auch vielleicht eine alte.

Die Angst vor der Zeit, die zu schnell läuft, auch wenn es nichts mehr gibt, wozu sie Zeit brauchte. Ja, das ist die eigentliche Selbstbestimmung: Ich kann aufstehen, wann ich will, lesen, fernsehen, reisen, fressen und saufen meinetwegen – aber in jeder irdischen Freiheit steckt die Begrenzung.

Irgendwann wird mir übel, irgendwann hängt mir dies

oder jenes zum Halse heraus, irgendwann kann ich nicht mehr. Irgendwann schaue ich mich um und sehe: Ich bin allein.

Man kann sich eine Weile den Blick verstellen, und viele tun es, indem sie Sachen kaufen, als ob sie sechs neue Haushalte auszustatten hätten, Küchenmaschinen wie für Kantinen, seidene Bettwäsche wie für einen Puff, Teppiche wie aus dem Museum und Nippes, daß die Regale brechen.

Sie bauen sich einen Wall aus Sachen gegen die Vergänglichkeit. Sie beschwören mit kostspieligen Opfergaben den Tod, aber nur im Märchen läßt Gevatter Tod sich überlisten oder mit sich handeln.

Die unwürdige Greisin scheint das alles nicht zu kümmern. Sie ist zufrieden mit dem Platz im Wirtshaus, bei Fremden. Und sie besitzt diese wunderbare Sicherheit, schert sich einen Teufel um die Familie und das, was die Leute sagen. Wissen denn die Kinder, was die alte Mutter wirklich möchte? Zerreißen sich die Leute nicht ohnehin und in jedem Fall das Maul?

Wenn man alt wird, wird das wieder deutlich, was Eltern beim Aufwachsen der Kinder oft so verstört. Die Unterschiede in der Entwicklung – Psychologen können noch so milde mahnen und auf wissenschaftliche Untersuchungen hinweisen: Eltern schielen auf die Halbjährigen um sich herum. Der kann schon ... die hat bereits ... was ist mit unserem los? Was haben wir, was habe ich falsch gemacht?

Unnötige Sorgen, die nur Lebenszeit vergeuden und Kummer machen. Wenn ein Kind gesund ist, wird es auch ein Erwachsener, dagegen ist keines gefeit. Und wenn den Erwachsenen der Lebensweg wieder abwärts zu führen beginnt, so blühen die Unterschiede von neuem auf. Der eine springt noch, die andere kraucht. Der dritte traut sich keinen Schritt allein mehr zu. So ist der Mensch, und deshalb können einen die klugen Ratschläge für Senioren so erheitern oder erbittern, je nachdem, wie sie einen treffen. Jedes Jahr wächst die Zahl der Bücher mit Titeln wie »Alt, aber nicht out«, »Jetzt kann ich was erleben!«, »Fünfzig und topfit«, »Gut drauf älter werden...« oder »In Altersfrische«, und mit Schutzumschlägen oder Titelbildern, auf denen hochgebräunte, ältere Dressmen mit prachtvoll dichtem weißen Haar, flachem Bauch und elegantem englischen Hemd, den Kaschmirpullover lässig um die Schultern geschlungen, in die Luft springen, über Zäune und Banklehnen flanken, dauerlaufen, joggen und turnen und entzückende ältere Damen mit dito weißem Haar, brauner Haut und Blitzezähnen an sich drücken oder mit ihnen joggen oder in den Sportwagen steigen und lächeln, lächeln, lächeln.

Was ist würdig und was ist unwürdig? Auf diesen Bildern stimmt noch nicht einmal das Klischee vom weißen Haar. Ich kenne Dreißigjährige, die es haben, und Achtzigjährige mit dunkler Lockenfülle. Es gibt Sechzig- oder – bei den sogenannten freien Berufen – Fünfundsechzigjährige, die mit der gerade heil und gesund erreichten Rentenzeit ihre Ruhe brauchen, nichts als Ruhe. Die es genießen, die Terminkalender und Telefonbücher verbrennen zu können. Die in den Tag hineinleben. Durch die Stadt bummeln, mit anderen alten Leuten durch die Löcher in den Bauzäunen starren. Mit der Tram oder dem Bus kreuz und quer durch die Gegend schuckeln. Den ganzen Tag im Lesesaal der Universität oder der Stadtbibliothek sitzen. Sich alle Pornos anschauen, die es im Kino gibt. Den Garten endlich so anlegen, wie sie es immer wollten. Und alles liegen- und stehenlassen, wenn ihnen die Arbeit doch nicht soviel Spaß macht, wie sie es sich vorgestellt haben.

Das ist vielleicht das Entscheidende – ob es sich um einen Garten handelt oder um die großen Klettertouren, von denen man immer geträumt hat, oder um das Chinesisch, das man lernen wollte – sprechen und schreiben! –, und nun sieht man: ja, es war nur ein Traum!

Dann besitzt man in der Freiheit des Alters das unvergleichliche Recht, sich diese Schwäche, diese Lustlosigkeit, diesen Sinneswandel ohne Verlust von Ansehen und Achtung einzugestehen. Man muß nicht mehr so tun als ob. Es gibt überhaupt kein Muß mehr, keine unsichtbare Ziellinie. Laß doch andere mit neunzig noch in Tibet auf die Berge kraxeln, laß andere mit achtzig noch einmal heiraten, so lange sie mit fünfundachtzig keinen Maserati kaufen und andere Verkehrsteilnehmer gefährden.

Jetzt endlich ist Schluß mit dem Wettlauf. Wenn der Kollege wie besessen Golf spielt und Vorgabe zehn erreicht – wie schön und befriedigend für ihn. Aber für Spieler mit Vorgabe zwanzig oder dreißig ist der Golfplatz ein ebenso schönes Stück Kunst-Natur und das Zusammensein mit anderen Spielern genauso erfreulich, vielleicht sogar erfreulicher, weil man ganz lässig und locker spielen kann und nicht vollkommen erledigt das achtzehnte Loch erreicht, uneins mit sich selber, weil man einen Schlag schlechter war, als man eigentlich hätte sein müssen, und immer noch nicht begriffen hat, daß es auch bei dieser Tätigkeit kein Muß mehr gibt.

Nur den Tag, die Stunde. Das eigene Leben, dessen beschränkte Zeit man zu spüren beginnt. Was ist denn ein friedliches Spiel mit auch älter gewordenen Golffreunden, mit ein wenig Tratsch, ein wenig Quatsch, einem im Gebüsch verlorenen und einem am Rande des Teichs gefundenen Ball, mit frischer Luft und Bewegung im Vergleich zu einer vorgabegemäß gespielten Runde?

Das ist wie beim Essen. Ich habe so oft dieses oder jenes gegessen. Muß ich mir jetzt, wo mein Appetit naturgemäß, altersgemäß abnimmt, noch den Bauch vollschlagen, weil das immer so gewesen ist oder weil es da auf dem Büfett steht und ich ja dafür bezahle?

Fuß und Kopf und Arm und Magen – alle haben mir getreulich jahrzehntelang gedient. Nun werden sie mit mir alt oder besser: ich mit ihnen, denn sie sind ja das, was ich als Ich verstehe. Was muß ich gegen mein eigenes Ich angehen?

Damit will ich nicht die träge Faulheit loben. Nur die wohlverstandene Muße, die den Abendländern mit dem Ideal der Vita activa so schwer fällt.

Erbarmen mit den eigenen Knochen.

Gnade mit der eigenen Gebrechlichkeit!

Nicht träge, sondern gelassen werden. Abwägen, was in der Zeit, die mir bleibt, besser für meine Seele ist. Jedes Lebensalter hat seine Zeit und seine Werte. Jetzt kann man auf gehabte Erfolge zurückblicken, friedlich und neutral, und wenn man keine Lust hat, wenn die alten Knochen knarzen, bricht man eine Golfrunde beim zwölften Loch ab, duscht gemächlich, bis die Wärme des Wassers die Muskulatur schön entspannt, trinkt einen Tee und schaut hinaus auf die jungen Leute, die sich noch abrackern müssen, bis ihnen ihr Ego gestattet, sich so gut zu finden, wie sie es sich vorgenommen hatten.

Weisheit und Muße, das sind die Freuden des Alters. Vielleicht könnte man sogar sagen: die Freuden des Männeralters. Denn Männer, das merkt man oft, kommen schlechter mit dem Alter zurecht als Frauen. Vielleicht liegt es daran, daß sie nicht wie die Frauen ein halbes Leben lang, mitten in Jugend und bester Fortpflanzungszeit jeden Monat daran erinnert wurden, daß der Körper die Herrschaft über Geist und Willen besitzt und nicht umgekehrt. Ob die Regel von Schmerzen und Übelkeit begleitet war, ob sie sich an bestimmten Tagen durch Gereiztheit oder Euphorie, durch allgemeine Körperschwäche ankündigte, ob sie immer wieder als geschlechtsbedingte Beeinträchtigung und Demütigung erlebt wurde oder als merkwürdiger Schmerzenstriumph über das Männliche – das Blut, das jeden Monat fließt, stammt aus einer Wunde, die man sich nicht selber zufügt. Man muß sie erleiden. Ist ihr untertan, und: Sie erinnert Frauen jeden Monat einmal an die Vergänglichkeit, an Geburt und Tod. Sie ist der Maßstab der weiblichen Existenz, ein immer neuer Schmerz, nach dem man die Uhr stellen könnte. Und sie ist ein Kontinuum, das zu den vielen anderen immer wiederkehrenden Erscheinungen gehört, die das weibliche vom männlichem Leben unterscheidet. Das lehrt, vieles hinzunehmen, ohne großen Aufwand, mit Gleichmut.

Wenn ein Mann an Uhr und Zeit denkt, sind es seine Termine, die er in Maßen frei bestimmen kann. Wenn eine Frau an Zeit und Termine denkt, spielt auch in der Zeit der steuerbaren Hormongaben und Pillen dieser andere, im täglichen Leben unsichtbare Rhythmus eine Rolle. Erst recht an der Schwelle dessen, was man Alter nennt. Die englischen Damen des 19. Jahrhunderts begannen in dieser Zeit der endlich erreichten körperlichen Freiheit und Unabhängigkeit ihre großen Entdeckungsreisen nach Afrika und in den Orient, was heute im Zeitalter des Tourismus jedem zu erschwinglichen Preisen und mit wesentlich größerem Komfort möglich ist.

Das zeigt: Für Frauen stellt das Alter in seiner körperlichen Einschränkung eine geringere Neuigkeit oder Bedrohung dar. Und: es ist nicht unbedingt die Schwelle zu Resignation, sondern in vielen Fällen der Aufbruch in ein endlich von Familie, Beruf und Monatsregel samt allen Beigaben unabhängiges Leben. Rentenalter also als Chance und Freiheit bis zum Greisenalter – aber wer weiß, wann das erst droht.

Auf Männer wartet häufig der schon so oft beschriebene Rentenschock, wobei diejenigen, die ihn medizinisch-soziologisch beschreiben, nur selten der Rentengeneration angehören. Sie ziehen also ihre Schlüsse aus der Anschauung von außen und können kaum berücksichtigen, wie sehr das Vertuschen und Verdrängen zum Rentenschock dazugehört.

Männer, die von einem Tag zum anderen nichts mehr zu tun haben, die vor allem nichts mehr zu sagen haben. Keinen, den man straflos anblaffen kann. Keine Sekretärin, die Telefongespräche initiiert oder abwimmelt, Hotels und Flüge bucht, Tee kocht und Besucher mit fingierten Terminen beeindruckt. Sie sind keine Patriarchen mehr wie damals, als es noch keine Renten gab und jeder Mann so lange arbeitete, bis der Sohn oder ein Nachfolger die Sache übernahm.

Heute werden Alter und Würde eines Menschen durch Gesetze festgelegt. Das ist gut, weil der Mensch kein Tier ist, auch kein Arbeitstier. Und das ist schlecht, weil es eben diese Würde und das Gefühl für das persönliche Alter einem Standard unterwirft: Wenn die Rente gezahlt wird, hast du alt zu sein!

Und was sie auch zur Rettung des Ansehens unternehmen, Stammtisch, Verein oder Sport, es ist nicht das wirklich Wahre, vor allem weil ihr Publikum aus ebenso alten Männern besteht, die jeden hassen, der ihnen den Spiegel vors Gesicht hält. Je älter sie werden, desto mehr ähneln sie Swifts Unsterblichen, keiner will mehr ihr veraltetes Wissen, keiner spricht mehr ihre Sprache.

»Es soll die Spur von so viel Erdentagen nicht in Äonen untergehen...« Das ist ein typischer Männersatz, auch oder weil er von Goethe stammt. Brechts Greisin sind die Äonen gleichgültig. Sie weiß genau, wie rasch Menschen vergessen sind, in Äonen schon allemal.

Möge sie vielen Greisinnen klarmachen, daß die Würde des Alters nicht von Kindern und Enkeln definiert wird.

Aber könnte sie von ihnen beschnitten werden?

Die Geschichte von der Greisin ist fast eine Generation

alt, doch es blitzt das darin auf, worüber wir uns erst jetzt zu sprechen trauen: der Neid der Jungen auf das, was die Alten haben. Die Frage, die in den Jungen brannte: »Warum braucht die Alte denn soviel Geld?« Denn sie hielten das, was sie ausgab, für ihren, der Jungen, rechtmäßigen Besitz. So wie sich heute die Jungen fragen: Was machen denn die Alten mit der Rente?

Jedesmal, wenn in der Zeitung eine Besteuerung oder Beschneidung dieses Altersgeldes erwähnt wird, gibt es heftige Diskussionen auf der Leserbriefseite. Die Jungen fragen wie die Jungen bei Brecht. Die Alten erwidern: »Wir haben, als wir jung waren, uns nichts gönnen können. Wir haben alles auf einmal schaffen müssen: Wiederaufbau, Kindererziehung, Hausbau, Alte versorgen, die damals noch keine Versicherung hatten. Wir haben uns kein Auto, kein schönes Kleid, keinen solchen Urlaub leisten, nicht so oft zum Essen gehen können wie die Jungen heute, die wir in Fülle und Frieden haben aufwachsen lassen, für die wir alles getan haben und die noch nichts geleistet haben. Und die wollen uns um den Lohn unseres harten Lebens bringen? Ausgerechnet die wollen uns was wegnehmen?«

Das Ersparte eines langen, arbeitsreichen Lebens. Das Haus, das die Witwen nun allein bewohnen. Den Garten, in dem kein Kind mehr spielt.

Wer hat recht? Das Alter oder die Jugend? Wer bekommt Recht in einer Gesellschaft, die das Ich und den Besitz höher schätzt als alles andere auf der Welt und sich Gesetze macht, die weder Vernunft noch Erbarmen kennen? Was lassen wir da geschehen? Vielleicht kann man nur noch sagen: Gnade Gott den Greisen, ob nun würdig oder unwürdig.

Was ihm das Alter bringen würde

Scipio: Oft, Marcus Cato, bewundere ich, wie auch unser Freund Gaius Laelius hier, deine so hervorragende und vollendete Weisheit, die sich uns in ganz besonderem Maße darin zeigt, daß dir, wie ich bemerkt habe, das Alter nie zur Last wird, das doch den meisten alten Männern so verhaßt ist, daß sie behaupten, die Bürde, die sie damit zu tragen hätten, sei schwerer als der Ätna.

Cato: Ihr bewundert da, Scipio und Laelius, wie ich glaube, etwas, was gar nicht schwierig ist. Wer nämlich keine Kraft zu einem sittlich guten und glückseligen Leben in sich selbst trägt, dem ist jedes Lebensalter eine Last; wer aber alles Gute von sich selbst verlangt, dem kann nichts, was das Naturgesetz zwangsläufig mit sich bringt, als ein Übel erscheinen. Dazu gehört in erster Linie das Alter; alle wünschen es zu erreichen; haben sie es dann erreicht, dann beklagen sie sich darüber; so unkonsequent und unlogisch sind sie, die Toren. Sie sagen, das Alter schleiche sich schneller heran, als sie gedacht hätten. Doch zunächst mal: Wer hat sie denn genötigt, sich in ihrer Berechnung zu irren? Wieso sollte denn der Mann schneller ein Greis werden als das Kind ein Mann? Ferner: Inwiefern wäre ihnen denn das Alter im achthundertsten Lebensjahr eine weniger schwere Last als im achtzigsten? Eine durchlebte Altersstufe, dauerte sie auch noch so lange, würde ja doch, wenn sie verflossen wäre, einen Dummkopf über sein Greisenalter nicht hinwegtrösten können. Wenn ihr nun meine Weisheit zu bewundern pflegt (ich wollte, sie wäre eurer guten Meinung und meines Beinamens würdig!), so wisset: Sie besteht darin, daß ich der Natur als der besten Führerin wie einer Gottheit folge und mich ihr zu beugen weiß [...]

Wozu so lange Ausführungen über die Lust? Nun, weil es nicht nur kein Tadel, sondern sogar das schönste Lob des hohen Alters ist, daß es nach keinerlei Sinnenlust besonders stark verlangt. Es kennt keine Schmausereien, keinen überreich beladenen Tisch, keine wiederholt gefüllten Becher, demzufolge aber auch keine Trunkenheit, keine Verdauungsbeschwerden, keine schlaflosen Nächte. Nun muß man freilich dem Sinnengenuß einiges einräumen – können wir doch seiner Verlockung nur schwer widerstehen!

Das Alter kann zwar keine unmäßigen Schmausereien mehr vertragen, aber doch an mäßigen Gastmählern Freude finden [...] Denn die Freude an den Gastmählern selbst bestand für mich weniger in körperlichem Vergnügen als vielmehr im Zusammensein mit meinen Freunden und den dabei geführten Gesprächen.

Mir aber macht es bei meiner Freude am Gespräch sogar Vergnügen, wenn Gastmähler schon recht früh beginnen – und nicht nur, wenn Altersgenossen da sind, von denen es nur noch ganz wenige gibt, sondern auch bei euch Jüngeren. Und ich habe meinem hohen Alter, das mir das Verlangen nach Unterhaltung stärkte, die Trink- und Eßlust dagegen nahm, von Herzen zu danken. Nun bereiten sicher auch diese Genüsse manchem Freude – ich will nämlich nicht den Anschein geben, als hätte ich der Sinnenlust, von der die Natur vielleicht wirklich ein gewisses Maß erlaubt, gänzlich den Kampf angesagt – »Aber es haben doch die Greise nicht mehr in so starkem Maße das prickelnde Verlangen nach sinnlicher Lust!« Ich glaube es – aber sie haben auch keine Sehnsucht danach; nichts aber kann Kummer bereiten, wenn man es nicht vermißt. Als den schon vom Alter geschwächten Sophokles jemand fragte, ob er noch geschlechtlichen Verkehr mit Frauen habe, gab er treffend zur Antwort: »Gott bewahre! Mit Freuden bin ich aus der Sklaverei dieses so wilden und wütenden Gebieters entflohen!« Für solche nämlich, die auf derartige Freuden leidenschaftlich erpicht sind, ist es vielleicht schmerzlich und verhaßt, sie entbehren zu müssen; wer aber schon gesättigt und zufriedengestellt ist, für den ist ihre Entbehrung angenehmer als der Genuß. Jedoch: Es entbehrt sie nicht, wer sie nicht vermißt; so kann ich sagen, es sei angenehmer, sie nicht zu vermissen.

Aber wie wertvoll ist doch gerade das andere: daß die Seele, wenn sie bei der Lust, beim Ehrgeiz, bei den Rivalitäten und Feindschaften, überhaupt bei allen Leidenschaften sozusagen ihren Dienst abgeleistet hat, nunmehr für sich ist und, wie man sagt, sich selbst lebt! Wenn sie noch dazu von einigem wissenschaftlichen Eifer gleichsam gespeist wird, dann ist das hohe Alter, frei von geschäftlichen Belastungen, das Schönste, was es überhaupt gibt.

Ich kannte noch den alten Livius; er hatte schon sechs Jahre vor meiner Geburt, unter den Konsuln Cicero und Tuditanus, ein Drama zur Aufführung gebracht und lebte dann noch bis in mein Jugendalter hinein. Was soll ich von dem Eifer reden, mit dem Publius Licinius Crassus das Recht der Pontifices und das bürgerliche Recht studierte, oder von dem Wissensdrang unseres Zeitgenossen Publius Scipio, der erst in den letzten Tagen Oberpriester geworden ist? Alle die Genannten waren, wie wir sahen, noch in hohem Alter leidenschaftlich diesen geistigen Interessen ergeben; und erst Marcus Cethegus, den Ennius mit Recht das »Mark der Suada« genannt hat! Mit welchem Eifer hat er sich doch als alter Mann noch in der Redekunst geübt! Gibt es nun Tafelfreuden, Spielleidenschaften oder Amusements mit leichten Mädchen, die mit solchen Freuden vergleichbar wären? Und es handelt sich dabei ja um wissenschaftliche Interessen, die doch bei Gebildeten und Gelehrten in ihrer Steigerung mit dem Fortschreiten der Jahre Schritt halten. Daher ist es besonders hübsch von Solon gesagt, was er, wie erwähnt, in einem Vers ausspricht: Er altere und lerne dabei Tag für Tag vieles hinzu. Dieses geistige Vergnügen kann auch sicherlich von keinem anderen überboten werden [...]

Aber seid euch bitte im klaren darüber, daß ich mit all meinen Worten hier nur *das* Alter loben will, für das in der Jugend eine feste Grundlage gebaut worden ist. Daraus ergibt sich das, was ich schon einmal unter starker allgemeiner Zustimmung ausgesprochen habe, daß man im Alter dann elend daran ist, wenn man darauf angewiesen ist, sich mit bloßen Worten zu verteidigen. Nicht die grauen Haare und auch nicht das zerfurchte Gesicht können einem Menschen mit einem Male Ansehen verschaffen, sondern nur das vorher ehrenwert verbrachte Leben erntet am Ende als Frucht das Ansehen. Gerade die Dinge nämlich, die scheinbar alltägliche Unwichtigkeiten sind, bedeuten eine Ehre für den alten Menschen: Daß man ihm Höflichkeitsbesuche macht, daß man seine Hand zum Kuß ergreift, daß man ihm Platz macht, vor ihm aufsteht, ihn von und nach Hause begleitet, und daß man bei ihm Rat sucht: Alles Umgangsformen, die man bei uns und auch in anderen Staaten um so sorgfältiger beachtet, je besser die Sitten unter den Bürgern sind. Der Lakedaimonier Lysandros, den ich vorhin schon erwähnte, soll wiederholt gesagt haben, in Lakedaimon hätten die alten Menschen das ehrenvollste Zuhause; es wird ja auch nirgendwo dem Alter so viel Anerkennung zuteil, und nirgends ist es mehr geehrt. Es gibt da sogar eine historisch verbürgte Begebenheit: Ein hochbetagter Mann kam in Athen zur Festspielzeit ins Theater; man saß schon gedrängt, und nirgends fand sich ein Mitbürger, der dem Alten seinen Platz angeboten hätte. Als er aber bei den Lakedaimoniern vorbeikam, die als Gesandte auf reservierten Plätzen saßen, standen alle miteinander, wie es heißt, vor ihm auf, und der Alte bekam einen Sitzplatz. Es wurde ihnen vom ganzen Theaterpublikum vielfach Beifall bekundet; einer von ihnen soll dabei geäußert haben, die Athener wüßten zwar, was sich gehöre, tun aber wollten sie es nicht. In eurem Augurenkollegium gibt es vieles, was sehr schön ist, besonders aber das eine, von dem ich hier rede, daß der Ältere seine Meinung immer zuerst abgeben darf, und daß Auguren, wenn sie älter sind, nicht nur den höheren Staatsbeamten, sondern auch den obersten Befehlshabern in der Rangordnung vorangehen. – Gibt es nun körperliche, sinnliche Freuden, die man mit dem Lohn des Ansehens vergleichen könnte? Wer diesen Lohn in glanzvoller Weise bekommen hat, der hat, wie ich glaube, die Rolle seines Lebens erfolgreich zu

Ende gespielt, ohne, wie ein ungeübter Schauspieler, im letzten Akt zusammenzubrechen.

Aber – wird eingewandt: Man ist doch als alter Mensch mürrisch, verdrießlich, jähzornig, eigensinnig. Nun, wenn wir nach Fehlern suchen: auch geizig! Allein diese Fehler liegen nicht am Alter, sondern im Charakter. Und doch hat auch das mürrische Wesen, ebenso wie die anderen genannten Unarten, einige Entschuldigung für sich, nicht gerade die einzig berechtigte, aber doch eine, die nach meinem Dafürhalten noch angehen mag: Alte Menschen glauben sich abgelehnt, geringgeschätzt und verspottet; außerdem reagiert man, wenn man körperlich nicht mehr auf der Höhe ist, gegen die geringste Widerwärtigkeit empfindlich. Aber ein guter Charakter und wissenschaftliche Bildung nehmen diesen ganzen Fehlern doch viel von ihrer Schärfe. Dies kann man im praktischen Leben, besonders gut aber auch im Theater an jenen Brüdern sehen, die in den »Adelphen« auftreten. Wie unwirsch der eine, wie liebenswürdig der andere! Folgendermaßen steht die Sache: Nicht jeder Wein, aber eben auch nicht jeder Mensch wird durch das Alter sauer. Strenges Wesen gefällt mir an alten Menschen, aber, wie alles andere, in richtigen Grenzen, Schroffheit dagegen keineswegs. Was jedoch Geiz im Alter für einen Sinn haben soll, leuchtet mir nicht ein; denn was kann so absurd sein wie der Wunsch, um so mehr Reisegeld zu haben, je kürzer der Weg wird, den man noch zu machen hat?

Wie steht es nun mit der Tatsache, daß gerade die Weisesten beim Sterben den größten Gleichmut zeigen, die Dümmsten aber vor dem Tod am meisten zittern? Gilt euch das nicht als ein Beweis dafür, daß die Seele, die mehr und weiter sieht, auch sieht, daß sie in eine bessere Welt übergeht, daß der Kurzsichtige dies aber nicht erkennt? Ich jedenfalls gerate in Verzückung und Begeisterung durch mein Verlangen, eure von mir so hochgeschätzten Väter zu sehen. Mich verlangt es aber nicht nur, mit denen zusammenzutreffen, die ich selbst kennenlernte, sondern auch mit jenen Männern, von denen ich gehört, gelesen und auch selbst geschrieben habe. Wenn ich einmal dorthin unterwegs bin, dürfte man mich nicht so leicht zurückholen oder »wieder aufkochen« können wie einen Pelias. Und wollte mir ein Gott die Gnade schenken, aus diesem meinem Alter heraus wieder Kind zu werden und in der Wiege zu wimmern, so würde ich mich wohl gar sehr weigern und keineswegs willens sein, nach vollendetem Rennen mich vom Ziel wieder an den Start zurückweisen zu lassen.

Was hat denn das Leben Angenehmes zu bieten? Ist es nicht eher Mühseliges? Aber mag es ruhig seine angenehmen Seiten haben – so gibt es doch sicherlich auch ein »genug«, einen Punkt, an dem das Maß voll ist. Es widerstrebt mir nämlich, das Leben zu bejammern, wie es schon viele, noch dazu gelehrte Leute getan haben; auch reut es mich nicht, gelebt zu haben; denn mein Leben war so, daß ich glauben darf, nicht umsonst auf die Welt gekommen zu sein. Und ich scheide aus ihm wie aus einer Herberge, nicht wie aus meinem eigentlichen Wohnhaus. Denn die Natur hat uns hier nur eine Einkehr zum Verweilen beschert, nicht einen ständigen Wohnsitz.

Wie herrlich wird der Tag, an dem ich in jene göttliche Versammlung und Gesellschaft der Seelen eingehen werde, um das Gewühle und unschöne

Durcheinander hier auf Erden zu verlassen! Ich werde nämlich nicht nur zu den vorhin genannten Männern gelangen, sondern auch zu meinem Cato – für mich gab es ja keinen besseren Menschen, keinen lieberen Sohn! Seinen Leichnam habe ich eingeäschert, ein Dienst, den umgekehrt eigentlich er mir hätte erweisen müssen; seine Seele aber hat mich nicht verlassen, sondern ist, den Blick auf mich zurückgerichtet, bestimmt an jenen Ort entschwunden, an den auch ich selbst, wie er sehen mußte, gelangen soll. Es sah so aus, als würde ich den Schicksalsschlag, der mich damals traf, mit starkem Herzen ertragen – aber nicht, weil ich ihn gelassen hingenommen hätte; vielmehr tröstete ich mich selbst mit dem Glauben, daß diese unsere schmerzliche Trennung nicht lange dauern werde.

Das alles ist es, Scipio, – und darüber mußt du dich ja, wie du sagtest, mit Laelius immer wieder wundern –, was mir das Alter leicht macht, und zwar nicht nur nicht beschwerlich, sondern sogar angenehm. Nehmen wir nun an, ich täuschte mich, wenn ich an die Unsterblichkeit der menschlichen Seelen glaube, so täusche ich mich gerne und will mir diesen Irrtum, der mir im Leben Freude spendet, auch nicht gewaltsam nehmen lassen; hört nun nach dem Tode – es gibt da einige unbedeutende Philosophen, die das glauben – mein Bewußtsein auf, dann brauche ich aber auch nicht zu befürchten, die toten Philosophen könnten diesen meinen Irrtum belächeln. Sei es drum, daß wir auch *nicht* unsterblich sein werden, so ist es doch für den Menschen wünschenswert, daß sein Lebenslicht, wenn es an der Zeit ist, ausgeblasen wird. Denn die Natur hat, wie allem anderen, so auch dem Leben ein Maß bestimmt. Das Greisenalter aber ist, wie bei einem

Schauspiel, des Lebens letzter Akt. Hier schlappzumachen, sollten wir vermeiden, zumal wir ja die Erfüllung haben [...]

Marcus Tullius Cicero, Cato der Ältere über das Alter

Wir haben ihn in Latein übersetzt. Ich weiß nicht mehr, welcher Text es war, ich kämpfte im Gestrüpp der Grammatik, und der AcI war mir wichtiger als der Mann, der eine so klare Sprache schrieb, daß sie die Schule für würdig erachtete, Lehrstoff zu werden.

Es gehört zu den Freuden des Alters, die Wege der Jugend noch einmal zu gehen, langsamer jetzt und mit Augen, die mehr und anders sehen als damals, als man sich allen Alten so überlegen vorkam. Cicero also noch einmal lesen. Cicero, nicht der große Stilist, der Mann im Lexikon unter C, sondern Marcus Tullius Cicero, der Staatsmann, der die Republik mit ihren Prinzipien nicht untergehen lassen wollte. Der Ehrenmann, der diese Prinzipien auch in den heftigsten politischen Auseinandersetzungen nicht verriet. Der »Vater des Vaterlandes«, der von Cäsar nicht ermordet werden konnte, weil auch der Diktator nicht ohne die Macht der Tugenden auskam, die Cicero repräsentierte. Eine selbstgewählte sogenannte ehrenvolle Verbannung für den noch nicht Fünfzigjährigen, der so lebensvoll, gesund und rüstig war.

Noch einmal erfuhr er eine Genugtuung. Nach sechs Jahren rief man ihn wieder nach Rom zurück und empfing ihn im Triumph. Doch seine Feinde hatten unterdessen sein Haus auf dem Palatin niederbrennen, seine Landhäuser plündern und seine Familie drangsalieren lassen. Cicero hatte ruhelos durch Italien irren müssen, ohne Heim und Freunde. Das war dem alten Mann zuviel gewesen. Ja, er wurde Augur, wurde noch einmal Statthalter in Kilikien, kämpfte erfolgreich gegen aufständische Gebirgsvölker, aber seine Zeit war vorbei. Sein Haß gegen die Diktatoren machte ihn blind. Er entschied sich falsch oder zu zögernd. Sein Altersstarrsinn ließ seinen politischen Instinkt erlöschen. Mit 60 Jahren trennte er sich von seiner alten Frau, nahm eine junge, schickte auch die zum Teufel, und endlich holten ihn seine Mörder ein. Seine Sklaven wollten ihn noch in einer Sänfte zum Meeresufer tragen, zu einem rettenden Schiff, aber Cicero verbot es ihnen, erwartete den Tod durch die Häscher des Antonius mit hochgerecktem Haupt.

Das war am 7. Dezember 43 vor Christi, und Cicero war knapp 65 Jahre alt. Seine Gedanken über das Alter hat er vermutlich kurz vor den Iden des März 44 geschrieben, kurz vor Cäsars Ermordung.

Was blieb nun einem mächtigen und stolzen, nicht mehr ganz jungen Mann, wenn er nicht die Selbstachtung verlieren wollte? Cicero nahm seine philosophischen Studien wieder auf, rettete sich aus dem ungerechten und grausamen Trubel der Welt, aus den Intrigen der Jüngeren in die Welt der »ewigen Werte«, zu der Verläßlichkeit der Tugenden. Es heißt, der Tod seiner geliebten Tochter Tullia hätte ihn, der damals 62 Jahre alt war, zum Thema seines Buches über das Alter geführt. Dieser Verlust, den er niemals überwand, habe ihn zum ersten Mal das eigene Alter spüren lassen. Und deshalb habe er seine Gedanken dem älteren Cato in den Mund gelegt, einem Mann aus der Glanzzeit der römischen Republik, einem Vater, der wie Cicero ein geliebtes Kind verloren hatte, einen Sohn, auf den er mit Recht all seine Hoffnungen gesetzt hatte. Das war das zwiefache Leid eines alten Mannes, der mit dem Verlust seiner Lebensernte fertig werden mußte, die sein Alter reich und glücklich hätte machen sollen.

Was für ein Leben, und was für ein Alter! Aber wenn

man nun Cicero liest, hat man einen harten alten Mann vor Augen, einen Heuchler, der selbstgefällig die menschlichen Gefühle zu unterdrücken befiehlt.

Bei ihm ist alles beieinander, was das Alter zum Fluch machen kann: Er verdammt und verhöhnt die körperliche Liebe, die vielen Älteren nicht nur ein Bedürfnis, sondern auch ein Trost sein kann; er verdrängt das Eingeständnis der altersbedingten Körperschwäche, indem er die Vergangenheit wie der Fuchs die sauren Trauben beäugt und nun behauptet, er wolle gar nicht mehr so stark wie in der Jugend sein; er versucht auf eine erstaunlich moderne Manier, den Alten die Schuld an ihrer Gebrechlichkeit und Vergeßlichkeit in die eigenen Schuhe zu schieben: Selber schuld! Gepraßt und gesoffen! Kein Wunder, daß Luxus und Völlerei zum frühen Verfall führen! Und er verbreitet die Legende vom wohlverdienten, sanften Tod im hohen Alter.

Das ist der alte Senator, der Chef, der King, der Mensch in seiner Macht, der es nicht ertragen kann, daß diese Macht nichts als eine Leihgabe ist, manchmal kurz, manchmal so lang, daß es Stolz und Selbstverblendung schaffen, dem Manne vorzugaukeln, er könne auch den Lebenszeiten befehlen.

Weil er aber fast keinem Einwand gegen das Alter aus dem Wege geht und geradezu versessen darauf ist, seine Logik und Rhetorik an all ihren Aspekten zu beweisen, ist sein Text über das Alter eines Mannes eine Beschwörung geworden, die bis heute nichts von ihrer verzweifelten Tragik verloren hat: Ich muß nicht die Zeichen und die Folgen des Alters tragen, wenn ich es nicht will. Ich kann das Alter besiegen, ich kann die Zeit besiegen.

Denn genau das steht hinter jedem seiner Worte: Es geht um nichts als um die Zeit, die gnadenlos verrinnt und unerbittlich zum Tode führt. Sie ist sein Feind, und über sie will er wie über seine Bergvölker triumphieren.

Damals, zu Ciceros Zeiten, starben die Menschen, wie wir heute sagen, früh, und der Himmel über Rom war noch von Göttern bevölkert, so kühl wie der Marmor, aus dem ihre Abbilder geschaffen wurden. Götter wie Menschen, nur nicht sterblich wie diese, und mit der Macht begabt, manchmal Menschen zu sich zu erheben und unsterblich zu machen, die den Göttern in irgend etwas gleich oder von ihnen geliebt waren.

Noch war der Knabe in der römischen Provinz nicht geboren, der einen anderen Himmel und eine andere Ewigkeit entwerfen und andere Werte setzen würde. Noch mußte ein Mann für seine eigene Ehre, sein eigenes Ansehen und seinen Nachruhm sorgen. Noch war Demut ein Wort, das die angemessene Haltung der Sklaven bezeichnete, und Erbarmen war Schwäche. Wer nicht mehr herrschte, seinen Platz nicht mehr verteidigen konnte, war so gut wie tot. Es sei denn, er herrschte noch eine Weile in der Welt des Geistes und der Wörter, beherrschte die Familie, das Anwesen, die Söhne, wenn es welche gab und wenn sie nicht schon versucht hatten, den Alten zu beseitigen.

Cicero aber hatte zum Schluß gar nichts mehr. Kein Ansehen, keine Macht, kein Haus, kein zweites Haus, keine Familie. Zum elenden Schluß starb noch seine geliebte Tochter Tullia. Das haben viele Väter und Mütter erlebt: Der Tod eines erwachsenen Kindes ist ein Schlag gegen das eigene Ich. Der Verlust wird so heftig empfunden, weil ja ein Teil dieses Ichs dahingeht. Es ist der Tod vor dem eigenen Alter, eine Wunde, die bei vielen niemals verheilt, ein Bruch in der Existenz, der auch den altern läßt, der noch nicht alt genug dafür ist.

Wenn man Cicero von diesem Moment aus betrachtet, dann liegt ein Bild auf dem anderen, und man sieht nicht nur gleichzeitig einen harten und einen großen Greis, man sieht auch den Menschen vor zwei Jahrtausenden und den von heute. Sieht den Ex-Chef, den pensionierten Manager, der plötzlich merkt, daß nun nichts mehr als das Alter auf ihn wartet, sieht die ältere Frau, gleichgültig ob Single, Witwe oder Ehefrau, sieht ihre Angst, das wahre Alter einzugestehen, sieht wie mit einem einzigen Blick die Versuche zu embellieren, zu verjüngen, zu vertuschen. Menschen wie diese trifft man überall, morgens beim keuchenden Joggen, mittags bei einem mageren Joghurt, und wenn sich auch die tatsächliche Dauer des Lebens und damit des Alterns seit damals verdoppelt oder fast verdreifacht hat, es ist immer Ciceros Stimme, die aus ihnen spricht. Cicero, dem am Ende seines reichen Lebens dennoch die bittere Erkenntnis nicht erspart blieb: Alles war vergebens. Kein Ziel erreicht, weder privat noch als Politiker. Kaltgestellt. Um den Genuß des Alters betrogen. Auch Cäsar, der ihn zuerst geschätzt haben mochte, zog seine Hand von ihm ab. Noch nicht alt, aber vom Leben geschwächt, jetzt schutzlos. Und nur von Gottesbildern umgeben, die ihn genauso kühl und unpersönlich musterten, wie heute ein Spätarbeitsloser oder ein älterer Mann, der seinen Betrieb nicht durch die Krisen bringt, von Beamten und Bankern gemustert werden mag. Damals noch kein Erbarmen, heute kein Erbarmen mehr.

Nein, ein Armenhaus im Dorf, ein Spittel in der Stadt und die Werke der Barmherzigkeit, als mahnender Fries an die Kirchwand gemalt, haben das Alter in den Jahrhunderten dazwischen auch nicht vergoldet. Aber die Alten hatten die Wohltat des Gebets, und sie hatten den Anspruch der Klage.

Cicero war ganz allein unter dem gnadenlos blauen Himmel. Allein in seiner Sänfte am Ufer des Meeres. Noch war er kein Greis, aber er konnte sich vorstellen, was ihm das Greisenalter bringen würde.

Er richtete sich auf und hielt dem Schwert seinen Hals hin.

Der alte Großvater

Es war einmal ein steinalter Mann, dem waren die Augen trüb geworden, die Ohren taub, und die Knie zitterten ihm. Wenn er nun bei Tische saß und den Löffel kaum halten konnte, schüttete er Suppe auf das Tischtuch, und es floß ihm auch etwas wieder aus dem Mund.

Sein Sohn und dessen Frau ekelten sich davor, und deswegen mußte sich der alte Großvater endlich hinter den Ofen in die Ecke setzen, und sie gaben ihm sein Essen in ein irdenes Schüsselchen und noch dazu nicht einmal satt; da sah er betrübt nach dem Tisch, und die Augen wurden ihm naß. Einmal auch konnten seine zitterigen Hände das Schüsselchen nicht festhalten, es fiel zur Erde und zerbrach. Die junge Frau schalt, er sagte aber nichts und seufzte nur.

Da kaufte sie ihm ein hölzernes Schüsselchen für ein paar Heller, daraus mußte er nun essen.

Wie sie da so sitzen, so trägt der kleine Enkel von vier Jahren auf der Erde kleine Brettlein zusammen.

»Was machst du da?« fragte der Vater.

»Ich mache ein Tröglein«, antwortete das Kind, »daraus sollen Vater und Mutter essen, wenn ich groß bin.«

Da sahen sich Mann und Frau eine Weile an, fingen endlich an zu weinen, holten alsofort den alten Großvater an den Tisch und ließen ihn von nun an immer mitessen, sagten auch nichts, wenn er ein wenig verschüttete.

Brüder Grimm, Der alte Großvater und der Enkel

Das ist das Alter in vergangenen Tagen. War es besser? War es anders? Was machten die Leute, wenn sie aufs Feld mußten und wenn die alte Mutter zu schwach war, um noch am Herdfeuer zu sitzen und die Mittagssuppe zuzubereiten? Was machen sie heute, wenn sie berufstätig sind? Wenn sie in einer anderen Stadt leben als die alten Eltern?

Da war das Altenteil noch besser, vielleicht selbst die Bank vorm Greisenasyl, auf der die Männer und Frauen in der Sonne saßen und sich die steifen Glieder wärmen konnten, beisammen waren, wenn einem von ihnen etwas zustieß.

Das Altenteil: die versorgte Nähe. Nicht leicht für die Jungen, wenn sie die forschenden oder mißtrauischen Blicke spürten, mit denen die Alten verfolgten, was sie machten. Denn natürlich machten sie alles anders als die Eltern, natürlich wuschen und scheuerten sie anders als die Bestmutter, wie man die Schwiegermutter früher nannte. Aber auch für die Bestmutter nicht leicht, sich die Herrschaft aus der Hand nehmen zu lassen und auch noch zuschauen zu müssen, wie eine Junge mit ihren Sachen umging. Das mochte gelassen und weise machen oder vor lauter Wut und Neid einen frühen Tod verursachen.

Auf jeden Fall war es das vorgezeichnete Alter. Jeder wußte, was ihn erwartete. Das Altenteil war ein Ort wie der Herd oder der Stall. Die Alten brauchten sich nicht ausgerechnet in dem Augenblick, in dem Gedächtnis und Sinne allmählich müde werden, an eine neue Umgebung zu gewöhnen. Das Auge weiß, wo die Sonne steht, wenn sie im Sommer und im Winter aufgeht. Das Knie weiß, wo die Betbank im Herrgottswinkel ist. Der Fuß kennt den Weg zum Abtritt. Das Hirn hat seit Jahren die Stellen gespeichert, wo man straucheln und sich stoßen könnte, wo es zu heiß und zu kalt ist, und das alte Herz muß nicht schneller schlagen, weil es Unbekanntes als Gefahr fürchtet.

Das Altenteil konnte andererseits so gut wie manches Altersheim ein Gefängnis sein. Keine Freiheit, nachts durchs Haus zu geistern, morgens zu schlafen, so lange man mag, sich anzuziehen oder den ganzen Tag im Morgenrock herumzulaufen, sondern vielmehr ein Terminplan der Versorgung rund um die Uhr, gnadenlos genau und alles hygienisch und in jeder Hinsicht ordentlich. Kein besonntes, sondern ein verwaltetes Alter.

Und, wie das Märchen lehrt, auch im besten Fall muß jede nachwachsende Generation lernen, was Mitleid und Erbarmen und was, wie man einst sagte, ihre Christenpflicht ist. Der Kopf weiß genau, daß Alter etwas anderes als Jugend ist, aber man kann keine Erfahrung vererben, und jeder junge Mensch muß irgendwann einmal ein Schlüsselerlebnis haben, so daß er zu begreifen beginnt, was da vor seinen Augen geschieht.

Immer wieder der Unglaube, die Blindheit: Du bist doch noch nicht alt! Immer das ewige Bild von der jungen, fröhlichen, kräftigen Mutter vor Augen. War das nicht gestern?

Vielleicht wollen wir den Wandel zur Schwäche und zur Gebrechlichkeit nicht wahrnehmen, weil er uns an die eigene Sterblichkeit erinnert. Vielleicht ist es wahre, reine Liebe, die den Tod und den Verlust nicht meint ertragen zu können.

Vielleicht ist es eigensüchtige Beschwörung und Selbstbetrug, um die letzte Pflicht der weiß wie langen Pflege noch von sich zu schieben.

Nein, du bist doch nicht alt!

Und wenn ich es nun bin? Wenn ich das Licht die ganze Nacht brennen lasse? Wenn ich nicht merke, daß ich mich beschmutze? Wenn ich beim Essen kleckere und Scherben mache?

Im Märchen heißt es: Dann in die Ecke mit dir, wie ein Kind, das man vom Tisch schickt, damit es sich wieder besinnen und gesittet zurückkehren kann.

Das Kind aber, das Enkelkind, ist klüger als seine Eltern. Es kennt den Unterschied zwischen seiner eigenen Ungeschicklichkeit und der der Alten genau. Den Unterschied zwischen dem Weg hinein und dem Weg hinaus. Und das Kind, das jüngste der Generationenkette, sieht seine Eltern als diejenigen, die dem Alter am nächsten sind. Was ist ihm Alter, mittleres oder hohes? Alle sind älter als es selber, und warte, nur ein Kleines, dann werdet ihr das hölzerne Tröglein brauchen.

Das Kind aber weiß nicht nur, was kommt, was auf uns alle wartet. Es tut auch etwas. Es schnitzt an seinen Brettchen herum, es stellt Hilfsmittel her, die seine Alten brauchen werden. Das geschieht ganz sachlich, ganz unsentimental.

Pflicht? Das ist ein großes Wort.

Ja, man hat die Verantwortung für alles, was von einem abhängt, das sieht das Kind tagtäglich bei den Eltern, und man tut sein Bestes. Man holt die Schafe in den Stall, man zimmert dem Hund seine Hütte, und man kauft den Eltern sogar für Geld ein hölzernes Schüsselchen.

Doch damit ist das Märchen nicht zu Ende, und das macht es so groß: Mann und Frau sahen sich eine Weile an, fingen endlich an zu weinen und holten den Großvater zurück an den Tisch …

Ein Märchen erzählt nur. Es hat keine Meinung und keine Weltanschauung. Es erzählt von Menschen, und die Menschen, die zuhören, können sich das Ihre denken. Sie haben eine Geschichte mit einem guten Ende bekommen und können es, wie die Politiker, die die Pflegeversicherung erfunden haben, damit genug sein lassen. Der Alte sitzt wieder am Tisch. Na also, was wollt ihr denn noch?

Wir wollen diese Tränen. Wir wollen eine mittlere Generation, Jüngere, »die sich eine Weile anschauen«. Das ist der Augenblick, auf dem es in diesem Märchen und in der Wirklichkeit, heute und alle Tage, ankommt. Der Moment, in dem Mann und Frau, den Alten von morgen, die Augen aufgehen, in dem sie begreifen, was auf jedes Menschenkind wartet.

Sie brauchen kein Wort zu sagen, und sie suchen keinen Ausweg, keine Ausflüchte. Sie nehmen ihre Aufgabe an, und jedem, der das Märchen liest, bleibt es überlassen, ihre Tränen zu erklären. Rührung über das Kind, Abschied von der eigenen Jugend. Angst vor dem eigenen Alter. Dankbarkeit und Liebe zum Vater. Demut und Ergebenheit in die Christenpflicht. Angst vor den unermeßlichen Belastungen in der Zukunft.

Denn es ist ja nicht nur mit der Rückkehr zum Tisch geschehen. Beide Eltern wissen, daß sie auch das andere akzeptiert haben: den langen gemeinsamen Weg zum Ende.

Gullivers Reise

Zehntes Kapitel

Die Luggnaggier sind ein höfliches und großmütiges Volk, und obgleich sie von jenem Hochmut, der allen östlichen Nationen eigen ist, nicht völlig frei sind, zeigen sie sich Ausländern gegenüber aber doch höflich, und zwar besonders gegen solche, die vom Hof begünstigt werden. Ich hatte viele Bekanntschaften unter Personen bester Lebensart, und da ich stets von meinem Dolmetscher begleitet wurde, waren die Gespräche, die wir führten, recht angenehm.

Eines Tages fragte mich in einer großen, angenehmen Gesellschaft ein Mann von Stand, ob ich schon einen ihrer »Struldbrugs« oder »Unsterblichen« gesehen hätte. Ich sagte nein und bat, er möchte mir erklären, was er mit einer solchen Bezeichnung meine, da sie doch einem sterblichen Geschöpf gegeben werde. Er sagte mir, es ereigne sich zuweilen, wenn auch sehr selten, daß in einer Familie ein Kind mit einem kreisrunden, dunklen Fleck auf der Stirn, gerade über der linken Augenbraue, geboren werde, der ein unfehlbares Zeichen sei, daß es niemals sterben werde.

Er sagte, diese Geburten seien so selten, daß er nicht glaube, es könnte mehr als elfhundert Struldbrugs beiderlei Geschlechts im ganzen Königreich geben, davon seiner Schätzung nach etwa fünfzig in der Hauptstadt. Diese Geschöpfe seien nicht irgendeiner Familie eigentümlich, sondern ein bloßes Werk des Zufalls, und die Kinder der Struldbrugs seien selbst ebenso sterblich wie die übrigen Menschen. Ich gebe offen zu, daß mich eine unaussprechliche Begeisterung erfüllte, als ich diesen Bericht hörte. Wie in Verzückung rief ich aus: »O glückliche Nation, wo jedes Kind wenigstens das Los erhoffen kann, unsterblich zu sein! O glückliches Volk, das sich so vieler lebender Beispiele der alten Tugend erfreut und Lehrer besitzt, die es in der Weisheit aller früheren Zeiten unterrichten können! Überaus, unvergleichlich glücklich aber sind jene vortrefflichen Struldbrugs selbst, die, durch Geburt von jenem allgemeinen Unglück der menschlichen Natur ausgenommen, einen freien und ungefesselten Geist besitzen, ohne die Belastung und Niedergeschlagenheit, die von der ständigen Furcht vor dem Tode verursacht wird.«

Der Herr, an den ich meine Darlegung richtete, bat mich um Erlaubnis, der Gesellschaft zu erklären, was ich gerade gesagt hatte. Das geschah, und sie unterhielten sich eine Zeitlang in ihrer eigenen Sprache, von der ich keine Silbe verstand; ich konnte auch nicht an ihren Mienen erkennen, welchen Eindruck meine Darlegung auf sie gemacht hatte. Nach kurzem Schweigen sagte mir derselbe Herr, seine Freunde seien sehr erfreut über die klugen Bemerkungen, die ich über das große Glück und die Vorteile unsterblichen Lebens gemacht hätte, und sie wünschten in allen Einzelheiten zu erfahren, welchen Lebensplan ich für mich entworfen hätte, wenn mir das Los zugefallen wäre, als Struldbrug geboren zu sein.

Ich erwiderte: Hätte ich das Glück gehabt, als Struldbrug auf die Welt zu kommen, so würde ich mich, sobald ich mein eigenes Glück erkennen könnte, indem ich den Unterschied zwischen Leben und Tod verstände, zuerst dazu entschließen, mir durch alle möglichen Kniffe und Methoden Reichtümer zu verschaffen. Im Verfolgen dieses Zieles könnte ich billigerweise erwarten, durch Sparsamkeit und Geschicklichkeit in ungefähr zweihundert Jahren der reichste Mann im Königreich zu sein. Zweitens würde ich mich von meiner frühesten Jugend an dem Studium der Künste und Wissenschaften widmen, wodurch ich es mit der Zeit erreichen würde, alle anderen an Gelehrsamkeit zu übertreffen. Schließlich würde ich jede Handlung und jedes Ereignis von Bedeutung, die in der Öffentlichkeit vorfielen, sorgfältig aufzeichnen, unparteiisch die Charaktere der aufeinanderfolgenden Fürsten und hohen Staatsminister nebst meinen eigenen Bemerkungen zu jedem Gesichtspunkt darstellen. Ich würde die verschiedenen Veränderungen der Sitten, der Sprache, der Art und Weise der Bekleidung, der Ernährung und der Vergnügungen genau vermerken. Mit allen diesen Kenntnissen wäre ich eine lebendige Schatzkammer des Wissens und der Weisheit und würde sicherlich die unfehlbare Autorität der Nation werden.

Ich würde mich nach sechzig Jahren nicht mehr verheiraten, sondern ein gastfreies Leben führen, jedoch immer noch sparen. Ich würde mich damit beschäftigen, den Geist hoffnungsvoller Jünglinge zu bilden und anzuleiten, indem ich sie aus meiner Erinnerung, Erfahrung und Beobachtung, die ich mit vielen Beispielen bekräftigte, von der Zweckmäßigkeit der Tugend im öffentlichen und privaten Leben überzeugte. Meine auserwählte und ständige Gesellschaft sollte jedoch ein Kreis aus meiner eigenen unsterblichen Bruderschaft sein, aus der ich ein

Dutzend von den ältesten bis herunter zu meinen eigenen Zeitgenossen auswählen würde.

Diese Struldbrugs und ich würden uns gegenseitig unsere Beobachtungen und Erinnerungen während des Verlaufs der Zeit mitteilen, die verschiedenen Stufenfolgen beobachten, in denen sich die Verderbnis in die Welt einschleicht, und ihr bei jedem Schritt entgegentreten, indem wir die Menschen ständig warnten und belehrten.

Ich verbreitete mich noch über viele andere Themen, die mir die natürliche Sehnsucht nach endlosem Leben und irdischem Glück mit Leichtigkeit liefern konnte. Als ich geendet hatte und der Hauptinhalt meiner Rede wie zuvor der übrigen Gesellschaft übersetzt worden war, entstand unter ihnen ein langes Gespräch in der Landessprache, nicht ohne einiges Gelächter auf meine Kosten. Schließlich sagte derselbe Herr, der mein Dolmetscher gewesen war, er sei von den übrigen gebeten worden, mich in einigen Irrtümern zu berichtigen.

Der Lebensplan, den ich aufgestellt hätte, sei unvernünftig und unbillig, da er eine immerwährende Dauer der Jugend, Gesundheit und Geisteskraft voraussetze. Kein Mensch könne aber doch so töricht sein, diese zu erwarten, so ausschweifend er auch in seinen Wünschen sein möge. Es sei deshalb nicht die Frage, ob ein Mensch stets in der Blüte der Jugend, verbunden mit Wohlstand und Gesundheit, leben wolle, sondern wie er ein ewiges Leben mit all den üblichen Nachteilen, die das Alter mit sich bringt, verbringen würde. Nach dieser Vorrede gab er mir einen ausführlichen Bericht über die Struldbrugs bei ihnen. Er sagte, sie benähmen sich gewöhnlich wie Sterbliche, bis sie etwa dreißig Jahre alt wären; dann würden sie allmählich melancholisch und niedergeschlagen, und beides steigere sich, bis sie das achtzigste Jahr erreichten, das in diesem Land als äußerste Grenze des Lebens betrachtet werde. Dann zeigten sie nicht allein alle Torheiten und Schwächen anderer alter Leute, sondern noch viel mehr, die eine Folge der furchtbaren Aussicht, niemals zu sterben, seien. Sie wären nicht allein eigensinnig, verdrießlich, habgierig, mürrisch, eingebildet und geschwätzig, sondern auch der Freundschaft unfähig und unempfänglich für jede natürliche Zuneigung, die sich nie über ihre Enkel hinaus erstreckte. Neid und ohnmächtige Begierden sind ihre vorherrschenden Leidenschaften. Die Gegenstände aber, auf die sich ihr Neid hauptsächlich zu richten scheint, sind die Laster der jüngeren Leute und der Tod der alten. Wenn sie an die ersteren denken, so werden sie sich bewußt, daß sie von jeder Möglichkeit des Vergnügens ausgeschlossen sind, und wenn sie einen Leichenzug sehen, so klagen und murren sie, daß andere in einen Hafen der Ruhe eingegangen sind, den zu erreichen sie selbst niemals hoffen können. Sie erinnern sich nur an das, was sie in ihrer Jugend und in ihrem mittleren Alter gelernt und beobachtet haben, und selbst daran nur sehr unvollkommen. Und was die Wahrheit oder die Einzelheiten irgendeines Sachverhaltes angeht, so ist es sicherer, sich auf allgemeine Überlieferungen als auf ihre besten Erinnerungen zu verlassen. Die am wenigsten Unglücklichen unter ihnen scheinen noch diejenigen zu sein, die kindisch werden und ihr Gedächtnis völlig verlieren; diesen wird mehr Mitleid und Hilfe zuteil, da ihnen viele schlechte Eigenschaften fehlen, die bei anderen im Überfluß vorhanden sind.

Wenn ein Struldbrug eine seiner eigenen Art heiratet, so wird die Ehe nach dem Recht des Königreichs natürlich aufgehoben, sobald der jüngere von beiden achtzig wird. Das Gesetz sieht es nämlich als eine gerechte Vergünstigung an, daß das Elend derjenigen, die ohne eigene Schuld zu einem ewigen Verweilen in dieser Welt verdammt sind, nicht auch noch durch die Last eines Weibes verdoppelt werden sollte.

Sobald sie das achtzigste Lebensjahr vollendet haben, werden sie rechtlich als tot betrachtet. Ihre Erben folgen ihnen sogleich in ihrem Besitz; nur eine kleine Summe wird für ihren Unterhalt ausgesetzt, und die Ärmeren werden auf Kosten des Staates ernährt. Nach dieser Zeit betrachtet man sie als unfähig, irgendeine Vertrauensstellung oder eine, die Gewinn bringt, zu bekleiden; sie dürfen keinen Grundbesitz kaufen oder in Pacht nehmen, und es ist ihnen auch nicht gestattet, in irgendeinem Prozeß, sei er zivilrechtlich oder strafrechtlich, als Zeuge aufzutreten, nicht einmal bei einer Entscheidung über Marksteine und Grenzlinien.

Mit neunzig verlieren sie die Zähne und Haare; in diesem Alter nehmen sie keinen Geschmacksunterschied mehr wahr, sondern essen und trinken ohne Vergnügen oder Appetit, was sie bekommen können. Die Krankheiten, denen sie ausgesetzt waren, dauern immer fort, ohne sich zu verschlimmern oder zu bessern. Beim Sprechen vergessen sie die gewöhnlichsten Bezeichnungen von Sachen und die Namen von Personen, sogar derjenigen, die ihre nächsten Freunde und Verwandten sind. Aus demselben Grund können sie sich niemals mehr mit Lesen die Zeit vertreiben, weil ihr Gedächtnis nicht ausreicht, sie vom Anfang eines Satzes bis zum Ende zu bringen.

Da die Sprache dieses Landes ständig in Veränderung begriffen ist, verstehen die Struldbrugs der einen Generation die der anderen nicht mehr, und nach zweihundert Jahren sind sie auch nicht mehr imstande, irgendein Gespräch (mit mehr als ein paar allgemeinen Wörtern) mit ihren Nachbarn, den Sterblichen, zu führen. Und so sind sie in der ungünstigen Lage, wie Fremde in ihrem eigenen Vaterland zu leben.

Das war der Bericht, der mir über die Struldbrugs gegeben wurde, so genau ich mich erinnern kann. Später habe ich selbst fünf oder sechs verschiedenen Alters gesehen, der Jüngste nicht mehr als zweihundert Jahre alt, die von einigen meiner Freunde bei verschiedenen Gelegenheiten zu mir gebracht wurden. Obgleich man ihnen sagte, daß ich ein großer Reisender sei und die ganze Welt gesehen hätte, zeigten sie aber nicht die geringste Neugier, um mir auch nur eine Frage zu stellen.

Jonathan Swift, Gullivers Reisen

Was ist das Ich, dieses Wesen, das nach einem biologischen Schema entsteht, nach einem Bauplan, so kompliziert, daß es ihn selbst nur teilweise versteht, und so einfach, weil er sich auf Werden und Vergehen bezieht wie alles auf der Erde, Mensch und Meer, Stock und Stein.

Das große Wunder des Bewußtseins, die Möglichkeit, aus dem, was uns die Sinne vermitteln, das Bild einer Welt zu schaffen, die andere auch und genauso wahrnehmen. Oder ist das schon das Ergebnis einer Übereinkunft? Ist das unser sechster Sinn, daß wir die anderen Menschen als Menschen begreifen können, als Wesen, die so sehen und schmecken und fühlen wie ich, deren Gefühle ich voraus-ahnen kann, deren Urteile über die Welt ich übernehme?

Menschen sagen, die Blume ist blau, und ein Kind lernt,

was Blau ist. Das, was der fahrende Sänger im Mittelalter sein blau blûmelin genannt hat. Das Kind lernt wie ein Computer: Jede Information, die die Sinne liefern, vernetzt sich mit allem anderen, was im Lauf der Jahre das Ich und seinen Wissensschatz ergibt. Und daraus – so lehren uns die modernen Hirnforscher, die die Philosophie samt Erkenntnistheorie und Ethik als etwas betrachten, das sie nicht brauchen, um das geschlossene System des Menschlichen erklären zu können – holt sich unser System die Elemente für die Gedanken und Handlungen, die wir als freien Willen, als Selbstbewußtsein bezeichnen.

So wären wir nicht einmal Tier unter Tieren, sondern ein Computer unter Computern, ein Zusammengestecktes, ein Spielzeug aus Materie?

Viele Erwachsene sagen heute einfach: Na und? zu solchen Fragen. Ihnen genügt, daß ihr System funktioniert. Wenn nicht, wird es repariert, und wenn sich keine neuen Chips und Bytes mehr hinzufügen lassen, ist die Sache eben aus. Alte Autos, alte Kühlschränke, alte Computer werden entsorgt, basta.

Man könnte dazu neigen, ihnen recht zu geben, wenn man sieht, wie bei manchen Menschen im Alter das wieder auseinanderfällt, was in der Kindheit so wundersam zusammengefügt wurde. Wenn man verfolgt, wie sich die Verbindungen wieder lösen, wie aus der vollkommenen Vernetzung wieder einzelne Bewußtseinsinseln werden, die keinerlei Verbindung mehr miteinander besitzen.

Wir sind heute imstande, sehr alt zu werden. So wird jeder einen Alten haben oder kennen, an dem er miterlebt, wie sich dieses Bewußtsein des eigenen Ichs und der Welt wieder auflöst.

»Wer bist du?« wird die Tochter gefragt, die sich ständig um die alte Mutter kümmert. Kann diese Person sich noch fragen: »Wer bin ich?«

Die ersten Tätigkeiten junger Zivildienstleistender im Seniorenheim: »Alte wieder einfangen, die ausgerissen sind.« In Hausschuhen, im Pyjama, schon deshalb leicht zu erkennen auf der Straße oder im Bus, dessen Fahrer auch wissen, das ist die Haltestelle beim Altersheim...

Das ist der nächste Schritt, der Verlust des Bodens, auf dem man steht: Wo bin ich?

Und gerade in dem Augenblick, in dem sich die Bindungen zur Welt lösen, werden diese alten Menschen gerade deshalb aus dem Vertrauten gerissen und in eine unverständliche Fremde transportiert. »Zu deinem eigenen Besten«, »Zu deinem Schutz«.

Was ist das? Selbstschutz der Jungen? Gedanken- und Erfahrungslosigkeit? Unfähigkeit, sich vorzustellen, was es schon bedeutet hat, im Lauf der Jahre allmählich alt zu werden: ein Verlust nach dem anderen, eine Schwäche zur anderen, und dann der letzte Schub, der beginnende Verlust des Denkens, meines Ichs, der Person, die ich eben noch war.

Da ist es gleichgültig, ob ich an meine unsterbliche Seele glaube, den freien Willen bezweifle und mein Hirn als Zentralcomputer betrachte. Das liegt längst hinter mir. Jetzt leide ich. Ich spüre, daß etwas mit mir geschieht. Ich weiß nicht, was es ist, ich weiß nicht warum, aber ich muß es ertragen, und ich leide.

Kann man das verstehen, wenn man jung ist?

Einmal stand ich an einer Kreuzung und wartete auf Grün. Drüben, jenseits der Fahrbahn, lief ein alter, kleiner Mann, taumelnd, manchmal springend. Er hatte einen dunklen Trainingsanzug an, und man hätte ihn für einen der leidenschaftlichen Dauerläufer am Sonntagmorgen halten können, aber ich dachte: »Hoffentlich fällt er nicht hin!«

Und er fiel, stürzte auf den Bauch und zappelte wie ein Käfer, und ich bekam Grün und lief über die Fahrbahn, aber ehe ich ihn erreicht hatte, hielt ein offener Sportwagen, in dem zwei junge Leute saßen. Der Fahrer sprang heraus und half dem Alten auf die Beine. »Nichts getan?« Nein, der Alte schüttelte den Kopf. »Soll ich einen Arzt holen?« Nein, nein, keinen Arzt.

»Soll ich Sie heimfahren?«

Ein flinker Blick auf das rote, flotte Auto. »Ja, ja, heimfahren.«

Ich sah zu, wie die beiden Jungen den Alten vorn plazierten, wie sie ihm den Gurt anlegten, wie sie mit ihm redeten, wie der Alte alles genoß. Dann die Frage: »Wohin soll ich Sie fahren? Wo wohnen Sie denn?«

»Da vorne«, sagte der Alte mit einer vagen Handbewegung, »fahr nur los, mein Junge!«

Sie fuhren los, und wie das Abenteuer auch ausgegangen ist, für den Alten wird es ein Sonntagsspaß gewesen sein. Vielleicht haben die unerwarteten Reize fast eingerostete Verbindungen in seinem alten Hirn wieder aufleben lassen. Vielleicht hat er die beiden Jungen durch seinen Charme bezaubert, der nichts war als sein kurzes Entzükken über das, was er noch vermochte, oder nur ein automatisches Abschnurren eines Programms, das keinen Anfang und kein Ende mehr besaß. Vielleicht haben ihn die Jungen verflucht, weil sie dachten, er hätte sie reingelegt, und haben versucht, sich seiner so rasch wie möglich wieder zu entledigen. Vielleicht auf der nächsten Polizeiwache.

Es kann aber auch sein, daß ihnen diese Begegnung in ihrem eigenen System steckenblieb. Daß sie zum ersten Mal begriffen, was Alter und Verfall bedeuten und daß unsere einzige Antwort darauf Barmherzigkeit sein dürfte.

Barmherzigkeit gibt es nicht bei Swift und seinen Struldbrugs. Sie werden sich selbst, ihrer eigenen Gesellschaft überlassen. Die Kinder entmündigen sie und zahlen gerade das Nötigste für den Unterhalt.

In diesem knappen Text hat Swift vor fast dreihundert Jahren alles gesehen und alles gesagt, was über das hohe Alter zu sagen ist. Dabei muß man nur eines bedenken: Er wurde in einer Zeit geboren, in der noch die Schwarze Pest gewütet hatte, in der Seuchen, Mißernten und Hungersnöte dem Leben der Menschen im allgemeinen ein frühes Ende setzten.

Heute könnte er sehen, wie die Unsterblichen nicht geboren, sondern gemacht werden, und was das für sie und für ihre Umwelt bedeutet.

Abschied vom Lebenden

Ich gehöre nicht zu den Witwen, die jedes Jahr ihre kleine Reise machen, nach Spanien, nach Kreta, ein bis zwei Flugstunden entfernt, in den fremden Städten Sightseeing gehen, im Hotelspeisesaal allein am Tischchen sitzen und abends noch ein paar Schritte spazieren, ebenfalls allein. Schon der Gedanke an eine solche Unternehmung löst Panikstimmung in mir aus, ich sehe mich am winzigen Tischchen sitzen und aufspringen und schreien. Was die Bilder und Plastiken in den Museen betrifft, so mag ich keine mehr sehen, ich weiß, er wäre damit nicht zufrieden. Vielleicht ist mir auch nur der Gedanke entsetzlich, nichts fragen, mich nicht mitteilen zu können. Dabei gibt es doch das Notizbuch, die kleine Elsheimer-Landschaft könnte ich beschreiben, könnte versuchen zu sagen, warum sie mich bezaubert, was steht dem entgegen, eine Trägheit, eine Gleichgültigkeit, wozu, wem nützt es, vielleicht nicht einmal mir selbst. A thing of beauty, und ich erinnere mich doch, wie ich nach den Monaten in der häßlichen Wiener Wohnung, dem entsetzlichen Spitalzimmer, beim Heimkommen, das heißt in der ersten Nacht zu Hause, meine Nachttischlampe, diese kleine geriefte Säule mit dem Früchtekranz und den Palmetten mit Entzücken betastet habe. Es gibt Notwendigkeiten, auch solche der Schönheit, ich habe das damals gebraucht, es hat mich getröstet, mit dem unheilbar

Kranken im Nebenzimmer und den ewigen unterdrückten Tränen und fast gar keiner Hoffnung mehr.

Der schmale Korridor in der Wiesenau und deine Heimkehr, die ganz gewöhnliche, am Abend, nicht etwa nach Luftangriffen, überstandenen, oder nach Reisen in tieffliegerbeschossenen Zügen, vielmehr am Alltag, Heimkehr aus dem Seminar oder der Bibliothek, aber das genügte, der Schlüssel, der sich in der Wohnungstür drehte, und schon schlug mein Herz schneller, höher wie man so sagt. Küsse und Fragen, wie war es – wie war es, das Stückchen Leben allein oder mit andern, und alles war wichtig, aber das wichtigste ist doch die Umarmung, die erste, zu der ich dir auf dem Korridor entgegenlief, zu der du deine Büchermappe auf den Boden warfst, alle Tage, ja, verrückt, alle Tage. Als hätte uns auch in Friedenszeiten eine schreckliche Gefahr gedroht, Gefahr des Sichverlierens. So kommt es, daß ich auch das Geräusch des sich drehenden Schlüssels noch immer, immer wieder höre und aufspringe und den Korridor hinunterlaufe, meinem vieljährigen Alleinsein zum Trotz.

Die Zeit danach, ich meine nach seinem Tode, dieses erste Jahr allein, ich habe daran keine unangenehmen Erinnerungen, im Gegenteil, ich hatte das Gefühl, von ihm gezogen und geführt, in einem seltsamen Zwischenreich zu leben, in dem es nie ganz hell wurde, aber auch nie kalt, nie stürmisch. Nach zwei Jahren des Entsetzens herrschte eine Art Frieden. Ich hatte einiges zu tun mit der Bereitstellung seiner Manuskripte, noch mehr mit der Wiederaufrichtung seines Bildes aus einunddreißig Ehejahren, Bild des

Gesunden, vor das sich immer wieder das andere schob, die schwere Hand auf meinem Arm, die unsicheren Bewegungen, die Stimme, die ihm nicht gehorchte, Sätze formte, die zwar ich verstehen konnte, aber eben nur ich. Dieses Bild mußte weg, und ich schob es beiseite, immer wieder, mit unermeßlicher Anstrengung, versuchte auch seine Stimme, die eigentliche, wieder zu hören, die lebhafte, die liebevolle, die ich vor der Operation zuletzt gehört hatte, was noch schwerer war, als das Bild wiederherzustellen. Eigentlich war ich ja schon seit damals allein, mußte alles entscheiden, hatte nur die cara presenza, die cara esistenza, die unverändert schönen, seelenvollen Augen, konnte auch fragen und bekam unbeholfene Antwort, las ihm vor und merkte, daß er alles verstand. Ich wollte aber das Frühere wiederhaben, wenigstens in der Erinnerung, das war meine Beschäftigung in diesem ersten Witwenjahr, ich warf meine Netze aus. Einiges ließ sich fangen, alles nicht, ich hatte doch auch Angst gehabt, nicht nur um ihn, sondern auch vor ihm, ein paarmal hatte ich ein böses, fast irres Aufblitzen seiner Augen bemerkt, oder eine feindliche Bewegung, und hatte den Tisch wie einen Schutzwall vor mein Bett gezogen in der Nacht. Zwei Jahre gegen einunddreißig Jahre, und der Kampf hörte erst auf, als ich mich treiben ließ, ihm nach, und nichts mehr wollte und nichts mehr versuchte, da ließ er mich frei.

Marie Luise Kaschnitz, Orte

Die Not, das Entsetzen derer, die sich mit dem Fremden, den das Alter aus Mutter oder Mann gemacht hat, wie im Gefängnis fühlen.

»Ich kann nicht mehr aus dem Haus!«, weil eine alte Frau gelähmt im Bett liegt und zu jeder Bewegung Hilfe braucht.

Weil die Familie meint, mit dem sogenannten Pflegefall schon fertig zu werden, und ihn der eben verwitweten oder zur Rentnerin gewordenen Tochter anvertraut. Weil Liebe nicht zulassen wollte, daß ein alter Mann in ein Heim käme, in dem er nicht mehr wie eine Person, sondern wie eine Sache behandelt würde.

Weil keiner den anderen alten Mann aus seinen vier Wänden herausgebracht hätte, und die Ehefrau, wie immer gewohnt, seinen Wünschen nachgab.

Und dann das zerfallende Bewußtsein, das langsam, langsam, einen anderen aus diesen Alten macht.

»Wer ist das? Was will dieser fremde Mann in meinem Zimmer?« Das ist dein Sohn, Liebster, der dich besucht.

Und am nächsten Tag findet die Ehefrau einen wirklich Fremden in der Wohnung, der geklingelt hatte, weil er einen Werbezettel in den Briefkasten gesteckt und darauf aufmerksam machen wollte. Der alte Mann schloß das Sicherheitsschloß auf, öffnete die Tür. »Wer sind Sie? Was? Kommen Sie rein, und warten Sie, bis meine Frau kommt!« Tür zu, Sicherheitsschloß zu, aus dem Flur gegangen, den Mann sofort vergessen. Da stand er nun, und als die Ehefrau kam, sagte er: Es waren ja nur fünf Minuten! Und sie dachte: Es hätte auch ein Räuber und Mörder sein können.

Das ist dann Alltag: Wenn sie einkaufen geht, sagt er: »Du läßt mich immer allein.« Wenn Freunde zu Besuch kommen: »Sie läßt mich immer den ganzen Tag allein.« Wenn die Freunde bei ihm im Zimmer sitzen: »Wo ist sie denn?«

»Ich glaube, in der Küche.«
»Und was macht sie da, warum ist sie nicht hier?«
»Sie kocht wohl, ich höre die Töpfe klappern.«
Er, laut: »Herzele?«
Sie, aus der Küche: »Jaha!«
»Wo bist du denn?«
»In der Küche.«
»Und was machst du da?«
Sie kommt herein, lächelt ihn an. »Ich koche.«
Er schaut sie an und lächelt zurück. »Gibt es bald was zu essen?«
»Ja, ich gehe gleich wieder hinaus.«
»Wohin gehst du denn?«
»In die Küche.« Und schnell dazu: »Und mache Abendbrot.«
Er steht auf. »Willst du vorher was trinken?«
»Ja, einen kleinen Schluck Sherry.« Er gießt ihr ein, sie nimmt ihr Glas und geht. »Wohin gehst du?«
»In die Küche.«
»Was machst du da?«
»Ich koche das Abendbrot.«
Er, zum Besuch: »Willst du vorher was trinken?«
»Ja bitte, auch einen Sherry.«
Er stellt Gläser heraus und setzt sich wieder. »Wo bleibt sie denn?«
»Sie macht Abendbrot.«
»Dann können wir ja einen Schluck trinken.«
»Ja gerne.«
Er geht zu den Gläsern. »Hab ich dich schon gefragt, was du trinken willst?«
»Ja bitte einen Sherry.«
Er gießt einen Sherry ein, trinkt ihn aus und setzt sich wieder. »Gibt es nicht bald Abendbrot?« Bei dieser Frage schaut er seine Freundin an und fragt: »Haben wir uns schon einmal gesehen?«

Es ist gleichgültig, wie man den Verfall bezeichnet, der den alten Menschen allmählich das Bewußtsein ihrer Selbst nimmt. Früher sagte man Verkalkung, und das war ein gutes Wort, weil man sich etwas darunter vorstellen konnte. Wir haben gelernt, daß wir uns das Falsche vorgestellt haben, aber die richtige Vorstellung ändert auch nichts an der Tatsache, daß da ein Vorgang abläuft, der sich nicht umkehren läßt.

Und daß dieser Vorgang so grausam ist, daß sich auch das aufgeklärte jüngere und gesunde Hirn der Partner oder der Kinder weigert, es zu akzeptieren. Es verdrängt. Es vertuscht. Es nimmt selber die Schuld auf sich, wenn etwas schiefgeht. Es spricht von Phasen. Es läßt sich hineinziehen in diese Welt ohne oben und unten, ohne gestern und morgen, verliert selbst den Verstand, nur noch gehalten von einem gespenstischen Echo dessen, was einst Liebe war. Er, der nichts mehr von ihr weiß, muß ihre Hand halten, dann ist alles gut.

Aber nur für den oder die, für die das Alter zu etwas geworden ist, was wir uns kaum vorstellen können. Darum nehmen oft die diejenigen, für die das Alter ohnehin nur erst ein Wort ist, zu der Logik Zuflucht, die uns sonst alle Probleme löst, manchmal auch die der Medizin. Es beginnt ein erbitterter, herzzerreißender Kampf um die Bauordnungen unserer Verstandeswelt.

»Sie hat doch so einen klugen Kopf! Sie hat viel besser denken können als ich! Mutterchen, jetzt wollen wir einmal mit deinem Kopf üben! Es gibt Tag, und es gibt Nacht, weiß du das noch?«

Und die Mutter, die nach Mitternacht hellwach wurde und in Haus und Garten herumgegeistert ist und nun im schwarzen Baumwollkleid auf dem aufgeschlagenen Bett sitzt, lächelt freundlich.

»Und es gibt Sommer und Winter, nicht wahr?«

»Ja«, antwortet die Mutter gehorsam, »ich friere.«

»Weil es jetzt Nacht ist und Winter«, sagt die Tochter.

»Ich friere«, sagt die Mutter, und die Tochter, im Nachthemd, legt die alte Frau im schwarzen Sommerkleid ins Bett und deckt sie gut zu. »Du frierst«, sagt sie dabei, »weil du in dem dünnen Kleid von Vaters Beerdigung jetzt im Winter und mitten in der Nacht in den Garten gegangen bist.«

»Vaters Beerdigung? Aber Kind – das kann nicht sein. Dann wäre ich ja eine Witwe!«

»Das war doch logisch gedacht«, sagte die Tochter später verzweifelt, »und ein richtiger Konjunktiv! Du siehst doch, es ist noch da! Ich muß einfach mehr mit ihr üben, um das Verschüttete wieder frei zu bekommen.«

Sie hat lange gebraucht, bis sie sich eingestanden hat, daß nichts verschüttet ist. Daß die Logik, die eins aus dem anderem erklärt, die uns mit Ursache und Wirkung durch die unbegreifliche Zeit führt, Mutters Verstand sich selbst überlassen hat. Daß man ihr wie allen anderen in dieser Lage wie einem Kind antworten muß, nur in bezug zu eben, zu jetzt.

Keine Kausalketten mehr, die man aus der Vergangenheit in die Zukunft wirft. Auch keine kleinen Späße, mit denen man anfangs meint, die Ausfälle oder Vergeßlichkeiten überspielen zu müssen, die diesem Mann zum Beispiel, einst ein so großer Geist und geliebt und gefürchtet in der ganzen Familie, doch peinlich sein müssen.

Aber die zerfallene Ordnung verträgt offenbar keinen Witz mehr, keine Ironie, in der man absichtlich ein Segment der Welt auf den Kopf stellt, spielerisch, herausfordernd, weil ja alle wissen, wie es richtig wäre. Aber gerade das weiß der eine oder die eine eben nicht mehr. Vielleicht ist ihm noch eine unbestimmte Ahnung davon geblieben, ein Schatten, ein Bild, das sich ihm immer wieder auflöst und entzieht.

Er wird gereizt und wütend, auf sich und auf den, der

dem wackligen Inventar seines Kopfes mutwillig einen Stoß gegeben hat, und er braucht lange, um sich zu beruhigen.

Es ist ein Weg ohne Wiederkehr, und deshalb ist es grausam, den wahrhaft Leidenden, nämlich den pflegenden alten Kindern oder den Partnern, immer wieder kurz vorm seelischen und körperlichen Zusammenbruch, auch noch vorzugaukeln, es sei eigentlich ein Leichtes, wenn man nur die rechte Einstellung hätte. Es gibt immer mehr Romane und auch Filme, vermutlich von jungen Menschen gemacht, in denen die alten Verstörten wieder ein wunderbares Leben führen, wenn man aufhört, die staatlichen oder privaten Herrschaftsmechanismen auszuüben, kurz: wenn man sie laufen läßt. Wenn man sie frei über sich und ihr Geld verfügen läßt.

Man liest dann von einer alten Frau oder einem alten Mann, der seinen herzlosen Pflegern entkommt, vor seinen geldgierigen Kindern ausreißt, meistens auf ähnliche Randfiguren der Gesellschaft stößt, am liebsten auf Kinder, und der in dieser Welt außerhalb der sozial verwalteten sein Paradies findet und – und das ist das sicher ungewollte, aber gefährlich Grausame solcher Phantasien – auch wieder seinen Verstand. Der nämlich scheint in diesen Geschichten nur so verrückt zu sein, weil der arme Alte von keinem begriffen wird, weil ihn Staat und eigene Familie so quälten, bevormundeten und demütigten, daß er sich in diese Verrücktheit flüchten mußte. Das aber sind Märchen, nichts als Märchen.

Es ist immer verlockend und leicht, Geschichten zu erzählen, die auf dem schlechten Gewissen des Publikums gründen. Da hört man dann von der Würde des Lebens, von der Würde des Alters und des Todes, und daß es heute gar kein Problem mehr sei, mit den Herren oder Damen der Pflegedienste die Alten zu versorgen und fromm auf die Erlösung durch den Herrn harren zu lassen.

Das sind typische Männersätze, in diesem Fall stimmt sogar die Bezeichnung Herrschaftssätze, denn so reden Männer über Dinge, von denen sie keine Ahnung haben. Auch in den Zeiten, in denen Herrschaft noch Herrschaft war, gingen die Frauen aus Burg oder Handwerkerhaus in die Quartiere der Armen und pflegten und halfen. Der Landgraf von Thüringen hielt die diesbezügliche Mildtätigkeit seiner heiligen Elisabeth nur für Geldverschwendung. Und auf einen Sankt Rochus kamen sicher hundert oder tausend heilige Elisabeths.

Wenn ich es freundlich sagen möchte, so denken die Politiker bei ihren Sprüchen nur an die Finanzierbarkeit von Pflegestufen, und der Pfarrer hat vielleicht den Tod Mariä vor dem geistigen Auge, unzählige Male in Holz und Stein geformt und auf Leinwand gemalt, wunderbare Bilder von Gottergebenheit kurz vor der Verklärung. Die Apostel und Jünger, die noch am Leben sind, wie eine mächtige Schar von guten Geistern um das Ruhebett versammelt, Gesichter voll Hingabe, gefaltete Hände, ganz freudige Zuversicht in das, was sich auch für den Betrachter des Gemäldes schon durch die Anwesenheit der Engel als so herrlich enthüllt. Gebet und Geduld – gleich wird sich der Himmel verdientermaßen für die kleine alte Frau öffnen.

Wenn man sich vergegenwärtigt, wie kurz ein Durchschnittsleben in biblischer Zeit gewesen ist, wie früh auch die Märtyrertode die meisten Heiligen hinwegraffte, so kann man verstehen, wie sehr dieser letzte irdische Abschnitt des Marienlebens den damaligen Alltag überstrahlte. So sollte der Tod sein: entweder Christi Tod am Kreuz oder Mariä Abschiedsfest mit Engelsmusik und Wolkenrauschen. Beide bis zum letzten Atemzug im Vollbesitz ihrer geistigen Kräfte, im wachen Gespräch mit Menschen und Gott.

Wahrscheinlich braucht man solche Vorbilder, die einen die Jahre des Alters hindurch begleiten und die Furcht vor dem Ungewissen vertreiben können. Wer aber über das Alter und den Tod zu Menschen spricht, für die er die soziale oder ethische Verantwortung trägt, der sollte wissen, wie der Tod in unserer Gesellschaft tatsächlich eintritt. Wie schwer es vielen nicht nur fällt, die jahrelange Pflege von Menschen durchzustehen, die nicht mehr auf menschliche Stimmen reagieren und nicht leben und nicht sterben können, sondern vor allem: wie schwer es den Pflegenden fällt, sich das letzte bißchen Glauben an einen gnädigen Gott zu bewahren, das sie sich trotz dieser Belastung, trotz Nazizeit und Krieg gerettet haben.

Es ist sicher gut, wenn Geistliche beider Konfessionen sich den Kopf über das Jugendproblem zerbrechen und moderne Kirchenlieder zur Gitarre singen lassen. Besser wäre es, wenn sie zur Beantwortung der Frage: Warum laufen die Christen den Kirchen weg? zu solchen gequälten Christen oder nicht mehr Christen gingen, so wie es Jesus tat, zu den Armseligen und Beladenen, die tagaus, tagein Windeln wechseln müssen und bitter sagen: »Das mit dem Christentum ist eben doch nur Gerede! Mir hilft keiner.«

In den Regeln des heiligen Benedikt von Nursia, den ersten Ordensregeln der Christenheit, liest man in der 36. Regel über »Die kranken Brüder«: »Die Sorge für die Kranken muß vor und über allem stehen: Man soll ihnen so dienen, als wären sie wirklich Christus; hat er doch gesagt: Ich war krank, und ihr habt mich besucht!, und: Was ihr einem dieser Geringsten getan habt, das habt ihr mir getan. Aber auch die Kranken mögen bedenken, daß man ihnen dient, um Gott zu ehren; sie sollen ihre Brüder, die ihnen dienen, nicht durch übertriebene Ansprüche traurig machen. Doch auch solche Kranke müssen in Geduld ertragen werden; ... Der Abt sehe es als seine Hauptsorge an, daß die Kranken weder vom Cellerar noch von den Pflegern vernachlässigt werden. Auf ihn fällt zurück, was immer die Jünger verschulden.« Und in der 37. Regel heißt es über »Alte und Kinder: Zwar neigt der Mensch schon von Natur aus zu barmherziger Rücksicht auf die Lage der Alten und der Kinder; doch soll auch durch die Autorität der Regel für sie gesorgt sein. Immer achte man auf ihre Schwäche... Man schenke ihnen Güte und Verständnis.«

Nicht allein bleiben müssen oder Philemon und Baucis

Eiche und Linde wachsen auf den Hügeln, zu ihren Füßen ein See, früher bewohntes und fruchtbares Land, jetzt von Sumpfhühnern und Tauchvögeln bevölkert.

Dorthin kam vor dieser Zeit der Göttervater Jupiter in Menschengestalt, begleitet von Merkur mit seinem Stab, aber ohne die geflügelten Stiefel. Sie waren schon weit gewandert und müde geworden. Jetzt neigte sich der Tag dem Abend zu, und sie suchten eine Unterkunft für die Nacht. Sie pochten wohl an die tausend Türen, aber alle blieben verriegelt.

Schließlich kamen sie an ein Haus, fast eine Hütte, klein und mit Stroh und Schilf gedeckt. Philemon und Baucis hatten es sich, als sie noch jung gewesen waren, mit eigener Hand gebaut, hatten sich dort vermählt und waren darin alt geworden. Niemals hatten sie ihre Armut verborgen, und deshalb litten sie nicht darunter. Sie waren Herrschaft und Gesinde zugleich und hielten Hütte, Garten und Land in guter Ordnung.

Als die Götter an ihre Tür pochten, hießen sie die beiden Fremden ohne zu zögern willkommen, und die Götter zogen den Kopf ein und betraten durch die niedrige Tür das bescheidene Haus und wurden köstlich bewirtet.

Die Götter griffen zu, und es gab jungen Wein zum

Essen. Und dann wurden die Gastgeber gewahr, daß sich der Wein im Kruge wie von selbst wieder auffüllte und auch im Mischkrug, aus dem sie so oft schon geschöpft hatten, nicht weniger wurde.

Sie erschraken, erschüttert vom Unerhörten. Baucis hob die Hände und betete, und Philemon, voll Furcht und Zagen, machte es ihr nach. Sie baten um Vergebung für das armselige Mahl, das sie so ohne viel Aufwand geboten hatten. Dabei dachte Baucis an die Gans, das einzige Tier, das sie besaßen und das sie den Göttern noch zubereiten wollte. Ohne ein Wort erhob sie sich, und Philemon wußte sofort, was sie vorhatte, und setzte seine alten Beine ebenfalls in Bewegung. Doch die Gans war schneller und schlauer als die beiden und schrie und entwich ihnen immer wieder, bis Philemon und Baucis erschöpft waren. Und dann flatterte die Gans in die Hütte und suchte bei den Himmlischen Zuflucht.

Diese aber lachten und verwehrten es den Alten, die Gans zu schlachten. »Siehe«, sagten sie, »wir sind Himmlische, und wir werden eure gottlose Nachbarschaft so strafen, wie sie es verdienen. Euch aber wollen wir verschonen. Verlaßt eure Hütte! Folgt uns auf den Berg und seht, was geschieht!«

Mühselig und auf ihre Stöcke gestützt erklommen die Alten den steilen Hang und schauten erst zurück, als sie schon fast den Gipfel erreicht hatten.

Da sahen sie, wie alles Land in einem Sumpf versunken war und nur ihre Hütte noch stand, und während sie noch das Schicksal der Nachbarn beweinten, verwandelte sich ihre Hütte in einen Tempel mit goldenem Dach und Marmorfußboden. Säulen trugen den Giebel, und die Tür war mit Reliefs geschmückt.

Voll Güte senkte Jupiter seinen Blick auf die staunenden Alten und sprach mit seiner göttlichen Stimme: »Sag an, du würdiger und gerechter Greis, und du, alte Frau, die dieses Mannes wohl wert ist. Was habt ihr für einen Wunsch?«

Philemon und Baucis schauten sich an, einen Augenblick nur und in tiefster Eintracht. Dann antwortete Philemon für beide den Göttern: »Eure Priester möchten wir sein und euren Tempel hüten, so lange wir atmen. Und weil wir so viele Jahre in Liebe und Frieden verlebt haben, ist unser größter Wunsch, auch zusammen zu sterben. Nie möchte ich am Grabe von Baucis stehen, und auch sie möchte mich nicht bestatten müssen.«

»Das sei euch gewährt«, sagten die Götter.

Jahre vergingen, und Philemon und Baucis hüteten ihren Tempel. Als sie so alt und gebrechlich geworden waren, daß sie die Tempelstufen nicht mehr ersteigen konnten, blieben sie vor der untersten stehen und erzählten sich noch einmal die Geschichte ihrer Liebe, ihres Lebens und ihres Tempels. Da sah Philemon, wie sich Baucis belaubte, und Baucis, wie die Gestalt und das Gesicht ihres Philemon im jungen Laub verschwand.

»Leb wohl, mein Gemahl!« sagte sie in das Rauschen der Blätter, und sie flüsterten miteinander, bis ihre Lippen verstummten und die Wipfel über sie hinauswuchsen und sich im Winde wiegten.

Noch heute, schrieb Ovid, zeigen Einheimische die dicht nebeneinander stehenden Bäume, und oft hängt ein Blütenkranz in den gesegneten Zweigen.

Ovid, Philemon und Baucis

Noch einmal die Liebe. Manchmal denkt man, daß Jugend und Alter zwei Sprachen sprechen, mit denselben Wörtern. Oder daß unsere Sprache zu kümmerlich ist, verkümmerter als die englische, die zum Beispiel ein Wort für den Himmel Gottes, seiner Engel und Heiligen hat und ein anderes für das gestirnte Himmelsgewölbe. Auch kümmerlicher als die Sprache der Griechen und Römer, die für Zeit zwei Wörter besaßen und für Liebe erst recht.

Himmlische und irdische Liebe, Caritas und Amor, Agape und Eros, Nächstenliebe und Liebesleidenschaft.

In unserer Sprache gibt es den Schauerbegriff Sex, der andere Wortungetüme gebiert: Sex für Senioren oder noch ärger, Seniorensex. Entwickeln wir Senioren ein drittes Geschlecht? Das Seniorengeschlecht? Ein Ne-Utrum anderer Art?

Der Mensch ist unübersehbar ein vorzüglich sexuelles Wesen, also ein Vertreter einer Art, die sich nicht so praktisch und unaufwendig wie die Geflügelarten mit ihren säuberlichen Eiern oder die Pantoffeltierchen durch schlichte Zellteilung fortpflanzen kann. Der Mensch hat sich zu etwas Komplizierterem entwickelt, und deshalb ist es seine Fortpflanzung auch. Ob es nun an dem merkwürdig ungeschützt der Witterung ausgesetzten männlichen Geschlechtsorganen hängt oder an unserem im Lauf von Jahrmillionen sehr sensibel reagierenden Verstand – irgendwie ist dem zivilisierten Homo sapiens die eigene Geschlechtlichkeit zum Problem geworden, und er teilt sie heutzutage wie seine Literatur in E und U ein. Hohe Seelenliebe und wildes Triebgesuhle. Zwischen diesen Extremen fühlen sich besonders die Männer hin- und hergerissen, und das Alter galt lange als der sichere Port, in dem endlich die Stürme enden und Ruhe einkehrt. Vielleicht noch ein bißchen E-Liebe, rein und zart und von bittersüßer Würze.

Aber die Sexualität ist stärker und herrlicher und kümmert sich nicht im geringsten um die Altersgrenzen, die ihnen menschliche Rentenzeiten und Moralvorstellungen entwerfen. Dann rächen sich die Moralvorstellungen, und wenn die Sexualität nicht pariert, so wird sie als unmoralisch bezeichnet und lächerlich gemacht. Alte Menschen mit Trieben, die man bei der Jugend gutheißt, im Alter aber wie eine Krankheit beklagt, waren früher singuläre Roman- und Bühnenhelden, tragisch angelegt, zum Scheitern oder Selbstmord mit wunderbar dramatischem Getön bestimmt, unweigerlich.

Was sonst mit den alten Männern und ihren Trieben geschah, drang kaum über die vier Wände hinaus, wurde mit deftigen Herrenwitzen und in den verschiedenen Gegenden Europas mit jeweils anderen Ventilen versehen.

Wir waren einmal im Sommer in Südschweden, wo immer an einem bestimmten Wochenende ein großer Markt auf der grünen Wiese am Meeresstrand stattfand, mit Verkaufsbuden und Kampfspielen und berittener Polizei und Go-go-Girls und einem langen Zelt ohne jegliches Schild oder Hinweis, in das alte Männer im schwarzen Festtagsanzug mit weißem Hemd und schwarzem Hut im Gänsemarsch schweigend hineinmarschierten. Nach einer Weile kamen sie ebenso schweigend wieder heraus. Was mochte es dort geben? Was fand dort wohl statt? Unser jüngster Sohn, damals ein Kind, schlüpfte beim Einzug der nächsten Alten unter der Zeltleinwand hindurch und kam nach einem Augenblick wieder heraus.

»Ganz langweilig«, sagte er, »lauter alte Opas gucken sich einen Film mit nackten Frauen an.«

Sitzen diese alten Opas aber nicht einmal im Jahr im Zelt und sonst sicher daheim hinterm Ofen oder sonstwo verborgen, sondern sind sie im Seniorenheim Psychologen, Alterspädagogen und Ärzten schutzlos ausgeliefert, so wird ihre Sexualität entdeckt und problematisiert und bekommt Noten wie in der Schule.

»Man muß sich ja für Vater schämen!«, sagt dann die Familie. So ist aus einem der letzten Sinnenvergnügen eine peinliche Angelegenheit geworden, aber den grausamen und unberechenbaren Eros muß es am meisten kränken, daß er, der seit altersher als einer der mächtigen und verderbenbringenden Götter gilt, nun zu einem Helfershelfer sozialpädagogischer Bemühungen geworden ist, auf einer Ebene mit Alterssport und geriatrischer Massage.

In der Geschichte von Philemon und Baucis wird Eros nicht erwähnt, auch keine Kinder des Paares. Vielleicht sind sie in alle Welt hinausgezogen, hüten ihre Herden auf fremden Hügeln oder bestellen Felder in unbekannten Fernen. Philemon und Baucis sind wieder allein, aber Eros, vielleicht mit abgeschirmter Fackel, ist so nah wie die anderen Götter. Vielleicht wartet er im benachbarten Olivenhain. Sicher sieht er, wie schwer sich die rheumatischen Glieder der Alten bewegen, sieht, wie sich Philemon seinen schmerzenden Rücken stützt. Und er weiß, daß er sich behutsam nahen muß.

Nein, von Liebe kein Wort, und dennoch atmet jedes Wort diese wahrhaftig unbeschreibliche Liebe, die auf Eintracht beruht. Einträchtig haben die beiden Menschen gelebt und gearbeitet. Sicher, die Eintracht mochte ihnen trotz ihrer Armut leichter gefallen sein als unter anderen Lebensumständen, denn sie hatten ihre gemeinsame Arbeit. Sie wußten, was das Dasein von ihnen forderte. Sie mußten einträchtig sein, sonst wäre die Hütte nicht entstanden, sonst hätten sie die kargen Felder nicht bestellen können. Es gibt das alte Sprichwort: »Wo die Armut zur Tür hereinkommt, flieht die Liebe zum Fenster hinaus.« Philemon und Baucis haben die Liebe gehalten, und Ovid sagt kein Wort zum Warum, erklärt gar nichts, erzählt nur von diesem Paar, das die Götter belohnen. Erzählt eine

Geschichte, die bis zur heutigen Zeit ein Ideal der Gattenliebe entwirft, die alles übersteht, sicher vieles aufgegeben, aber nichts von dem verloren hat, was wahre Liebe ist.

Und was ist die wahre Liebe, die von Philemon und Baucis, von zwei alten Menschen? Kein Wort auch darüber. Wir sehen nur das Bild des Mannes und der Frau auf der Bank vor der Hütte. Seine Hand ruht in der ihren. Wir sehen sie Feuer entfachen und das Essen zubereiten, uralte, seit Jahrzehnten gewohnte Handgriffe und Gesten. Kein Wort, kein Befehl ist nötig. Geduld, Zärtlichkeit und Nachsicht, die Gefährten der alt gewordenen Liebe, befördern die Eintracht.

Deshalb auch kein Zögern und kein Zwist, nicht einmal ein Wort der gleichberechtigten Abstimmung, als es um das Geschenk der Götter geht. Jeder weiß, was der andere denkt und wünscht, und es spielt keine Rolle, wer zu den Göttern spricht. Eintracht – sie ist kein Göttergeschenk. Sie ist das Werk der beiden Menschen, ihre Lebensleistung. Die freilich findet ihren Lohn und wird ihn immer wieder finden, solange es Menschen gibt und man ihnen gönnt, in Ruhe auch ihre Liebe altern zu lassen.

Ovid kannte den größten und innigsten Wunsch glücklicher Greisengatten: gemeinsam zu sterben. Nicht allein bleiben zu müssen in dem letzten Augenblick des Lebens, in der Stunde des Todes. »Verlaß mich nicht, wenn's dunkel wird«, heißt es im Kirchenlied, und es ist gleich, ob der Satz von jemandem gesprochen wird, der an die Auferstehung und das ewige Leben glaubt oder nicht. Im Augenblick, in dem alles zu Ende sein wird, was ist und war, ist eine Hand, die mich hält, ein Arm, der mich noch einmal umfängt, der einzige und letzte Trost. Philemon und Baucis blieben zusammen. Keiner mußte den Schmerz erleiden, mit dem anderen das halbe Ich zu verlieren. Keiner hatte das einsame, einsame Alter vor sich.

Das ist das wahre Göttergeschenk.

Sorgt euch nicht um euer Leben

Darum sage ich euch: sorgt nicht um euer Leben, was ihr essen und trinken werdet; auch nicht um euren Leib, was ihr anziehen werdet. Ist nicht das Leben mehr als die Nahrung und der Leib mehr als die Kleidung?

Sehet die Vögel unter dem Himmel an: sie säen nicht, sie ernten nicht, sie sammeln nicht in die Scheunen; und euer himmlischer Vater ernährt sie doch. Seid ihr denn nicht viel mehr als sie?

Wer ist unter euch, der seines Lebens Länge eine Spanne zusetzen könnte, wie sehr er sich auch darum sorgt?

Und warum sorgt ihr euch um die Kleidung? Schaut die Lilien auf dem Feld an, wie sie wachsen: sie arbeiten nicht, auch spinnen sie nicht.

Ich sage euch, daß auch Salomo in aller seiner Herrlichkeit nicht gekleidet gewesen ist wie eine von ihnen.

Wenn nun Gott das Gras auf dem Feld so kleidet, das doch heute steht und morgen in den Ofen geworfen wird: sollte er das nicht viel mehr für euch tun, ihr Kleingläubigen?

Darum sollt ihr nicht sorgen und sagen: Was werden wir essen? Was werden wir trinken? Womit werden wir uns kleiden?

Nach dem allen trachten die Heiden. Denn euer himmlischer Vater weiß, daß ihr all dessen bedürft.

Trachtet zuerst nach dem Reich Gottes und nach seiner Gerechtigkeit, so wird euch das alles zufallen.

Darum sorgt nicht für morgen, denn der morgige Tag wird für das Seine sorgen. Es ist genug, daß jeder Tag seine eigene Plage hat.

Matthäus 6,25–34

Die Lilien auf dem Felde, die Himbeeren in der Hecke – immer wenn es Sommer wird, immer wenn ich die Bienen in einem Himbeerhang im Walde summen höre, denke ich an die kleine Stadt, in der ich die ersten Jahre meines Lebens zugebracht habe, in der es mir immer Sommer gewesen zu sein scheint.

Eine alte Frau, meine Großtante, trug mich, sechs Wochen alt, in diese Stadt, in das rosenumrankte Haus meines Urgroßonkels, das zwischen Weinbergen stand und das in den letzten Tagen des Zweiten Weltkriegs wie fast achtzig Prozent aller anderen Häuser von Bomben zerstört wurde. Damals, in den letzten Jahren vor diesem Krieg, war alles so wie seit Ewigkeiten. Jenseits des Flusses der Berg mit den Burgen, beide zerfallen, die Reste von meinem Urgroßonkel im Bergwald gesammelt und im Rathaus als Grundstock einer ortsgeschichtlichen Sammlung aufbewahrt, die stille sommerliche Landschaft von ihm immer wieder beseelt und laienhaft gemalt, so daß der Geruch von Terpentin und der Sand alter Kanonenkugeln aus dem Burgberg erste Sinnenreize des Kindes waren. Diesseits des Flusses die Stadt, zwischen den Weinbergen und dem Schwemmland im Flußbogen, der Aue mit den vielen kleinen Gärten, dem Holzlager, der Flußpromenade und dem Anleger der Schiffe. Eine kleine Stadt, vielleicht dreitausend Einwohner, aber eine Reichsstadt mit Renaissanceschloß und türmereicher Stadtmauer aus den heimischen Schiefersteinen und mit behäbigen Villenvierteln jenseits dieser Mauern um das Kurhaus mit seinem Park herum.

Alles überschaubar, alles nah beieinander. Jeder kannte meine Großtante, eine pensionierte Rotkreuzschwester, die mit ihrer ebenfalls pensionierten Oberin einen Haushalt führte und darauf eingerichtet war, diese, die an einer damals unheilbaren Krankheit litt, zu Tode zu pflegen. Dann starb meine Mutter, noch keine einundzwanzig Jahre alt, bei meiner Geburt, und die Familienumstände waren so, daß mich meine Großtante kurzerhand in die Tasche packte, mit der sie zur letzten Pflege ihrer Nichte gereist war, und mit zu sich nahm.

So kam ich in das Haus in den Weinbergen, und erst nach dem Tode meiner Großtante las ich das Konzept eines Briefes an einen meiner Großväter, in dem sie darlegte, wieviel ein Kind pro Monat an Grieß und Milch und Waschpulver kostete, wieviel sie von ihrer gewiß kargen Rente erübrigen könnte, daß die Frau Oberin wohl für die Kleidung des Kindes sorgen würde, und Obst und Gemüse aus dem Garten nichts kosteten, und wenn der Herr Major im Monat zehn Mark dazutäte, so würde es sicherlich reichen.

Das war die Gesellschaft der älteren und alten Menschen, die in der Inflation ihr Vermögen verloren hatten, das Geld, das ihnen das Alter finanzieren sollte. »Sparsamkeit in allen Dingen...« war deshalb ihr Motto und ihr Alltag und die Basis ihres Lebens, klaglos und selbstverständlich akzeptiert.

Vielleicht war das leichter in einer so kleinen Stadt zu ertragen, in der jeder wußte, wie der andere gestellt war und weder Anonymität noch der eingebildete Zwang, den Schein zu wahren, die Seele und den Geldbeutel belasteten.

Auf jeden Fall ließ die doppelte freiwillige Pflicht, einen sehr viel älteren und einen gerade geborenen Menschen zu versorgen, meine Großtante kaum auch nur in die Nähe eines Rentenschocks kommen. Und die Arbeit, die sich aus dieser Doppelpflicht und der Sparsamkeit ergab, erledigte sie mit der gleichen Liebe, mit der mein Urgroßonkel den Pinsel führte und im Keller den Wein ansetzte. Meine Mutter war in den Tropen geboren und aufgewachsen, und ihre Kleider aus Batist und Baumwollkrepp wurden aufgetrennt, gewaschen und gebügelt und zu Hemden und Kitteln für mich umgenäht. Mußte angestückelt werden, so verzierte meine Großtante die unvermeidlich sichtbaren Nähte mit aufgesteppt em Wäscheband oder Kettenstich oder überzog die ganze Stelle mit winzigem Kreuzstich. Selbst meine Puppen bekamen Mäntel und Hüte, die aus den guten Stellen abgelebter Tweedmäntel des Urgroßonkels stammten.

Es waren die Jahre, in denen das Selbermachen noch üblich war. Das Sonntagsbrot wurde zu Hause gebacken, das Gemüse für den Winter eingeweckt. Der Kaufmann drehte für Mehl oder Zucker, die auf der Balkenwaage mit ihren schönen Messingschalen abgewogen wurden, aus glattem blauem Papier spitze Tüten, und beim Milchmann stellte man den Emaileimer auf die Theke und bekam mit dem Litermaß die frische Milch von den Kühen, die wir jeden Tag beim Spaziergang trafen, aus dem großen Bottich geschöpft, während die Oberin, vom Einkauf schon erschöpft, auf dem Stuhl saß, ein Glas Buttermilch trank und wie immer um Rat für geschwollene Beine oder eine fortgeschrittene Schwangerschaft gefragt wurde.

Und es wurde eingemacht. Der Sommer begann, wenn unser Briefträger, rote Haare über der blauen Uniform, von der Gartentür her rief: »Schwester Friederike! Grüße von der Mutter, und die Johannisbeeren wären reif!« Das bedeutete: den Bollerwagen mit den leeren Gefäßen füllen und zur Au hinuntermarschieren, in den Garten, und mit den anderen Frauen und Kindern pflücken, was die Sträucher boten. Mittags wurde Kaffee aus Thermosflaschen getrunken, und die Kinder bekamen Saft, den letzten dicken Johannisbeersaft aus den grünen Flaschen, die nun wieder gebraucht wurden, mit so viel Wasser verdünnt, daß die fruchtige Süße nicht unangenehm schmeckte, und wenn uns zu heiß war, liefen wir die wenigen Schritte bis zum Fluß und schwammen im grünlichen Wasser, das dort ab Mittag im Schatten des Burgberges lag.

Die Himbeerhecken wuchsen in den Gärten der Häuser am sonnigen Hang und in den Tälern der Bäche, die den Fluß speisten. Gärten zwischen Wiesen, in denen der Sommer summte. Meine Großtante vertauschte die weiße, gestärkte Schwesternhaube mit einer grauleinenen Arbeitshaube, zog das Schwesternkleid an, das schon vielfach gestopft und geflickt war, und band sich statt der üblichen weißen Schürze eine aus grober Baumwolle um, blauweiß gestreift. Ich besitze sie heute noch.

So gingen sie in die Himbeerhecke, die alten Frauen, denen Haus und Garten gehörte, seit Vaters oder Urgroßvaters Zeiten, die alten Frauen der Nachbarschaft, deren Himbeeren – oder Mirabellen oder Zwetschgen – noch nicht reif waren, und die alten Frauen der Verwandtschaft und Freundschaft. Sie hatten abgegriffene Strohhüte auf oder Hauben wie meine Großtante. Sie pflückten den ganzen Vormittag, gingen mit Porzellangefäßen, irgendwie um den Leib gebunden, die Reihen ab, sie oben, wir Kinder unten, und am Ende der Heckenzeilen standen große Gefäße, in die wir unsere Reihenernte kippten. Mittags saßen alle mit zerzausten grauen und weißen Haaren, zerstochenen Händen und müden Füßen im Schatten der Markise am Haus, die Haut auf Nase und Wangen leicht gerötet, schauten zum offenen Fenster in die Küche hinein, in der schon die ersten Töpfe mit ihrer Ausbeute auf dem Herde brodelten, vielleicht schon der erste Saft durchs Mulltuch tropfte, das zwischen die vier Beine eines umgedrehten Küchenhockers gebunden war. Saft erster Ordnung für Gelee und für Nobelgelegenheiten, Saft zweiter Ordnung, das Fruchtmus noch einmal aufgekocht, für rote Grütze und für den Saft, den wir täglich tranken.

Manchmal gab es zu Mittag eine Gemüsesuppe, manchmal eine frische Fleischwurst, die die Schlachtersfrau von gegenüber schickte und für die sie sicher eine Flasche Saft erster Ordnung zurückbekam.

Die Kommune der alten Frauen. Arbeit, soweit die Kräfte reichten, und diesen angemessen. Wer nicht pflükken mochte, weil ihm die Hitze zu stark war, saß in der Küche und half bei Marmelade, Gelee und Saft. Oder saß friedlich im knarzenden Korbstuhl im Schatten, gab Befehle, um die sich keiner kümmerte, und nickte immer zwischendurch ein wenig ein. Ich weiß nicht, nach welchen Regeln Arbeit in Himbeeren umgerechnet wurde. Ich kannte mich aber in allen Küchen und Kellern aus und wußte, daß sich die schönen hölzernen Vorratsregale, von meinem Freund, dem Schreiner, nach Maß gemacht, bei allen bis zum Rande füllten.

Schritt der Sommer fort, so ging man in die Brombeeren, und jeder kannte Stellen an den Pferdekoppeln oder drüben, am Hang des Tafelberges, auf deren Fruchtbarkeit er schwor. Die alten Frauen kletterten wie die Gemsen im ziemlich steilen Hang. Und noch ein paar Wochen später schleppten sie wie die Esel Kiepen mit Falläpfeln von den Bäumen der Landstraße heim, weil sie darauf schworen, daß es nichts Besseres – und nichts Billigeres – für Apfelgelee gäbe. Die Zwetschgen und das Zwetschgenmus, das in allen Küchen am Rande der Herde in gewaltigen Töpfen vor sich hinblubberte, bis es fast schwarz war, beschloß die Reihe dieser Tätigkeiten, aus denen Bindungen entstanden, die bis zum Tode hielten.

In einem kleinen, dicken, roten Buch notierte sich meine Großtante alles Merkenswerte: Apfelkuchen, wie ihn Frau Geheimrat X macht. Salbe für Frau Oberin, nach Apothcker Y. Strickmuster (von Gretl) von Kinderhosen. Wie man alte Stricksachen wieder aufribbelte, wie man die Wolle auf ein Brettchen wickelte, in heißes Wasser tunkte und im Schatten trocknen ließ, damit die Fäden wieder glatt wurden, brauchte sie nicht zu notieren. Das konnte sie, ohne hinzuschauen. Festgehalten wurden alle besonderen Künste und Tätigkeiten dieses Frauenalters, festgehalten wurden alle Spartips, und wenn es sich um selbstgemachten Dünger für die Blumen handelte. Vor allem aber Rezepte für Kuchen und Kleingebäck, mit dem sie sich gegenseitig bewirteten. Einfache Rezepte, eigentlich nur für Nachmittagseinladungen, weil sie gern früh ins Bett und nicht bei Dunkelheit aus dem Haus gingen. Einfache Rezepte, weil es nicht um Ansehen, sondern um den Geschmack ging. Aber wie gut ist ein Apfelkuchen aus Äpfeln, die noch süß und unvergleichlich nach Äpfeln oder besser: nach einer bestimmten reifen Apfelsorte schmecken. Wie gut war das Tomatenbrot, wenn die Früchte, eben von den Pflanzen vor der Hauswand gepflückt, noch warm von der Sonne waren und würzig und zugleich schmelzend schmeckten.

Die Frauen luden sich gegenseitig ein. Sie trafen sich beim Einkaufen. Sie trafen sich am Fluß, saßen auf den grünen Promenadenbänken und betrachteten das Wasser, die Schiffchen und den schönen Wald. Sie trafen sich in der Stadtbücherei, wo sie sich kichernd die Romane von der Felizitas Rose zuschoben. »So was muß man nicht haben, das leiht man sich aus, aber es liest sich zu schön!« Sie brachten sich in Krankheitstagen Fleischbrühe, Rätselhefte (immer nur mit Bleistift ausgefüllt und dann behutsam für die nächste ausradiert) und frisch gewaschene und aufgewickelte Binden (für die »schlimmen Beine«). Meine Großtante machte manchmal eine Nachtwache, versorgte die Kranken, die für die Gemeindeschwester noch nicht krank genug waren, und als sie selber einmal schwer krank wurde, erhielt sie den gleichen Dienst – obgleich er fast unerträglich gewesen sein muß, weil sie, schon violett vor Fieber, die Nachbarinnen herumscheuchte, als ob es ihre Lernschwestern von damals im Armenspital des Roten Kreuzes wären. Aber keine nahm das krumm. Keine war jemals wirklich beleidigt. Sie schimpften gerne, aber sie lachten ebenso gerne und lachten gleich wieder zusammen. Hatten sie Berufe? Waren sie einsam? Ich weiß es nicht. Es waren die alten Tanten, die in jedem Sommer frische, getrocknete Lavendelblüten in Leinensäckchen für die Wäscheschränke füllten und die manchmal mit dem Kopf wackelten und seufzten und sagten: »Mir is net wohl!« Dann roch es nach Pfefferminztee und aromatischen Ölen, man mußte leise auftreten, aber irgendwann gab es wieder frischen Hefekuchen, dessen Duft alles andere übertraf.

Die Oberin starb. Der Krieg brach aus. Die Männer wurden eingezogen. Pflückte noch jemand Himbeeren? Die Bomben fielen in Teppichen auf Burgberg, Stadt und Au. Was war, lag in Trümmern. Wurde Erinnerung an ein Dasein in Glück für Kinder und alte Frauen. Vorbei.

Sorgt euch nicht, sagt der Evangelist.

Wege zu sich selbst

Zweites Buch

Auch wenn du dreitausend Jahre und zehnmal so lange leben solltest, denk doch daran, daß niemand ein anderes Leben verlieren kann als das, was er lebt, und auch kein anderes lebt als das, welches er verliert. Die längste Zeit hat also dieselbe Grenze wie die kürzeste. Denn das Gegenwärtige ist für alle gleich, und was vorübergeht, ist demnach ebenso gleich, und was verloren geht, ist offensichtlich so winzig und unbedeutend. Denn niemand kann die Vergangenheit oder die Zukunft verlieren. Was einer nämlich nicht hat – wie könnte ihm das jemand wegnehmen?

Drittes Buch

Nicht allein daran muß man denken, daß das Leben mit jedem Tag kürzer wird und ein ständig kleinerer Teil von ihm übrigbleibt, sondern man sollte sich auch dessen bewußt sein, daß es keineswegs sicher ist, wenn man länger leben sollte, ob auch die geistige Kraft gleich bleiben wird, die für das Verständnis der Vorgänge in dieser Welt und für die Denkarbeit erforderlich ist, die auf die Erforschung der göttlichen und menschlichen Grundfragen zielt. Wenn man nämlich anfängt, albern zu reden, wird sich das Atmen, die Ernährung, die Wahrnehmung, das Streben und Verlangen und anderes dieser Art nicht abschwächen. Doch über sich selbst zu verfügen, seine einzelnen Pflichten sorgfältig auseinanderzuhalten, die Phänomene zu unterscheiden, sich vor allem darüber im klaren zu sein, ob man seinem Leben schon ein Ende machen muß, und was sonst noch einen besonders gut geschulten Verstand voraussetzt – alle diese Fähigkeiten nehmen deutlich ab. Man muß sich also beeilen, nicht nur weil man täglich dem Tod näherkommt, sondern auch weil die Fähigkeit zum Verstehen und Verarbeiten der Vorgänge in der Welt früher aufhört, als man denkt [...]

Neuntes Buch

[...] Verachte nicht den Tod, sondern habe deine Freude an ihm, da auch er etwas von dem ist, was die Natur will. Denn wie das Jungsein, das Älterwerden, das Wachsen und Blühen, das Zähnebekommen, das Wachsen des Bartes, das Grauwerden, das Zeugen, Schwangersein, Gebären und die übrigen natürlichen Vorgänge geschehen, die die Jahreszeiten deines Lebens mit sich bringen, so geschieht eben auch die Auflösung. Also entspricht es dem Wesen eines vernunftbestimmten Menschen, daß er weder ganz versessen auf den Tod ist, noch ungestüm nach ihm verlangt, noch hochmütig mit ihm umgeht, sondern ihn erwartet als einen natürlichen Vorgang. Und wie du jetzt darauf wartest, wann endlich das Kind aus dem Leib deiner Frau herauskommt, so mußt du auch auf die Stunde warten, in der deine Seele aus dieser Hülle hinausfallen wird. Wenn du aber eine gewöhnliche, herzergreifende Regel wünschst: Am ehesten wirst du dich mit dem Tod befreunden, wenn du die Dinge betrachtest, von denen du dich trennen mußt, und dir die Charaktere vor Augen führst, mit denen deine Seele nicht mehr in Berührung kommen wird. Denn du darfst dich keinesfalls an ihnen stoßen, sondern mußt dich um sie kümmern und sie mit Nachsicht ertragen, aber auch daran denken, daß du dich von Menschen trennen wirst, die nicht dieselben Überzeugungen haben wie du. Denn nur dies allein, wenn überhaupt etwas, würde dich zurückhalten und im Leben festhalten [...]

Zwölftes Buch

[...] Alles, wozu du auf einem Umweg kommen willst, kannst du schon haben, wenn du es dir nicht selbst mißgönnst. Das ist möglich, wenn du alles Vergangene hinter dir läßt, die Zukunft der Vorsehung anvertraust und dein gegenwärtiges Leben einzig und allein auf Frömmigkeit und Gerechtigkeit hin ausrichtest. Auf Frömmigkeit, damit du liebst, was dir zugeteilt wird. Denn die Natur brachte es zu dir und dich zu ihm. Auf Gerechtigkeit, damit du in innerer Freiheit und ohne Verschlingung die Wahrheit sagst und alles tust, was dem Gesetz entspricht und wie es dir zusteht. Es sollen dich also weder die Bosheit noch die Annahme noch die Stimme eines anderen hindern und auch nicht die Gefühle des dich umgebenden Fleisches. Denn was leidet, wird schon sehen, was es tut.

Wenn du nun, sobald du am Ende deines Lebens stehst, alles übrige zurückläßt und nur das leitende Prinzip deiner Seele und das Göttliche in dir für wertvoll hältst und keine Angst davor hast, einmal dein Leben zu beenden, sondern nur davor, daß du niemals begonnen hast, in Übereinstimmung mit der Natur zu leben, dann wirst du ein Mensch sein, würdig des Kosmos, der dich erzeugte, und aufhören, ein Fremder in deinem Vaterland zu sein, dich über die Dinge, die täglich geschehen, zu wundern, als ob sie unvorhersehbar seien, und von allem Möglichen abhängig zu sein [...]

Was willst du noch? Weiterleben? Oder vielmehr wahrnehmen? Bedürfnisse haben? Wachsen? Wieder aufhören, deine Stimme gebrauchen? Denken? Was scheint dir davon begehrenswert zu sein? Wenn aber alles bedeutungslos ist, dann entschließ dich endlich dazu, der Vernunft und Gott zu folgen. Aber dagegen steht, daß man dies alles hier schätzt und darüber betrübt ist, wenn man es durch seinen Tod verlieren wird.

Welch winziger Bruchteil der grenzenlosen, unendlichen Zeit ist jedem einzelnen zugeteilt worden? Denn ganz schnell verschwindet er in der Ewigkeit. Welcher Bruchteil des gesamten Seins? Welcher Bruchteil von der Gesamtheit des Beseelten? Der wievielte Teil der gesamten Erde ist das Fleckchen, auf dem du herumkriechst? Bedenke dies alles, und halte nichts für bedeutend, außer diesem: So zu handeln, wie deine Natur dich leitet, und alles so zu ertragen, wie es die gemeinsame Natur mit sich bringt [...]

Mensch, du hast dich in dieser großen Stadt politisch betätigt. Was macht es dir schon aus, ob es fünf oder drei Jahre waren? Denn jedes Jahr, das man in Übereinstimmung mit den Gesetzen verbringt, ist jedem anderen gleich. Was ist nun schlimm daran, wenn dich kein Tyrann oder ungerechter Richter aus der Stadt weist, sondern die Natur, die dich ja auch hineingeführt hat? Als ob der Beamte einen Schauspieler, den er ursprünglich eingestellt hatte, aus dem Theater entließe. »Aber ich habe noch keine fünf Akte gespielt, sondern erst drei.« Du hast recht. Doch im Leben sind die drei Akte schon das ganze Drama. Denn das Ende bestimmt jener, der damals für die Verbindung (deiner Bestandteile) und jetzt für die Auflösung verantwortlich ist. Du aber bist für beides nicht verantwortlich. Geh jetzt mit heiterem Herzen. Denn auch er, der dich entläßt, ist heiter und freundlich.

Marc Aurel, Wege zu sich selbst

Dies habe ich in Carnuntum geschrieben«, setzte Marc Aurel, Imperator und Feldherr, unter das zweite Buch seiner Gedankensammlung, und der erste Satz des ersten Buches lautet: »Von meinem Großvater Verus: Ausgeglichenheit und Gelassenheit. Von meinem Vater: Bescheidenheit und männliches Wesen ...«

Man meint ihn vor sich zu sehen, den Mann, der seit fast zwanzig Jahren das römische Imperium regierte und den noch ein gutes Jahrzehnt von seinem Tode trennte. Ein Mann auf der Höhe seines Lebens, jetzt am Ufer der Donau, am Rande der Römersiedlung, deren Reste noch heute bestehen, zwischen Wien und Preßburg, Kasernen, Wohnhäuser, eine Arena, in die man das Wasser einlassen und wo man Schiffsgefechte durchspielen konnte.

Die Donau hat bei Carnuntum ein Steilufer. An sonnigen Tagen sitzen die Ziesel vor ihren Erdlöchern und pfeifen über den Fluß. Wind raschelt im Gras. Ein fast alter Mann allein am Ufer des Stromes, eins mit seinem Rauschen und dennoch fremd. Wie oft haben die römischen

Soldaten unter Marc Aurels Befehl die Germanen vom nördlichen Ufer zurückgeschlagen. Wie oft hat er das fremde Land am Strom befestigen und besiedeln lassen, um Rom jenseits der Alpen zu sichern. Wie oft die Reisen von der Hauptstadt hierher, über Gebirge und Ebenen, wochenlang, mühselig auch im Sommer. Hier die ständige Sorge, was unterdessen in Rom geschieht, dort die Sorge, was an der Flußgrenze geschieht. Und Jahr für Jahr an dieser Grenze immer wieder schwere Niederlagen, bis das, was später zur ersten Völkerwanderung wurde, sich weiter östlich bis nach Griechenland wälzte.

Wenn dieser Mann in seinem flüchtig errichteten Hauptquartier den Wind und die Ziesel hörte, woran mochte er denken? An die Schlachten und an den Tod, den er so oft gesehen hatte? Und trotzdem, kein Hauch der schwarzen Melancholie, die später von Heiligen und Kirchenvätern als eine der schwersten Sünden gegen Gott und damit gegen das Leben bezeichnet wurde. Keine Verzweiflung. Kein Verlangen, daß all die Qual endlich ein Ende hätte. Wie kam Marc Aurel zu dieser Haltung? Wie konnte er so ein Leben, ein vom Alter ohnehin beschwertes Leben so ertragen?

Vom Großvater das Vorbild: Ausgeglichenheit und Gelassenheit. Von der Philosophie der Befehl: Erkenne dich selbst. Erkenne, daß du ein Sterblicher bist. Was gibt es dann noch weiter zu sagen? Begrenztheit des Menschen im unendlichen Raum am Strom, der in die Steppe fließt. Gefährdung, die immer wieder an die Sterblichkeit erinnert. Wege zu sich selbst. Selbsterkenntnis als Antwort auf die Frage: Was hat mein Leben für einen Sinn, wo es doch so endlich und so begrenzt ist?

Noch einmal reiste Marc Aurel wegen einer Verschwörung gegen seine Person nach Rom, doch als er dort ankam, war schon alles vorbei, und er kehrte sofort wieder an die Donau zurück, zu neuen Kämpfen gegen die Markomannen, und blieb die letzten beiden Jahre seines Lebens in Wien, das damals Vindobona hieß. Er starb als alter Mann von neunundfünfzig Jahren an der Pest, starb im festen Glauben an die Vernunft der Natur und an die Weltseele, die nichts verloren gehen läßt.

Marc Aurel schien noch nichts vom neuen Glauben der Christen gehört zu haben, aber der geringe Mensch, als den er sich sah, wird – wie er meinte – durch den ewigen Wandel in die Schöpfung wieder aufgenommen – hier kann man den Zeitgeist des frühen Abendlandes in seinen Schriften schon erkennen.

Vernunft und Glauben, das Kleinste im Atem der Ewigkeit – wie oft mag ein Mensch im Abendlicht tief in Gedanken dort am Fluß gestanden haben, vielleicht auf dem runden Kogel unweit der Römerstadt, von dem aus man weit ins Land schauen kann. Der Fluß als Sinnbild der ziehenden Zeit, der Himmel darüber so hoch und so leer, daß er einen daran zu denken zwingt: Wie lange werde ich noch unter diesem Himmel leben? Und was ist dann?

»Denk daran, daß niemand ein anderes Leben verlieren kann als das, was er hat!«

Nutze den Tag, lautet das Sprichwort, und es ist wahr: Nichts bereut man so sehr wie die verpaßten Gelegenheiten. Ach, hätte ich doch, sagt man, wenn es zu spät ist. Hätte ich doch trotz Terminen oder Umständen diese Reise zum Bruder oder zum Brahmaputra gemacht! Dann hätte ich jenen noch gesehen, ehe er den ersten Schlaganfall bekam, und diesen, von dem ich seit der Kindheit träume, zum ersten und einzigen Mal. Jetzt ist es zu spät. Der Bruder ist stumm. Ich bin für den Brahmaputra zu alt.

Jeder kennt solche Geschichten. Das ist: Du lebst noch nach Plan. Du ordnest deine Zeit in gewohnter Weise. Jetzt dieses und nächstes Jahr das andere. Aber nächstes Jahr kannst du lahm sein. Im Alter ist die Phase der Planbarkeit überschritten. Wir sind nicht mehr allein Herr unserer Zeit. Wir sollen ergreifen, was sie uns bietet, damit wir so wenig hinter dem Glück herlaufen müssen wie hinter der Zeit. Denn es gibt keine zweite Jugend. Selbst wenn der Arzt jemanden rundum erneuert, selbst wenn die Leidenschaft noch einmal die Liebe zu erwecken imstande ist – das, was dem begeisterten Menschen als ein neuer Anfang erscheint, ist nichts als eine Atempause. Man soll sie genießen wie alles, was einem der Tag in den Schoß wirft, aber man soll nicht glauben, daß Uhren rückwärts gehen oder angehalten werden könnten.

Merkwürdigerweise ist es oft eine gut überstandene Krankheit, die den Genesenden aufs tiefste erschüttert. Eine meiner Freundinnen begrüßte mich, als ich sie nach einer unbedeutenden Operation im Spital besuchte, mit den Worten: »Danke, mir geht's gut. Aber ich bin alt geworden.«

Protest, Gelächter. Wir waren damals noch keine fünfzig und sie noch längst nicht in den letzten verliebt. »Doch«, sagte sie, »du wirst noch an mich denken, wenn es dir genauso geht!«

Ich habe nicht Buch geführt, aber man denkt unwillkürlich an solch einen Satz, wenn sich zeigt, daß er stimmt. Eine geringe Störung, die man in der Jugend oder vor der Mitte des Lebens ohne einen Gedanken überwunden hätte, eine Krankheit, ein Verlust, ein Mißerfolg, eine Enttäuschung – und man hat die Kraft verloren, sich zu erholen. »Ich werde alt«, sagt man.

»Aber du hast doch alles überstanden! Du bist doch so gut beisammen wie nie!«

»Ja ja, diesmal. Aber das nächste Mal –«

Und danach spricht man nicht mehr darüber.

Wer es noch nicht erlebt hat, kann es ohnehin nicht verstehen, und wer es erlebt hat, muß damit fertig werden. Man kann zum Therapeuten gehen oder zum Urschrei in eine Selbsthilfegruppe oder im Wartezimmer des Arztes mit Unbekannten über bestimmte Krankheiten sprechen, man kann es tief in der Seele vergraben, man kann beten.

Manchmal gewinnt man eine neue Energie. Eine andere Freundin lag am Morgen ihrer ersten großen Operation vor der Schleuse zum Operationsraum. Ein junger Arzt kam vorbei, stutzte, blieb stehen und fragte: »Warum zittern Sie denn so?«

Sie war, wie sie mir später erzählte, so wütend und noch so bei sich, »daß ich ihn richtig angefaucht habe: Was denken Sie, junger Mann? Ich zittere, weil ich friere, und ich friere, weil ich nur mit diesem Tuch zugedeckt bin, und es zieht hier wie Hechtsuppe, und außerdem habe ich Angst.« Das hätte sie nie gewagt und gesagt, als sie noch jünger war. Sie hätte nur etwas Entschuldigendes geflüstert und die Operationsroutine über die eigenen Gefühle gestellt. Das Subjekt, das zum Objekt gemacht wird.

»Jetzt bin ich so weit, daß ich sage, was ich empfinde, und verlange, was ich brauche. Ich meine nicht: mit Anspruch. Aber mit Nachdruck, und ich bin ganz verblüfft, wie gut das funktioniert.« Am liebsten hätte sie eine Gruppe von Frauen aufgebaut, die andere ältere und einsame Frauen in solchen Situationen begleiten, aber sie gab den Plan bald wieder auf.

»Selbst meine Bekannten wollen lieber verdrängen. Aber ich, ich lasse mir jetzt nichts mehr gefallen, nur weil ich alt bin! Ich sage endlich, was ich denke.«

Ein Gedicht, das der Pfarrer in Kleversulzbach, Eduard Mörike, der 1803 geboren wurde, »Rückblick« nannte, beginnt so:

»Bei jeder Wendung deiner Lebensbahn,
Auch wenn sie glückverheißend sich erweitert,
Und du verlierst, um Größres zu gewinnen:
– Betroffen stehst du plötzlich still, den Blick

Gedankenvoll auf das Vergangne heftend;
Die Wehmut lehnt an deine Schulter sich
Und wiederholt in deine Seele dir,
Wie lieblich alles war, und daß es nun
Damit vorbei auf immer sei, auf immer!

Ja, liebes Kind, und dir sei unverhohlen:
Was vor dir liegt an künftgem Jugendglück,
Die Spanne mißt es einer Mädchenhand ...«

Und weil es nur noch »die Spanne einer Mädchenhand« ist, beginnt eine andere Zurückhaltung zu schwinden, beginnt im Menschen etwas zu drängen, und es kommt mir immer so vor, als sei das der erheblichste Unterschied zwischen Mensch und Tier. Ich weiß freilich nicht, was ein alter Hund denkt, wenn sein Fell schütter und sein Augenlicht trübe wird, aber ich weiß, daß Menschen dann von Gestalten umgeben sind, die sie vergangen glaubten. Da läuft das Kind durch ihre wachen Träume, das sie einst selber waren. Da lächelt sie eine Liebe an, die sie im Lauf der Jahre vergessen und verraten haben. Und was sie sich deshalb und aus allen anderen Gründen der Schande und Scham so zurechtgelegt hatten, daß es ihnen in sich selbst angenehm war, steht nun so vor ihnen, wie es wirklich war.

Ist das ein Programm, das in unserem Bewußtsein abläuft? Ist es die unsterbliche Seele, die sich reinigen will, die um Vergebung fleht, endlich Vergebung für alles, damit man dem Kind, das man einst war, erleichtert entgegenlächeln kann?

Vor vielen Jahren besuchte ich einen alten Freund, der – wie ich in der Unbedachtheit eines gesunden, eine Generation jüngeren Menschen dachte – eine von den Krankheiten hatte, die kommen und gehen. Er aber war ruhelos und verzweifelt, mußte flach auf dem Rücken liegen, und er hörte kaum auf das, was ich so sagte. Er hielt meine Hand umklammert und begann von der Schuld seines Lebens zu sprechen. Widerrief das Bild, das er von sich aufgebaut hatte, klagte sich in einer Trostlosigkeit an, daß mir das Herz brach, denn er war einer der gütigsten Menschen, die ich kannte, und ich konnte ihn nur umarmen, wortlos. Und er flüsterte weiter, als ob ich sein Beichtvater wäre, befreite seine Seele von der ganzen Erdenlast.

Das ist es, wozu es uns drängt, Rückblick zu halten ohne Rücksicht, auch keine Rücksicht auf uns selbst. So schreiben diejenigen, die Auschwitz und Treblinka und diese ganze Zeit überlebt und fünfzig Jahre lang geschwiegen und in bürgerlichen Berufen ein scheinbar normales und unauffälliges Leben gelebt haben, am Ende dieses unheilvollen Daseins das auf, was ihr Leben wirklich war, und die anderen fragen: Warum das denn jetzt noch? Kann man denn nicht das Vergangene ruhen lassen? Kann man nicht vergessen?

Nein, man kann nicht vergessen. Etwas in unserem Kopf oder unserer Seele läßt uns nicht zur Ruhe kommen, ehe wir nicht alles gesagt und bekannt haben. Vielleicht werden den Jüngeren diese Fragen wieder einfallen, wenn sie selbst so alt geworden sind, daß ihnen die Spiegelfechtereien nichts mehr nützen, daß sie, von ihrer eigenen Schuld gequält, nach Vergebung suchen, von den Erinnerungen an tiefste Demütigung nicht minder gequält, einmal Erleichterung spüren wollen.

Man muß wohl den Weg der Erinnerung zurückgehen, ohne sich noch länger schonen zu wollen, das Jüngste Gericht in der eigenen Seele, im eigenen Gewissen halten. Man muß davon sprechen. Man muß es aufschreiben. Man muß sich die Zeit dafür nehmen, und man muß sich selbst frei lassen, sonst verreckt man wie ein Hund.

Das Gedicht von Eduard Mörike endet:

»Doch also ward des Lebens Ordnung uns
Gesetzt von Gott; den schreckt sie nimmermehr,
Der einmal recht in seinem Geist gefaßt,
Was unser Dasein soll. Du freue dich
Gehabter Freude; andre Freuden folgen,
Den Ernst begleitend; dieser aber sei
Der Kern und sei die Mitte deines Glücks!«

Handelnd sterben

Die Luft lag scharf, schweigend und kalt über dem weiten Land. Schlanke Fichtenzweige bogen sich unter der schweren Last des Schnees und warteten auf ferne Frühlingswinde. Die froststarren Weiden schienen in der grimmigen Kälte zu erzittern.

Fern dort oben in diesem scheinbar so unwirtlichen Land lebte eine Schar von Menschen, die in Felle und Tierhäute gekleidet waren und dicht um kleine Feuerstellen hockten. [...]

Diese Nomaden lebten in der Polarregion von Alaska. Sie nannten sich das Volk, und sie waren ständig unterwegs, auf der Suche nach Nahrung. Wo die Karibus und andere Wandertiere entlangzogen, dort folgte ihnen das Volk. Doch die große Winterkälte schuf besondere Probleme. Die Elche, die ihre bevorzugte Nahrungsquelle bildeten, suchten Schutz vor der durchdringenden Kälte, indem sie sich an einen festen Ort zurückzogen, wo sie schwer zu finden waren. Kleinere und leichter zu erlegende Tiere, wie Kaninchen und Eichhörnchen, konnten eine so große Gruppe wie diese nicht am Leben erhalten.

In diesem Nomadenverbund lebten auch zwei alte Frauen, um die sich das Volk jahrelang gekümmert hatte. Die Ältere der beiden hieß Ch'idzigyaak, denn bei ihrer Geburt erinnerte sie ihre Eltern an einen Chickadee-Vogel. Die andere Frau hieß Sa', was Stern bedeutet.

An diesem Tag lag etwas Schwereres als nur die Kälte in der Luft, während das Volk um die wenigen flackernden Feuer versammelt war und dem Häuptling zuhörte. [...]

»Der Rat und ich sind zu einer Entscheidung gelangt.« Der Häuptling machte eine Pause, als habe er Mühe, die folgenden Worte auszusprechen. »Wir werden die Alten zurücklassen müssen.«

Das Volk schien nicht entsetzt zu sein. Viele hatten erwartet, daß es geschehen würde, und manche hielten es für das beste. In jenen Tagen war es nicht unüblich, die Alten in Hungerszeiten zurückzulassen, obwohl es in dieser Gruppe zum erstenmal geschah.

Die beiden Frauen saßen vor der Feuerstelle, alt und schmal, doch mit stolz erhobenem Kinn. So verbargen sie ihr Entsetzen. Als sie jünger waren, hatten sie erlebt, wie alte Menschen zurückgelassen worden waren, aber sie hätten niemals gedacht, daß dieses Schicksal sie selbst treffen könnte. Sie starrten betäubt vor sich hin, so als hätten sie nicht gehört, daß der Häuptling sie zum sicheren Tod verurteilt hatte.

Von den zweien hatte nur Ch'idzigyaak Familie – die Tochter Ozhii Nelii und den Enkelsohn Shruh Zhuu. [...] Während die Gruppe sich langsam davonschlich, kam Ch'idzigyaaks Tochter zu ihrer Mutter herüber. Sie trug ein Bündel Babiche – grob abgezogene, ungegerbte Elchhaut, die vielseitig verwendbar war. Voller Scham und Schmerz senkte sie ihren Kopf, denn ihre Mutter weigerte sich, ihre Anwesenheit zur Kenntnis zu nehmen. Statt dessen starrte Ch'idzigyaak versteinert geradeaus. [...]

Shruh Zhuu schlug seine ganze Erziehung und alle

Gedanken an die eigene Sicherheit in den Wind. Aus seinem Gürtel zog er ein Beil aus zugespitzten Tierknochen, die mit gehärteten Elchhautstreifen straff zusammengebunden waren, und steckte es heimlich, gut verborgen vor den Augen des Volkes, hoch oben ins dichte Astwerk einer buschigen jungen Fichte.

Der lange Zug des ausgehungerten Volkes setzte sich langsam in Bewegung, und zurück blieben die zwei Frauen. Sie saßen immer noch wie betäubt auf ihren aufgehäuften Fichtenzweigen da. Das kleine Feuer warf einen weichen, orangefarbenen Schein auf ihre verwitterten Gesichter. Es verging eine lange Zeit, bevor die Kälte Ch'idzigyaak aus ihrer Erstarrung weckte. [...] Heiße, ungebetene Tränen rannen ihr übers Gesicht.

In diesem Augenblick hob Sa' ihren Kopf, gerade rechtzeitig, um die Tränen ihrer Freundin zu entdekken. Zorn stieg in ihr hoch. Wie hatten sie es wagen können! Ihre Wangen brannten von der Demütigung.

Ihre Freundin hatte achtzig Sommer gesehen, sie selber fünfundsiebzig. Als sie jung war, hatte sie miterlebt, wie die Alten zurückgelassen wurden. Doch die waren dem Tod so nah, daß manche schon blind waren und nicht mehr laufen konnten. Und hier war sie nun, sie, die immer noch laufen, sehen, sprechen konnte, aber...

Sie ging zu dem Baum und barg das Beil, und bei dem Gedanken an den Enkel ihrer Freundin lächelte sie weich. Sie seufzte, als sie zu ihrer Kameradin zurückkehrte, die sich nicht gerührt hatte.

Sa' sah zum blauen Himmel hoch. Für ein erfahrenes Auge bedeutete das Blau zu dieser winterlichen Jahreszeit große Kälte. Wenn erst die Nacht hereinbrach, würde es noch kälter werden. Sa' runzelte besorgt die Stirn, kniete neben ihrer Freundin nieder und begann mit sanfter, doch fester Stimme zu sprechen. »Meine Freundin«, sagte sie, machte eine Pause und hoffte, sie könnte stärker sein, als sie sich fühlte. »Wir können hier sitzen und auf den Tod warten. Wir werden nicht lange warten müssen... Ja, auf ihre Weise haben sie uns zum Tode verurteilt! Sie glauben, wir seien zu alt und nutzlos. Sie vergessen, daß auch wir ein Recht haben zu leben! Und deshalb, meine Freundin, sage ich, wenn wir denn sterben müssen, so laß uns handelnd sterben und nicht im Sitzen.«

Ch'idzigyaak saß still da, als wolle sie ihre verwirrten Sinne ordnen. Ein kleiner Hoffnungsschimmer blitzte in der Dunkelheit ihres Innern auf, während sie den starken Worten ihrer Freundin lauschte. [...] Schließlich wiederholte sie, eher aus Verzweiflung denn aus Entschlußkraft, die Worte ihrer Freundin: »Laß uns handelnd sterben.« Daraufhin half die Freundin ihr von den klammen Zweigen hoch.

Die Frauen sammelten Stöcke, um das Feuer wieder zu entfachen, und schichteten Stücke von Schwämmen dazwischen, die groß und trocken auf umgestürzten Schwarzpappeln wuchsen. [...]

Als der Abend hereinbrach, schnitten die Frauen schmale Streifen von dem Bündel Babiche und formten Schlingen von der Größe eines Kaninchenkopfes daraus. Trotz ihrer Erschöpfung gelang es ihnen, ein paar Kaninchenfallen zu bauen, und sie stellten sie sofort auf.

Der Mond hing groß und orangefarben am Horizont, als die Frauen durch den knietiefen Schnee stapften und in der Dämmerung nach Lebenszeichen von Kaninchen suchten. Die Sicht war schlecht, und wenn es Kaninchen gab, so rührten sie sich in dem kalten Wetter nicht. Doch sie fanden einige alte, harte Kaninchenfährten, die unter den Bäumen und dem gebeugten Weidengebüsch fest eingefroren waren. Ch'idzigyaak knüpfte eine Babiche-Schlinge an einen langen, dicken Weidenast und legte ihn quer über eine der Fährten. [...]

Auf ihrem Rückweg zum Lager hörte Sa', wie etwas an der Rinde eines Baumes entlanghuschte. Sie blieb vollkommen ruhig stehen und bedeutete ihrer Freundin, dasselbe zu tun. Beide Frauen versuchten angestrengt, das Geräusch in der Stille der Nacht noch einmal zu hören. Auf einem Baum, dessen Umrisse jetzt im silbernen Mondlicht zu erkennen waren, entdeckten sie nicht weit entfernt ein abenteuerlustiges Eichhörnchen. Sa' tastete langsam nach dem Beil in ihrem Gürtel [...] und beendete das Leben des kleinen Tiers geschickt mit einem einzigen wohlberechneten Wurf. Er verriet ihre Jagdkenntnisse, die sie so viele Jahre nicht erprobt hatte.

Ch'idzigyaak stieß einen tiefen Seufzer der Erleichterung aus. Das Mondlicht beleuchtete das lächelnde Gesicht der jüngeren Frau, als sie mit zitternder, aber stolzer Stimme sagte: »Ich habe dies viele Male getan, doch ich hätte nie gedacht, daß ich es noch einmal tun würde.«

Zurück im Lager kochten die Frauen das Eichhörnchen in Schneewasser, tranken die Brühe und sparten das wenige Fleisch für später auf, denn sie wußten, es würde sonst ihre letzte Mahlzeit sein. [...] Die Frauen versuchten, nicht an das zu denken, was geschehen war, während sie ihre leeren Mägen mit der warmen Eichhörnchenbrühe füllten und sich in ihren Zelten zur Nacht niederlegten.

Der Unterschlupf bestand aus zwei großen Karibuhäuten, die so um drei lange Stöcke gewickelt waren, daß eine Art Dreieck entstand. Das Innere war mit einer dicken Schicht von Fichtenzweigen ausgelegt, über die sie mehrere Lagen Pelzdecken gebreitet hatten. Die Frauen wußten wohl, daß das Volk ihnen etwas Gutes tun wollte, als es ihnen all ihre Habseligkeiten ließ – auch wenn sie ausgesetzt worden waren und sehen konnten, wie sie zurechtkamen. [...]

Als der Mond sich dem östlichen Horizont zuneigte, erscholl irgendwo in der Nacht ein Ruf. Beide Frauen wachten sofort auf und hofften, daß der schreckliche Schrei Teil ihrer Alpträume gewesen war. Wieder war das Heulen zu hören. Diesmal erkannten sie es als den Ruf von etwas, das sich in einer ihrer Fallen verfangen hatte. Sie waren erleichtert. Aus Furcht, daß andere Räuber ihnen bei der Beute zuvorkommen würden, zogen sie eilig ihre Jacken über und liefen zu ihren Fallen. Da sahen sie ein kleines, zitterndes Kaninchen, das halb erdrosselt dalag und sie argwöhnisch anschaute. Ohne zu zögern, ging Sa' auf das Kaninchen zu, umspannte mit einer Hand seinen Hals, tastete nach der Schlagader und drückte so lange zu, bis das kleine, strampelnde Tier schlaff wurde. Nachdem Sa' die Falle wieder aufgestellt hatte, gingen sie zum Lager zurück, beide mit dem Gefühl neuer Hoffnung.

Der Morgen kam, doch er brachte kein Licht in dieses ferne, nördliche Land. Ch'idzigyaak erwachte als erste. Sorgfältig legte sie neues Holz auf und schürte vorsichtig die Glut, bis eine Flamme aufloderte. Da das Feuer während der kalten Nacht erloschen war, hatte sich der warme Atem der Frauen als Eis auf den Wänden aus Karibuhaut niedergeschlagen.

Ch'idzigyaak seufzte vor dumpfer Erschöpfung und ging nach draußen. Über ihr tanzten noch die

Nordlichter, und Sterne blinkten in großer Anzahl. [...]

Ch'idzigyaak erinnerte sich an ihre Pflichten, hob die Karibuhäute von oben aus ihrem Rahmen, breitete sie auf dem Boden aus und bürstete rasch die Eisschicht ab. Dann hängte sie die Häute wieder auf, ging nach drinnen und fütterte das Feuer. Bald tropfte es feucht von den Hautwänden, das Wasser trocknete aber schnell. [...]

Ch'idzigyaak seufzte tief, versuchte, nicht weiter ihren düsteren Gedanken nachzuhängen, und konzentrierte sich statt dessen darauf, das Feuer zu hüten, ohne ihre schlafende Kameradin aufzuwecken. Das Feuer knisterte, winzige Funken sprühten aus dem trockenen Holz, und ihre Behausung erwärmte sich. Von diesen Geräuschen erwachte Sa' allmählich und blieb lange auf dem Rücken liegen, bis sie die Bewegungen ihrer Freundin bemerkte. [...]

Ch'idzigyaak [...] starrte [...] düster ins Feuer. »Ich sitze da und mache mir Sorgen«, sagte sie nach einem langen Schweigen. »Ich fürchte mich vor dem, was vor uns liegt.« [...]

Ihre Freundin ließ sie weinen. Als die Tränen versiegt waren und die ältere Frau ihr nasses Gesicht abwischte, lachte sie. »Vergib mir, meine Freundin. Ich bin älter als du. Und doch weine ich wie ein kleines Kind.«

»Wir sind wie kleine Kinder«, erwiderte Sa'. Die Ältere sah bei diesem Zugeständnis erstaunt hoch. »Wir sind wie hilflose Kinder.« Ein Lächeln kräuselte ihre Lippen, als ihre Freundin ein wenig verletzt auf diese Bemerkung reagierte. Doch bevor Ch'idzigyaak sie falsch verstehen konnte, fuhr Sa' fort: »Wir haben in unserem langen Leben eine Menge gelernt. Und dann sind wir alt geworden und haben geglaubt, wir hätten unseren Teil im Leben geleistet. Also hörten wir auf, einfach so. Wir haben nicht mehr weiter gearbeitet wie früher, obwohl unsere Körper noch immer gesund genug sind, um ein wenig mehr zu leisten, als wir ihnen zugetraut haben.«

Ch'idzigyaak saß da und hörte aufmerksam zu, als ihre Freundin ihr plötzlich eröffnete, warum die Jüngeren es für das beste gehalten hatten, sie zurückzulassen. »Zwei alte Frauen. Wir beklagen uns, sind nie zufrieden. Wir reden davon, daß es nichts zu essen gibt, und davon, wie gut es früher war, obwohl es in Wirklichkeit nicht besser war. Wir finden, daß wir schon so schrecklich alt sind. Und jetzt, nachdem wir so viele Jahre damit verbracht haben, die jüngeren Leute davon zu überzeugen, daß wir hilflos sind, glauben sie, daß wir in dieser Welt nicht mehr von Nutzen sind.«

Als sie sah, wie sich die Augen der Freundin angesichts der Endgültigkeit ihrer Worte mit Tränen füllten, sprach Sa' mit sehr bewegter Stimme weiter. »Wir werden ihnen beweisen, daß sie beide unrecht haben! Das Volk. Und der Tod!« Sie schüttelte den Kopf und wies in die Luft. »Sicher, er wartet auf uns, dieser Tod. Bereit, in dem Augenblick nach uns zu greifen, da wir unsere schwachen Stellen zeigen. Ich fürchte diese Art Tod mehr als alles Leiden, das wir, du und ich, durchstehen müssen. Wenn wir dennoch sterben, so laß uns handelnd sterben!«

Ch'idzigyaak sah ihre Freundin sehr lange an und wußte, daß das, was sie gesagt hatte, richtig war [...]. Und so lächelte sie denn, anstatt Trauer darüber zu empfinden, daß es nichts weiter zu tun und zu sagen gab. »Ich glaube, wir haben es schon einmal gesagt, und wir werden es sicher noch viele

Male sagen, und dennoch, ja, laß uns handelnd sterben.« Und mit einem neuen inneren Gefühl der Stärke, das sie nicht mehr für möglich gehalten hatte, erwiderte Sa' das Lächeln und stand auf, bereit für den langen Tag, der vor ihnen lag.

Velma Wallis, Zwei alte Frauen

Die Legende vom Überleben in der Wildnis hat eine Indianerin aus dem athabaskischen Volke aufgeschrieben, die am Yukon im Norden Alaskas in einer Trapperhütte lebt. Sie hat die Geschichte von ihrer Mutter erzählt bekommen, als sie einmal gemeinsam Holz für den Winter sammelten und sich die Tochter wunderte, wie gut die fünfzigjährige Mutter noch die schwere Arbeit bewältigte.

Vielleicht ist der Text durch die Hilfe einer westlichen Schreibwerkstatt mit westlichen Träumen von der unverfälschten und weil naturverbundenen auch besseren Lebensart verändert worden, denn im Vorwort bedankt sich die Autorin, »daß die Geschichte durch die Lektorierung in ihrer Substanz erhalten geblieben ist«.

Aber diese Substanz scheint keine Grenzen zu kennen, auch keine kulturellen. Das Alter war vor dem, was wir Zivilisation nennen, eine so bedrohte Lebensphase wie die Kindheit. Von afrikanischen Nomaden wird erzählt, daß sie Zwillinge aussetzen, weil sie dem Stamm Unheil bringen, was besagt, daß es die Mütter bei ihrer kargen eigenen Ernährung nicht schaffen, zwei Säuglingen Milch zu geben.

In Sparta, heißt es, hat man die Alten über die Klippen ins Meer gestoßen. Bei zentralafrikanischen Stämmen kommen die alten Frauen in stubengroße licht- und luftabgeschnittene Hütten in einen Nachbarstamm, dessen Sprache sie nicht beherrschen und wo sie selber nicht verstanden werden. In dieser Isolierung welken sie rasch dahin.

Bei uns schob man die alten Bauern ins Ausgedinge, und heute bringt man die Alten ins Altenheim.

Handelnd sterben – das allein gibt dem Alter Würde und dem Leben bis zum Ende Sinn, aber gerade das ist für alle Älteren in der altersversicherten, konsumierenden und zur Passivität zwingenden Industriegesellschaft ein Problem. Was gibt es noch zu tun? Das Haus steht. Der Garten blüht. Alles kann man fertig kaufen, selbst Rasen in Rollen und Abenteuerreisen mit Risikogarantie.

Wie gut zumindest, daß der allgemeine Bildungszustand in diesen Jahren des Geldzuwachses so abgesunken ist. Das bietet die Themen für das tatenlustige Alter. Kunst- und Bildungsreisen. Französisch, Hebräisch, Griechisch und Latein und – mögen die Hörsäle der Universitäten auch überfüllt sein – ein spätes Nippen an der Universitas der Wissenschaften und Künste.

Das tut gut. Das regt das Gedächtnis an. Das befriedigt den an Tätigkeit gewöhnten Geist. Das führt weiter, und man kann den Wegen ins Wissen flink und begehrlich oder behaglich und kontemplativ folgen, soweit die Kräfte, die Zeit und die Lust am Lernen reichen.

Es gibt aber nicht nur Senioren in kunsthistorischen Vorlesungen, deren Thema etwas mit der nächsten Bildungsgruppenreise nach Florenz oder zu den Königsdomen zu tun hat, es gibt Senioren, die Wickelkurse belegen und sich in die Sekundärliteratur über Babypflege und moderne Kindererziehung hineinlesen. Gelernte Großväter also, vielleicht die ersten Generationen von älteren oder alten Männern, die diese Rolle ganz bewußt und freudig übernehmen. Sie haben oft bei den Söhnen verfolgt, wie diese die Elternpflichten nicht den Frauen überließen, sondern gemeinsam mit der Ehefrau oder Lebensgefährtin für das Kind zu sorgen begannen. Und sie haben Mut gefaßt, haben wie die Söhne ihre traditionellen Männerpositionen aufgegeben und neue entwickelt. Noch gibt es keine Konventionen für diese Art der Alterserfüllung. Alle alten Männer können sich die neue Aufgabe so einrichten, wie sie es mögen und können. Ihr Lohn ist – meist – ein unerwartetes Glück. Großvater und Enkel: die uralte rührende Annäherung.

Enkel sind ein Geschenk des Lebens an das Alter, aber ein Alter hat den Enkeln auch noch viel zu geben, und das ist die wunderbarste Aktivität. Der alte Mensch, der schon langsam geworden ist und nicht mehr hetzen und sich eilen kann, darf mit ihnen, die sich aus anderen Gründen noch nicht schnell bewegen können, diese Langsamkeit teilen. Die Alten, die noch mit der Stille aufgewachsen sind, können den Kindern zeigen, wie wunderbar Ruhe und Stille sind.

Läßt des Großvaters Gedächtnis nach? Welche Wonne, wenn Kinder einen Erwachsenen haben, dem sie nicht nur helfen können, dem sie überlegen sind und der dennoch dabei seine Autorität nicht verliert. Kinder können an den Alten der Familie begreifen, was Zeit und was Traditionen sind, und sie sind unschätzbare Partner für Gespräche, wie sie kein anderer mit den Enkelkindern führen kann. Was gibt es für Fragen und Probleme, die die Kinder bedrängen und bedrücken, die sie aber nicht mit den Eltern besprechen mögen. Fragen, auf die die Eltern gar nicht kommen. Da wäre zum Beispiel die Selbstbeschränkung, worin die Alten das letzte große Vorbild für die Enkel sein könnten. Wir haben sie in eine Welt mit Knopfdruck und Fertigpakkungen hineinleben lassen. Wie sollen sie erfahren, wenn nicht von uns, auf was man mit Leichtigkeit verzichten kann, ohne daß es schmerzt. Wer anders als unser alter Kopf weiß noch, daß Umweltschonung Alltag war?

Dann käme die Frage der Haltung, der Höflichkeit. Ältere Menschen können den Enkeln sehr viel besser als die Eltern sagen, was es damit auf sich hat. Daß das sogenannte gute Benehmen vornehmlich auf Rücksicht basiert; daß es hilft, mit anderen, Unverständlichen, auch mit solchen erträglich umzugehen, die man nicht ausstehen kann. Daß man nicht nur im Alter, sondern auch in der Jugend so behandelt wird, wie man es verdient. Daß die Anstandsregeln nicht stärker sein können als die Zehn Gebote, daß sich aber Moral und Manieren immer wieder berühren und oft voneinander abstammen. Schlechtes Benehmen kränkt, auch wenn die Kränkung nur eine Folge der Unwissenheit war. Wer sich dagegen zu benehmen weiß, muß weder verklemmt sein noch aus Ahnungslosigkeit taktlos.

Das hängt mit dem nächsten Punkt zusammen, der sehr viel wichtiger ist: Wer anders als unsere Generation kann gegen die gefährliche Selbstgefälligkeit der ganz Jungen gegenhalten? Sie sagten: »Ich habe mit der Vergangenheit nichts zu tun. Ich bin erst lange nach dem Zweiten Weltkrieg geboren.«

Wir können und sollen immer wieder antworten: »Ihr lebt sicher und satt wie die Maden im Speck. Gerade von dieser Vergangenheit. Euer Frieden und euer Reichtum wären nicht möglich ohne das Leiden und ohne die Ermordung von Millionen. Ihr seid die Nutznießer. Das könnt ihr nicht ändern, so sehr ihr auch schreit. Und wenn ihr diese Bedingung eurer bis jetzt noch behüteten Existenz nicht akzeptiert, so haltet wenigstens den Mund, bis ihr geprüft werdet. Bis ihr wirklich habt zeigen können, wer ihr seid, was ihr könnt, wem ihr widersteht.«

Drei Beispiele, die für zahlreiche andere stehen.

Das ist unsere abendländische Art des tätigen Weiterlebens: In der Wildnis der modernen Welt weder nachgeben noch verzweifeln oder flüchten. Handeln, bis wir sterben. Oder bis uns das Alter handlungsunfähig macht.

Vielleicht gelingt es Frauen leichter, im Alter nicht aufzugeben, im Guten wie im Lächerlichen. Denn das ist das Alter, in dem die Damen im vorigen Jahrhundert die großen Reisen, auch Forschungsreisen unternahmen. Das ist das Alter, in dem sich die wachsende Körperschwäche mit der körperlichen Unabhängigkeit eine Zeitlang, manchmal Jahrzehnte im Gleichgewicht hält. Das ist auch das Alter, in dem manche Frauen einen Kampf beginnen, der von Jahr zu Jahr aussichtsloser und gerade deshalb um so erbitterter weitergeführt wird: der Kampf um den Schein.

Ich, damals ein Schulkind, habe noch den Seufzer meiner Großmutter im Ohr: »Altwerden ist nicht schön.«

Nahm ich die Klage ernst? Kinder sind nicht imstande, sich vorzustellen, was sie wirklich bedeutet. Sie sehen andere Unterschiede. Diese Großmutter war klein und dick und trug ein Korsett, das manchmal krachte. Sie hatte einen Herrenschnitt mit einer weißen Tolle auf dem Untergrund von dunklen dicken Haaren. Sie war kokett und phantasievoll, brachte fast jeden dazu, sie zu lieben oder zumindest zu bewundern. Sie spielte Patience und Bridge und mogelte dabei, und ich begriff nie, warum es mein Großvater niemals merkte. Sie trug seit dem Tod meiner Mutter Schwarz, immer lange seidene Plisseeröcke über langen seidenen Plisseeunterröcken, und ich habe sie niemals unbekleidet oder unvollständig bekleidet gesehen. Einmal während meiner Kindheit wurde sie krank, und als ich ihr aus dem Bett half, sah ich ihre Knie und war nur verwundert, daß sie überhaupt so etwas wie Knie besaß, nicht darüber, wie glatt und schön sie noch waren. Alt war kein Wort, das mir für sie eingefallen wäre. Auch später nicht, als sie eine Brille verschrieben bekam, aber zu eitel war, sie ständig zu tragen. So lange ich zurückdenken konnte, war sie durch die Zimmer gelaufen und hatte gerufen: »Wo ist meine Brille? Wer hat meine Brille gesehen? Fünf Pfennig für den, der meine Brille findet!« Das war die leichteste Taschengeldaufbesserung für ein Kind mit dem frischen Gedächtnis der frühen Jugend, aber auch das stellte keine Verbindung zu dem Begriff Alter her. Nur zu dem Begriff Großmutter.

Das war damals, als man für fünf Pfennig einen Bleistift bekam oder eine Eiskugel in der Waffeltüte.

Heute müßte ich wie die Großmutter die Brille suchen, wenn ich sie nicht ständig auf der Nase trüge, und heute denke und empfinde ich es anders, wenn mich eine nur etwas ältere Bekannte, frisch aus dem Krankenhaus, noch an die rollende Gehhilfe gebunden, mit dem Ruf begrüßt: »Gräfin! Das Alter ist gräßlich!«

Ich habe unterdessen gelernt, was das heißt, und ich kann nicht mehr beschwichtigen. Ja, denke ich, das Alter kann gräßlich sein. Und das wiederum bedeutet: Ich bin selber im Begriff, alt zu werden. Ich sehe, wie es meinesgleichen geht und spüre das Echo in meinem eigenen System. Ich bekomme Todesanzeigen von Freunden, die jünger sind als ich. Ich lese in der Zeitung zuerst das Datum der Todesanzeigen. Ich lese, daß Kollegen verwitwen. Ich denke: Das und das brauchst du nicht mehr, brauchst du dir auch nicht mehr zu kaufen.

Ich werfe Dinge fort, von denen ich glaube: Nach mir ist keiner mehr daran interessiert. Ich könnte noch anfangen zu laufen, wenn ich meinen Bus da hinten über die Brücke fahren sehe, ich wäre noch vor ihm an der Haltestelle, aber ich lasse es und schaue zu, wie er lautlos an mir vorüberrollt. Ich traue meinen Füßen nicht mehr. Ich weiß, wie spröde alte Knochen sind. Ich weiß, wie leicht ich aus der Puste komme, und ich hasse es, um Atem ringend meinen Fahrschein zu verlangen.

Ich kann mich nicht daran erinnern, meine Großmutter jemals rennen gesehen zu haben. Weder in den Luftschutzkeller, noch hinter einem Bus her. Alte Damen rannten nicht. Sie waren eine ganz andere Gattung Mensch. Ich will damit nicht sagen, daß sie nur im Salon gesessen und die alten Hände mit den schönen Ringen im Schoß liegen gehabt hätten. Aber sie liefen nie. Sie waren Matronen. Sie sahen ältlich aus, wenn sie ihrer Meinung nach das Alter erreicht hatten, in dem man ältlich auszusehen hatte. Sie gingen nie in ein öffentliches Schwimmbad. Sie legten sich nie des Bräunens wegen in die Sonne. Sie wechselten die Mode nicht mehr und scherten sich um keine Rocklänge. Sie trugen ihre Haare auf diese gewisse Weise hochgesteckt und zum Knoten geschlungen, auch meine Großmutter, die sich irgendwann die Haare wieder wachsen ließ, ich glaube, um den Kränzchenfreundinnen zu zeigen, wie dicht ihre Locken noch waren, und sie sahen in jeder Lage aus wie alte Damen.

Sie waren, wenn ich zurückrechne, zwischen fünfzig und höchstens siebzig. Die meisten verwitwet. Eine Lehrerin war dabei, eine pensionierte Oberin, für eine andere war es der Beruf gewesen, die Geschäfte des verstorbenen Vaters fortzuführen und ihrer gebrechlichen Mutter Gesellschaft zu leisten und nachmittags mit ihr und ihren Freundinnen Bridge zu spielen. Sie – in meinen Kinderaugen genauso ältlich wie die anderen alten Damen – war die einzige, die manchmal eilte und in einem langen Rock Tennis spielte. Sie führten ein gemächliches Leben, auch wenn es für sie Krieg, Inflation und abermals Krieg bedeutet hatte. Sie kamen gerade deshalb um die Beschleunigung, die ein Leben voller unnötiger Sachen mit sich bringt. Sie besaßen ein Radio, aber es gab noch kein Fernsehen. Eine besaß ein Auto mit Chauffeur, eine fuhr selbst, aber man benutzte den Wagen nicht, um sich gegenseitig zu besuchen oder Besorgungen zu machen, und schließlich wurde er beschlagnahmt, zuerst die Reifen und dann das Chassis. Sie hatten Geburtstagsbücher, aber keine Terminkalender. Sie brauchten kein Turnstudio, keinen

Schönheitssalon, keinen Psychiater. Sie konnten ihr Leben so genießen, wie es war – so lange es friedlich blieb und nicht der andere Rhythmus eintrat, den das sogenannte Dritte Reich mit seinen Zwangsarbeiten, seinen organisierten Verpflichtungen, seiner Einverleibung des Privaten mit sich brachte, und den wir nie wieder losgeworden sind, aber das ist eine andere Geschichte.

Auf jeden Fall hat dieser Bruch und dieser Verlust einer erst schwach industriellen Lebensform das Scheinalter der Matronen enthüllt. Sie wurden jünger oder hörten auf, ältlich zu sein. Das Alter fand bei den Nazis noch gar nicht statt. Man nützte dem Staat oder nicht. Das hielt jung. Kann sein, daß er sich nach einem anderen Ausgang des Zweiten Weltkriegs auch um die Alten gekümmert und ohne viel Umstände beseitigt hätte, was nur noch nutzlose Pflege brauchte und den Staat Geld kostete.

Es gab vorerst nur Kinder- und Jugend- und Mädchen- und Frauenorganisationen. Es gab Arbeitspflichten und Reaktivierungen pensionierter Lehrer und Lehrerinnen und Offiziere, um die Lücken zu schließen, die die jungen Gefallenen hinterließen. Und zum Schluß gab es den Volkssturm, der die alten Männer in die Karikatur einer Uniform zwängte. So absurd es klingt: Die Alten, die diese Zeit lebendig überstanden, waren zwar klapperdürr, aber gesund. Und nach dem Krieg spielte jung oder alt abermals keine Rolle. Jeder mußte die Hände regen. Die Frauen streiften die Ringe ab und flickten und stopften und sammelten Bucheckern als Mandelersatz und Tannenzapfen als Feuerungsmaterial, schnitzelten und kochten Zuckerrüben, standen Schlange und schichteten Backsteine aus Bombentrümmern. Sie ribbelten alte Pullover auf und glätteten und knoteten die Wolle und strickten Neues. Sie wanderten weit in den Wald und pflückten Walderdbeeren und Pilze, und sie taten vieles andere mehr. Sie klagten nie. Das alles hielt gerade die in Schwung, die vor den tausend Jahren des Dritten Reiches Matronen gewesen waren.

Was ist das Alter der Frauen jetzt? Sie sind dabei, die Folgen des Fortschritts zu genießen und zu beweisen, daß unser Korpus für eine erstaunlich lange Dauer entworfen wurde, wenn er unter günstigen Bedingungen in Funktion gehalten wird: Geburtshelfer waschen sich seit Generationen die Hände, also sterben viele Mütter nicht schon im Kindbett. Sie und ihre Kinder werden rechtzeitig geimpft, durch Vorsorgen auf jedes Warnzeichen aufmerksam gemacht und durch effektive Medizin kuriert. Gibt es ernstere Störungen, kann man so tief in den menschlichen Organismus bis in die letzten Winkel seiner Zellen spähen, kann so geschickt reparieren und genetisch verändern, daß die Einzelteile dem Ganzen längst nicht mehr so gefährlich sein können wie früher.

Schließlich atmet und ißt der gutgepflegte Organismus in einer Umwelt, die trotz aller Umweltbelastungen nur bedingt gefährlicher als früher ist. Die Nahrungsmittel sind qualitativ besser und wesentlich weniger durch Schimmelpilze, Ungeziefer, Mutterkorn und Skabiose und andere unbekannte Bestandteile vergiftet. Die Milch ist zwar ein Industrieprodukt, aber nicht mehr voller Keime; das Wasser in Fluß und Meer sicher belasteter als früher, das Trinkwasser aber ungleich reiner, und wenn wir vom gemütlichen Herdfeuer sprechen, wissen wir unterdessen, daß die alten Rauchküchen der Bauern mehr krebserregende Stoffe enthielten, als man, ohne Atem zu holen, aufzählen kann.

Vor hundert Jahren lag das Durchschnittsalter bei Mitte Dreißig, heute bei Mitte Siebzig, und jeder hat Achtzig- oder Neunzig-, ja Hundertjährige in der Familie.

Handelnd sterben?

Was ich als Kind noch so oft von meiner Großmutter

hörte, halb ernst, halb ironisch, daß ich es bis in mein eigenes Alter auswendig kann –

»Das Alter ehre stets, bedenke dies, mein Kind: / sie waren, was du bist, und du wirst, was sie sind« –,

das kann man heute nur noch mit Rührung sprechen. Wird uns noch jemand wenigstens ehren? In dem Augenblick, in dem der einzelne alte Mensch die persönliche Fürsorge braucht, scheint ihm der Kampf erklärt zu werden, und je mehr Schwächen er hat und nicht mehr verhehlen kann, desto gnadenloser wird er zum Objekt herabgewürdigt. Zum Objekt aber gehört kein Tätigkeitswort. Das Objekt wird behandelt. Das Objekt handelt nicht mehr.

Requiem oder
Das Alter als die Rache der Götter

355

Überwältigt von Angst, von Angst vor dem Leben, Angst vor dem Tod, Angst vor der Zukunft, Angst vor allem, denn er war überwältigt von Angst, von Angst vor dem, was kommen würde (denn *es* würde kommen), das Alter würde kommen, und die Krankheiten würden kommen, er hatte bloß das Glück, es ohne besondere Probleme bis in die Fünfziger geschafft zu haben (wohl einzig und allein, damit es um so stärker zuschlagen würde, wenn *das* Unabwendbare geschähe, wenn *es* mit zwingender Notwendigkeit eintreffen würde), aber jetzt, wenn er fünfzig würde, wenn die Schwelle überschritten wäre, würde es eintreffen, es würde ihn überwältigen, das, wovor er bis jetzt verschont worden war, es würde als Spott, Rache, Hohn kommen, er würde keine Einkünfte haben, er würde nicht arbeiten können, er würde versumpfen, und zwar richtig versumpfen, er würde im Rinnstein enden, er würde tot aufgefunden werden, eine steifgefrorene Leiche auf einem Haufen Zeitungspapier, der ihm trotzdem keinen ausreichenden Schutz hatte gewähren können, er wußte es, so würde es gehen, er würde stinken, niemand würde ihn ansehen, nicht einmal die Polizei, und die Heilsarmee würde Hopfen und Malz verloren geben und die andere Backe abwenden, vielleicht wäre es besser, es hätten junge Flegel Benzin über ihn gegossen, während er auf dem Bürgersteig lag und schlief, auf jeden Fall würde er dann an Hitze sterben und nicht an Kälte, und er würde stinken, und er wäre der Abschaum, der er schon war, denn er war ein Abschaum, denn er hatte nicht getan, was er hätte tun sollen, er hatte seine Pflicht versäumt, ich bin der Abschaum und ich bin das Leben, ich bin der Abschaum und ich bin des Todes, und ich bin voller Angst, denn ich weiß, das Los des Abschaums ist schwerer als der Mühlstein, der ihm um den Hals gelegt wird, wenn man ihn im Fluß versenkt, und eure Rache, die ist das Alter, bisher habt ihr mich nicht strafen können, aber jetzt könnt ihr mich strafen, denn ihr habt das Alter und die Krankheiten in eurer Gewalt, und jetzt, da ich die Grenze zu den Fünfzigern überschreite, könnt ihr die Büchse der Pandora öffnen, die ihr mir so schön bereitgehalten habt, schau, mit welchem Geburtstagsgeschenk wir zu dir kommen, der schönste Schrein, eine herrliche Büchse, in Siena gefertigt, wie nur die Sieneser es können, und sie ist herzförmig, in sanften Farben, willst du sie nicht öffnen, und ist es nicht sonderbar, daß nichts darin ist, wenn du sie öffnest, denn du kannst nicht sehen, was darin ist, es ist nämlich das Alter und Krankheit und Leiden und es ist Verfall und Untergang und unsere Rache und unser Spott (weil du den Weg verlassen hast, den wir dir einmal abgesteckt hatten, und den zu gehen deine Pflicht und deine Aufgabe war, und den hast du verraten und verlassen), und dann darfst du unser anderes Paket öffnen, das lange, das längliche Paket, eingepackt in Goldpapier, und wir haben sorgfältig, obwohl es schwierig war mit so einem langen Paket, aber wir haben trotzdem sorgfältig eine Schleife darumgebunden, eine rote Schleife, die so gut zu dem goldenen Goldpapier paßt, und was findest du, du findest den Bettelstab, unser liebstes Geschenk für dich zum Fünfzigsten, oder öffnest du lieber erst das andere Paket, genauso länglich, aber etwas kürzer, und was sonst kann in dem anderen sein als, ja schau nur, schau doch nur, kannst du es raten, es ist der Äskulapstab, aber (natürlich, müssen wir das noch sagen) ohne gesundheitsspendende Schlangen, sondern mit Ansteckung und Seuche und allerlei Gebresten, und zum Schluß unser kleines Geschenk, es ist so bescheiden, und darum kommt es zum Schluß, denn wir sind selbst etwas verlegen deswegen, es ist fast ein wenig peinlich (aber andererseits, es *ist* aus Japan importiert, und es war an und für sich teuer genug, obwohl es ihm nicht anzusehen ist), der Seidenstrick, benutze ihn, bevor es zu spät ist, das ist unser Rat, wir, die du uns so tief enttäuscht hast, es wird ja ohnehin nie etwas aus dir, und an einem Seidenstrick kann man sich nie zu früh aufhängen.

Peer Hultberg, Requiem

Und eure Rache ist das Alter – wessen Rache? Pandora wird erwähnt, das Geschöpf, mit dem sich Zeus an Prometheus rächen wollte. Prometheus war ein Titan, ein Enkel des mächtigen Okeanos, des Herrschers über die Meere, und der Erdgöttin Gaia und des Himmelsgottes Uranos. Prometheus liebte trotz seiner hohen Verwandtschaft die Menschen und stand ihnen immer wieder zur Seite, wenn die Mißgunst oder die Feindschaft der Götter einen von ihnen ins Unglück zu stürzen drohte. Voller List brachte er es auch dazu, daß die Götter von den Opfertieren nur die Knochen erhielten und das nahrhafte Fleisch den Menschen blieb. Das ergrimmte Zeus, den Göttervater, und er setzte List gegen List. Er ließ einen der Götter eine Frau aus Lehm formen, und alle anderen schenkten ihr den Lebensatem und vielerlei Reize, auch List und die Gabe der Schmeichelei. So ausgerüstet, sandte Zeus sie zu den Menschen, zu Epimetheus, dem Bruder von Prometheus. Und obgleich Prometheus ihn immer gewarnt hatte, kein Geschenk von Zeus anzunehmen, hieß Epimetheus die liebliche Pandora willkommen und war ihr Gastfreund.

Pandora trug jedoch einen Krug bei sich, der alle Schrecknisse und Übel in sich barg, vor denen die Menschen bisher verschont waren: Krankheit und Elend, Hunger und Alter, Blindheit und Gebrechlichkeit. Diesen Krug nun öffnete Pandora, und sofort fuhren die Übel heraus und verbreiteten sich über die ganze Welt. Nur die Hoffnung blieb unter dem Deckel eingesperrt – wenn sie eines Tages entflieht, sind die Menschen ganz und gar der Trostlosigkeit verfallen.

Und dann werden sie überwältigt von Angst, von Angst vor dem Leben, der Krankheit unserer Tage.

Das Alter als die Rache der Götter. Sie, die Unsterblichen, schauen voll Bosheit zu, was die Zeit mit den Menschen anrichtet, aber sie können Sterbliche zu sich holen und der Vergänglichkeit entreißen, oder sie können sie strafen. Können sie von Hunden hetzen lassen, an Felsen schmieden, von den Rachegöttinnen so lange verfolgen lassen, daß sie die Verzweiflung in den Tod treibt.

Spielball der Götter, und keiner erklärt, warum. War es wirklich der Grund, daß da ein Mensch sich wie Prometheus erdreistete, seine eigenen Wege zu gehen? Die Rache ist schlimm, und noch schlimmer wird sie von Hultberg geschildert, schlimmer als alles, was Pandora brachte: zu diesen Übeln noch den Bettelstab, und dann das Heilssymbol der Ärzte, in sein zerstörerisches Gegenteil verwandelt. Gift und Galle statt Heil und Segen. Auch das reicht noch nicht, der Raum der antiken Überlieferungen wird gesprengt, die seidene Schnur ist das letzte Henkersgeschenk, so elegant und erlesen, daß sie wie Hohn wirkt.

Aber gerade dieser Strick, ganz am Ende erwähnt, macht klar, daß diese Etüde der Angst vor Alter und Gewalt in unsere Zeit gehört. Der Strick, der denen die Atemluft nahm, dic Widerstand leisteten. Der Strick, das Gift, das das Leben der alten Frauen abschnitt, die lieber so als im Gas sterben wollten.

In späterer Zeit, als man auch in Griechenland nicht mehr an Götter glaubte, sind die alten Geschichten durcheinandergeraten, und aus dem Krug der Pandora ist eine Büchse geworden. Noch später, in unserer Zeit, glaubt ein Sterblicher wie Hultberg nicht einmal mehr an die Hoffnung, die doch noch im Krug sitzen müßte. Keine Hoffnung, nur der Seidenstrick, der Rinnstein, der Abschaum, das Alter, das Leiden, der Verfall.

Uralte Alpträume, doch Hultbergs großer Text heißt »Requiem«. Und das ist das erste Wort dieses Gebetes: »Gib ihnen die ewige Ruhe, oh Herr!« Es bezeichnet die katholische Seelenmesse zu Ehren eines Verstorbenen. Wir sind also in einer Welt mit Jüngstem Gericht und Fegefeuer und Hölle, und wer wie eine schon verdammte Seele über Angst und Alter klagt, kann hoffen, kann auf Erbarmen und Gnade hoffen.

Auch das sind uralte Bilder, wie an der Wand der Sixtinischen Kapelle: der Höllenrachen, der sich öffnet, Schreckensgestalten, die nach den armen Seelen greifen, irgendwo oben ein Glanz, gesträubtes Gefieder von Engeln, Hände, die sich flehend emporrecken, und ob der Mensch glaubt, daß es Gott und seine Engel und Heiligen sind, die im Glanze warten, oder ob er nicht glaubt, es gibt das verzehrende Feuer der Verzweiflung. Und es gibt die uralten Worte: »Herr, erlöse mich, Herr, erbarme dich, Herr, befreie mich von meiner Qual.«

Als ich jung war, hielt ich die Kirche für eine Ordnungsform, so wie Schiller das Theater als sittliche Anstalt betrachtete, und weil man heute auf die Jungen hört, ist die Kirche zu »Kirche« verkommen, ohne Artikel, als sei sie ein Geschöpf wie Nikodemus oder Rosalinde. Die Kirche aber ist Christus, und wer in Mittwochabenddiskussionen oder Seniorenkreisen fragen kann: Was kann Kirche noch leisten? oder ähnlich, der verwechselt sie mit einem sozialpädagogischen Seminar. Er sieht nicht mehr den Glanz, er hört auch nicht mehr den Schrei der Angst, er kann es nicht zugeben, denn Angst hat man nur, wie es heute heißt, vor dem, was man nicht kennt, und alles auf der Welt ist bekannt, bis in die kleinsten Teile der Zellen hinein.

Aber die Angst wartet auf ihn. »Und er wäre Abschaum«, ihm wäre, wenn sie ihn in den Krallen hat, wahrhaftig nicht zu helfen, es gäbe nur ihn und seine Angst vor dem Alter, vor Krankheiten, vor dem Tod.

Wer alte Menschen versorgt und pflegt, ist meistens jünger. Ist ihm zuzumuten, sich die Angst der Alten vorzustellen? Könnte er das überhaupt, ohne Angst, sich anzustecken?

Gerade lese ich, im Jahre 1997, in der Tageszeitung, daß die Fälle von Gewalt in der Familie beängstigend zunehmen, Gewalt, die alten Menschen von ihren Verwandten angetan wird.

Die Jungen stecken das Geld von der Pflegeversicherung ein und kümmern sich nicht um die Alten. Die Jungen erpressen die Alten und binden Hilfsbereitschaft an Erbschaft. Sie schlagen die Alten, binden sie ans Bett fest, ohne medizinische Not, den ganzen Tag lang. Sie lassen die Alten hungern, sie wechseln ihnen nicht die Windeln.

Sie lassen die Alten bei lebendigem Leibe verkommen.

Ankunft und Abschied oder Lotte in Weimar

Der Kellner des Gasthofes »Zum Elephanten« in Weimar, Mager, ein gebildeter Mann, hatte an einem fast noch sommerlichen Tage ziemlich tief im September des Jahres 1816 ein bewegendes, freudig verwirrendes Erlebnis. Nicht, daß etwas Unnatürliches an dem Vorfall gewesen wäre; und doch kann man sagen, daß Mager eine Weile zu träumen glaubte.

Mit der ordinären Post von Gotha trafen an diesem Tage, morgens kurz nach acht Uhr, drei Frauenzimmer vor dem renommierten Hause am Markte ein, denen auf den ersten Blick – und auch auf den zweiten noch – nichts Sonderliches anzumerken gewesen war. Ihr Verhältnis untereinander war leicht zu beurteilen: es waren Mutter, Tochter und Zofe. Mager, der, zu Willkommensbücklingen bereit, im Eingangsbogen stand, hatte zugesehen, wie der Hausknecht den beiden ersteren von den Trittbrettern auf das Pflaster half, während die Kammerkatze, Klärchen gerufen, sich von dem Schwager verabschiedete, bei dem sie gesessen hatte und mit dem sie sich gut unterhalten zu haben schien. Der Mann sah sie lächelnd von der Seite an, wahrscheinlich im Gedanken an den auswärtigen Dialekt, den die Reisende gesprochen, und folgte ihr noch in einer Art von spöttischer Versonnenheit mit den Augen, indes sie, nicht ohne unnötige Windungen, Raffungen und Zierlichkeiten, sich vom hohen Sitze hinunterfand. Dann zog er an der Schnur sein Horn vom Rücken und begann zum Wohlgefallen einiger Buben und Frühpassanten, die der Ankunft beiwohnten, sehr empfindsam zu blasen.

Die Damen standen noch, dem Hause abgekehrt, bei dem Postwagen, die Niederholung ihres übrigens bescheidenen Gepäcks zu überwachen, und Mager wartete den Augenblick ab, wo sie, beruhigt über ihr Eigentum, sich gegen den Eingang wandten, um ihnen sodann, ganz Diplomat, ein verbindliches und gleichwohl leicht zögerndes Lächeln auf dem käsefarbenen, von einem rötlichen Backenbart eingefaßten Gesicht, in seinem zugeknöpften Frack, seinem verwaschenen Halstuch im abstehenden Schalkragen und seinen über den sehr großen Füßen eng zulaufenden Hosen, auf den Bürgersteig entgegenzukommen.

»Guten Tag, mein Freund!« sagte die mütterliche der beiden Damen, eine Matrone allerdings, schon recht bei Jahren, Ende Fünfzig zumindest, ein wenig rundlich, in einem weißen Kleid mit schwarzem Umhang, Halbhandschuhen aus Zwirn und einer hohen Capotte, unter der krauses Haar, von dem aschigen Grau, das ehemals blond gewesen, hervorschaute. »Logis für dreie brauchten wir also, ein zweischläfrig Zimmer für mich und mein Kind« (das Kind war auch die Jüngste nicht mehr, wohl Ende Zwanzig, mit braunen Korkzieherlocken, ein Kräuschen um den Hals; das fein gebogene Näschen der Mutter war bei ihr ein wenig zu scharf, zu hart ausgefallen) – »und eine Kammer, nicht zu weitab, für meine Jungfer. Wird das zu haben sein?«

Die blauen Augen der Frau, von distinguierter Mattigkeit, blickten an dem Kellner vorbei auf die Front des Gasthauses; ihr kleiner Mund, eingebettet in einigen Altersspeck der Wangen, bewegte sich eigentümlich angenehm. In ihrer Jugend mochte sie reizvoller gewesen sein, als die Tochter es heute noch war. Was an ihr auffiel, war ein nickendes Zittern des Kopfes, das aber zum Teil als Bekräftigung ihrer Worte und rasche Aufforderung zur Zustimmung wirkte, so daß seine Ursache nicht so sehr Schwäche als Lebhaftigkeit oder allenfalls beides gleichermaßen zu sein schien. [...] *(So beginnt das erste Kapitel, und so endet das letzte:)*

[...] Unruhige Lichter huschten und hüpften über die Gestalt des Mantelträgers an ihrer Seite. Er sagte:

»Liebe Seele, laß mich dir innig erwidern, zum Abschied und zur Versöhnung. Du handelst vom Opfer, aber damit ist's ein Geheimnis und eine große Einheit wie mit Welt, Leben, Person und Werk, und Wandlung ist alles. Den Göttern opferte man, und zuletzt war das Opfer der Gott. Du brauchtest ein Gleichnis, das mir lieb und verwandt ist vor allen, und von dem meine Seele besessen seit je: das von der Mücke und der tödlich lockenden Flamme. Willst du denn, daß ich diese sei, worein sich der Falter begierig stürzt, bin ich im Wandel und Austausch der Dinge die brennende Kerze doch auch, die ihren Leib opfert, damit das Licht leuchte, bin auch wieder der trunkene Schmetterling, der der Flamme verfällt, – Gleichnis alles Opfers von Leben und Leib zu geistigster Wandlung. Alte Seele, liebe, kindliche, ich zuerst und zuletzt bin ein Opfer – und bin der, der es bringt. Einst verbrannte ich dir und verbrenne dir allezeit zu Geist und Licht. Wisse, Metamorphose ist deines Freundes Liebstes und Innerstes, seine große Hoffnung und tiefste Begierde, – Spiel der Verwandlungen, wechselnd Gesicht, wo sich der Greis zum

Jüngling, zum Jüngling der Knabe wandelt, Menschenantlitz schlechthin, in dem die Züge der Lebensalter changieren, Jugend aus Alter, Alter aus Jugend magisch hervortritt: darum war mir's lieb und verwandt, sei völlig beruhigt, daß du dir's ausgedacht und zu mir kamst, mit Jugendzeichen geschmückt die Altersgestalt. Einheit, Geliebte, das Auseinander-Hervortauchen, das Sich-Vertauschen, Verwechseln der Dinge und wie Leben jetzt ein natürlich Gesicht, jetzt ein sittliches zeigt, wie sich Vergangenheit wandelt im Gegenwärtigen, dieses zurückweist auf jenes und der Zukunft vorspielt, von der beide schon geisterhaft voll waren. Nachgefühl, Vorgefühl – Gefühl ist alles. Laß unseren Blick sich auftun und unsere Augen groß sein für die Einheit der Welt – groß, heiter und wissend. Verlangt dich nach Sühne? Laß, ich sehe sie mir entgegenreiten in grauem Kleide. Dann wird wieder die Stunde Werthers und Tassos schlagen, wie es mitternächtlich gleich schlägt dem Mittag, und daß ein Gott mir gab zu sagen, was ich leide, – nur dieses Erst' und Letzte wird mir dann bleiben. Dann wird das Verlassen nur noch Abschied, Abschied für immer sein, Todeskampf des Gefühls, und die Stunde gräßlicher Schmerzen voll, Schmerzen, wie sie wohl dem Tode um einige Zeit vorangehen, und die das Sterben sind, wenn auch noch nicht der Tod. Tod, letzter Flug in die Flamme, – im All-Einen, wie sollte auch er denn nicht nur Wandlung sein? In meinem ruhenden Herzen, teure Bilder, mögt ihr ruhen – und welch freundlicher Augenblick wird es sein, wenn wir dereinst wieder zusammen erwachen.«

Die frühvernommene Stimme verhauchte. »Friede deinem Alter!« flüsterte sie noch. Der Wagen hielt. Seine Lichter schienen mit dem der beiden Laternen zusammen, die zu seiten des Eingangs »Zum Elephanten« brannten. Zwischen ihnen stehend hatte Mager, die Hände auf dem Rücken, mit erhobener Nase die neblig gestirnte Herbstnacht geprüft und lief jetzt auf weichen Servierschuhen über den Bürgersteig, dem Bedienten beim Öffnen des Schlages zuvorzukommen. Natürlich kam er nicht irgendwie dahergerannt, sondern lief wie ein Mann, dem das Laufen schon etwas fremd ist, würdig schwänzelnd, die Hände mit verfeinerter Fingerhaltung zu den Schultern erhoben.

»Frau Hofrätin«, sagte er, »willkommen wie immer! Möchten Frau Hofrätin in unserem Musentempel einen erhebenden Abend verbracht haben! Darf ich diesen Arm offerieren zur sicheren Stütze? Guter Himmel, Frau Hofrätin, ich muß es sagen: Werthers Lotte aus Goethes Wagen zu helfen, das ist ein Erlebnis – wie soll ich es nennen? Es ist buchenswert.«

Thomas Mann, Lotte in Weimar

Ankunft und Abschied. »Und Wandlung ist alles.« Ankunft der einst geliebten Lotte in Weimar, hartnäckige Weigerung des einst Liebenden, es zu einer wirklichen Begegnung kommen zu lassen, und endlich, im Schatten der Kutsche, kurz vor Lottes Abreise, die einzigen wirklichen Worte.

Offene Worte? Alles ist Wandlung, Thomas Mann spricht mit Goethes Worten, weicht in alle Gleichnisse aus, die sich bieten, hebt die Zeit auf, spricht von Gefühl, zeigt dem Leser nicht Goethes Gesicht.

Zeigt es nicht in der intimen Nähe wie einst, läßt es selbst in diesem nächtlichen Abschiedsaugenblick tief im

Schatten, hat es auch bei Lottes Besuch in seinem Haus auf Distanz gehalten. Nur die Stimme kommt ihr nah, die noch kein Alter verrät.

Das eigene Gesicht sieht man täglich, und weil man es, schwach oder scharf beleuchtet, jeden Tag vor Augen hat, merkt man immer nur in Schüben, wie es sich mit jedem dieser Tage ein wenig verändert.

Alter ist eine Frage der Haltung, hat jemand gesagt, und das bedeutet: Laß dich nicht gehen! Nimm dich zusammen, im wahrsten Sinne des Wortes: Spann die Muskeln, steh gerade, schreite, und schlurfe nicht, zieh den Bauch ein. Straff die Schulter, und Kopf hoch nicht vergessen.

Ja, kämpfe. Kämpfe gegen die Müdigkeit, die ewige Verlockung, sich eben doch gehenzulassen, gar nicht aufstehen, gar nicht anziehen, nur Haus- und Freizeitlook, daß Gott erbarm. Aber kämpfe auch gegen die Verlockung zum Selbstbetrug.

Salben auf der Haut, sagen Dermatologen, sind gut für die Seele, schenken Streicheleinheiten, die man sonst nicht mehr bekommt. Wir liefen als Schulkinder manchmal hinter einem alten Fräulein her, das wohl noch in die Kleider ihrer Jugend paßte und keinen Grund sah, sie nicht mehr zu tragen. Sie frisierte sich wie einst die vom vielen Blondieren grünstichigen Locken, puderte sich Wangen und Nase englisch Rosa und Rot und zog sich die Augenbrauen nach. Es war nicht die Verzerrung der Mode, die uns so faszinierte. Es war die mißglückte Geisterbeschwörung der Jugend. Fast blinde Augen sahen nicht das Abgezirkelte der samtigen Puderinseln auf welker Haut, sahen nicht, wie schief die Brauenstriche über den eingesunkenen Augen gerieten. Blau und strahlend, fast triumphierend war der Blick, der uns traf, und so jung und herzlos wir auch waren, dieser Blick sagte uns genau, wie sich das alte Fräulein sah: so schlank und anmutig wie unsere Großmütter auf den braunen Pappfotografien, Wespentaille, hochgesteckte Lockenfülle, kecke Stupsnase, noch so zuversichtlich, wie man zu Beginn unseres Jahrhunderts war.

Niemals richtete das Fräulein ein Wort an uns, und wir hätten es niemals gewagt, sie anzureden oder gar zu spotten und zu kichern. Aber wir mußten ihr folgen, mußten den Menschen betrachten, der das eigene Alter gar nicht wahrzunehmen schien, gar nicht beachtete, wie das eine verging und das andere kam.

Meine Großmutter sagte, das Fräulein habe im Ersten Weltkrieg den Verlobten verloren, und seitdem sei die Zeit für sie stehengeblieben. Es gelte immer noch die, in der sie, das schöne junge Mädchen, so glücklich gewesen war. Diese eigenwillige Art, in allen Spiegeln nur das eigene Bild zu erblicken, besaß Würde. Und das Fräulein zeigte auch Haltung. Jene bezieht sich auf das Bild, das ich der Welt noch biete. Diese, die des alten Fräuleins, bezieht sich auf die Welt, in der ich noch lebe.

Was ist wichtiger, für mich, den alten Menschen? Wenn ich noch Herr über mich bin, kann ich sagen: beides. Und ich könnte die Sache auch so definieren – Haltung in bezug auf Alter bedeutet: Ich akzeptiere es, akzeptiere mich mit allem Drum und Dran, aber ich lasse mich nicht davon besiegen.

Vielleicht hat diese Renitenz Folgen für mich selbst, schenkt mir mehr Freiheit der Lebensäußerung, stärkt mein Selbstgefühl.

Warum sollte ich denn der eigenen Jugend nicht noch einmal ins Antlitz blicken? Meine Freunde, die noch leben, sind ebenso alt geworden wie ich. Sind Freundschaft und Liebe nicht stärker als ein paar Runzeln, als eine verlorene Kraft zum Walzertanzen, als zitternde Hände?

Man sagt: Im Alter hat man das Gesicht, das man verdient. Ich sage: Im Alter hast du die Freunde, die du verdienst. Das Altersgesicht hat mit Genen zu tun. Die Altersfreunde mit Liebe, aber auch mit Duldsamkeit und den Jahrzehnten, die man gemeinsam verbracht hat.

Das Risiko liegt im Zeitsprung – wenn man nach einem ganzen Leben zurück in die Vergangenheit will. Man möchte noch einmal den einst Geliebten sehen, noch einmal vielleicht den Kindern und Enkeln zeigen, wo man selbst als Kind so glücklich war, auch wenn der Verstand einem sagt: Nichts bleibt, wie es war. Man führt ein Leben lang die Bilder dessen und derer mit, die man damals liebte. Es kann ein Wolfgang sein, so fesch in seiner gelben Weste, und nun ein Minister a. D. Es kann der Fluß sein im Schatten des Burgberges, um den an milden Sommerabenden die Raben kreisten.

Aber nicht jeder Wolfgang ist ein Goethe. Selbst wenn er Minister geworden sein sollte – jetzt ist er ein eisgraues Männlein. Oder – noch schlimmer – ein aufgeblasener Sportwagenfahrer, dem der alte Bauch über den Designergürtel hängt. Vorbei, vorbei. Wenn er dich nicht erkennt, kannst du so tun, als seist du es nicht. Aber vielleicht hat auch er gedacht: Was, die alte Schachtel? Oder – noch schlimmer: Die schlecht geliftete Blondine in dem zu kurzen Rock für ihre Kniekehlen soll meine kleine Rosenblüte aus Kassel sein? Vorbei, vorbei.

Noch viel schwerer ist das zu ertragen, was in unserem Jahrhundert Millionen von alten Menschen ertragen müssen. Der Verlust dessen, was man Heimat nennen kann oder Kinderwelt oder Roots, die Wurzeln der Existenz. Kriege haben Häuser und Gärten zerstört. Wiederaufbau hat Straßen und Stadtbilder verändert. Wirtschaftlicher Aufschwung hat Fabriken an die Flüsse gesetzt.

Einmal habe ich den Ort meiner Kindheit wiedersehen wollen. Es gab eine bestimmte Stelle, wo die Landstraße eine Klippe umrundet, und dann hat man den Blick auf das Tal, auf den Berg und die Flußau, auf den Judenfriedhof und die kleine Reichsstadt in ihrer grauen Schiefermauer mit den Türmen.

Bomben hatten im Frühjahr 1945 eine Schneise in den Burgberg gerissen. Das war mir vertraut gewesen. Aber jetzt sah ich, daß die andere Seite zu einem Busparkplatz planiert und der Bergfried der Burgruine mit Türmchen und Wimpelchen von Disneyscher Schönheit ausgestattet worden war. Der Kurpark: Schrebergärten. Die Hauptstraße mit Bäcker, Schlachter, Blumenladen: eine Cash-und-Carry-Halle. Die Promenade am Fluß: Dauercamping mit Plastikgeranien am Plastikzaun.

Andere Orte, andere Häuser sind ganz und gar verschwunden. Das liegt in der Natur der Sache. Aber die Wandlung eines Paradieses in einen Freizeitpark, der Verlust also von etwas, das es noch gibt, ist ärger.

Sei vorsichtig bei den Reisen in die Vergangenheit, auch wenn es einen im Alter dazu drängt. Mit den Bildern von damals hat man sich eingerichtet, und das Alter hat genug eigene Last, so etwas muß nicht noch hinzukommen.

Aber die Kinder wollten doch wissen, wie es einst war und woher wir kommen? Erzählt es ihnen! Das Wort ist wahrhaftiger als das, was das Auge sehen kann.

Der Tod eines Hundes

Mit Skilaufen habe ich aufgehört. Die Zwanzigjährigen in ihren Latzhosen werden von den vollen Pisten nicht gestört, nicht vom Anstehen an den Liften. Vergnügt schlüpfen sie in die harten Plastikungetüme, bei mir wehrten sich erst die Zehen, dann die ganzen Füße gegen Schuhe, in denen ich nicht gehen kann. So wurde das Skifahren, das einst Bedürfnis war, gestrichen. Wie gut das tut. Ich kann zu Hause bleiben, wenn andere sich in der Kälte tummeln. Ich mag mich nicht tummeln.

Will auch nicht *der* Mensch eines Menschen sein. Würde Urs leben, ja, gemeinsam alt zu werden ist – wahrscheinlich – sehr schön. Die Einschränkung, weil ich glaube und es rund um mich sehe, daß die Ängste um den anderen und damit die um sich selbst immer mehr zunehmen. (Ein Buch über Witwen schreiben, die, von der Guten-Frau-Rolle befreit, selbständig und kreativ werden.)

Während Hanna mir enthusiastisch über Kinderpsychologie erzählt, versuche ich, mir eine Alterspsychologie auszudenken. Nicht die Papis und Mamis sind schuld, die gutmeinenden, alles verkehrt machenden. Ich bin es allein, von der es abhängt, ob ich mit meiner Geschichte leben kann.

Ruschkos leises Weinen weckt mich auf. Er läuft unruhig im Zimmer herum, schaut mich hilfesuchend an, die weißbewimperten braunen Augen weit aufgerissen. Draußen blitzt es und donnert. Was ist denn los? frage ich verschlafen, ein Gewitter, das kennst du doch. Er stellt sich an die Tür, will hinaus. Offensichtlich glaubt er, nirgendwo anders als in diesem Raum tobe das Wetter. Ich gehe mit ihm auf die Diele, dann ins Wohnzimmer. Als er merkt, daß das Gewitter überall ist, wird sein Weinen verzweifelter. Ich streichle ihn, suche vergebens, ihn zu beruhigen. Setze mich. Denke nach. Sein Verhalten ist mir ein Rätsel. Noch nie hat er sich vor Gewittern gefürchtet. Dann begreife ich: Er wird alt. Spürt, daß seine Kräfte abnehmen. Sobald einer nicht mehr auf seinen Körper vertrauen kann, kommen die Ängste. Neue, bisher nicht gekannte. Der vereiste Steilhang am Piz Naïr, den ich mit Skiern queren mußte. Die Freunde weit voraus, sie wußten genau, daß mir solcher Quergang nichts ausmachte. Doch plötzlich war alles anders, die Schwäche in den Beinen, das Gefühl, es nicht zu bewältigen. Die Angst kam in Wellen, krampfte das Herz zusammen. Ich schaffte es trotzdem, ganz langsam.

Seit dieser Zeit hat es mich oft überfallen, auf steilen Wiesen, im Fels, manchmal im Wasser – ich mag nicht mehr weit hinausschwimmen –, aber auch wenn ich mit Menschen zu tun habe, bei einer Reise, die ich allein antreten muß. Gefordert zu werden war früher Freude, ich bin so stark, viel stärker, als ihr denkt, ihr werdet schon sehen, das, was ihr mir nicht zutraut, bringe ich spielend zustande. Und jetzt das klägliche Ausgeliefertsein. Die Kraft reicht nicht mehr aus, ich habe Angst.

Das ist das Alter. Anders als erwartet. Langsamer, grausamer. Die Zeit spielt mit mir, schlägt zu, läßt frei, schlägt zu. Angst vor dem nächsten Schlag. Angst auch in den Augenblicken der Freiheit.

Was soll's? Ich weiß, daß ich bald sterben werde. Übe mich, den Tod anzunehmen. Warum fürchte ich mich vor vielem, das ich nie fürchtete?

Müde bleibe ich sitzen, bis es draußen ruhig geworden ist. Die Hundeschnauze liegt auf meinem Knie, meine Hand liebkost seinen Kopf. [...]

Vor ein paar Jahren spürte ich auf einem steilen Bergweg im Tessin plötzlich mein rechtes Sprunggelenk. So etwas kann vorkommen, ich habe neue Schuhe an, natürlich, die sind's, ich hätte sie im Tal erproben sollen. Kein Gedanke kommt auf, daß dieser kleine Schmerz mir langsam die Bewegungsfreiheit, die Lust am Gehen nehmen wird. Der Arzt stellt eine Arthrose fest, sagt: Wenn Sie jünger wären, würde ich Ihnen zu einer Operation raten. – Geht das jetzt nicht mehr? frage ich erstaunt. Er kneift die Augen zusammen, schaut mich abschätzend an: So viel Umstände. Ich muß lachen, denke leichtsinnig, daß ich einen ähnlichen Schmerz schon einmal im Knie hatte, der schnell wieder aufhörte. Aber das Sprunggelenk ist obstinat, schmerzt weiter, manchmal nur wenig, manchmal bohrend, zuerst nur bergab, dann in der Ebene, zuletzt auch beim Steigen. In Nepal spüre ich nichts; ist es die andere Luft, die andere Nahrung, die Erregung über das Fremde? Hängt auch der im Röntgenbild so deutlich erkennbare Verschleiß von der Psyche ab? Neue Erfahrungen, dagegen ankämpfen, mit dem Wissen, daß ich diesen Kampf verliere. Als ich jetzt im Herbst nach München zurückkomme, fängt die linke Hüfte an, mir weh zu tun. Treppensteigen wird schwierig, ich ziehe mich am Geländer hinauf. Was tut's, meine

Wohnungen sind beide im Parterre. Bloß nicht aufgeben. Fangopackungen, Ultrakurzwellen, Injektionen helfen wenig. Schmerzmittel werden zur Selbstverständlichkeit.

Zur gleichen Zeit wird Ruschko krank. Auch er hat eine Arthrose, im Rückgrat. Beim Laufen verschiebt sich sein ganzes Hinterteil. Was hat der Hund? fragen die Leute unterwegs. Er ist alt. – Ja mei, da kann man nichts machen. Nein, da kann man nichts machen. Bei ihm nicht, bei mir nicht. Wir schleichen dahin, mein weißer Schatten und ich, nah zusammen, damit wir uns nicht verlieren. Jeder muß so sehr auf sich aufpassen, daß er auf den anderen nicht achten kann.

Als ich von einer dreitägigen Lesereise zurückkomme und Hanna mich am Bahnhof abholt, sagt sie: Der Hund leidet. Ich an deiner Stelle würde nicht mehr lange warten und Schluß machen. Mehr kann ich nicht mit ihr darüber reden. Sooft ich es versuche, weicht sie aus. [...]

Seine Krankheit verschlimmert sich, er leidet unter einem ständigen Juckreiz, kratzt sich fürchterlich, die Innenseiten seiner Oberschenkel bluten. Dann fängt er an, harte Kotballen ins Zimmer abzusetzen.

Gegen das Jucken gebe ich ihm Spritzen, ohne daß es besser wird. Den Kot wickle ich in Papier und spüle ihn im Klo hinunter.

Wann muß es sein? Jetzt? Ist es schon zu spät? Noch zu früh? Ich sage mir: Wenn er nicht mehr gehen mag. Mag ich selbst noch gehen? Jeder Schritt tut weh. Habe ich deswegen auch nur einen Augenblick daran gedacht, mit mir Schluß zu machen?

Ein Hund ist kein Mensch. Er ist ein Tier, das

Todesangst kennt, aber nicht den Tod. Ich schlafe unruhig, verkrampft. Draußen liegt hoher Schnee, den ich einmal geliebt habe, der mir nur noch zuwider ist. [...]

Ich habe immer vom Alter gesprochen, aber im Tiefsten geglaubt, daß es für mich nicht besteht. Ein Privileg, immer wieder ein Privileg habe ich gewollt. Eine Extrawurst aus der himmlischen Küche. Ich war kühn genug, sehr spät noch einmal den Traum zu träumen, in einer Gemeinschaft leben zu können, gleichgestellt, integriert. Die Nebel haben sich gelichtet. Das brutale Erwachen – alt und allein.

Gestern schon kehrte Ruschko nach wenigen Schritten um. Heute weigert er sich, den Garten zu verlassen. Die mir selbst gesetzte Frist ist um. Ich gebe ihm zu fressen, das freut ihn noch immer. Dann helfe ich ihm, in den Wagen zu steigen.

Warum weine ich nicht? Schweigend erledige ich das, was sein muß. Das habe ich gelernt. Das kann ich.

Der Arzt wirft nur einen Blick auf Ruschko: Ja, es ist Zeit. Hebt ihn auf den Tisch, bindet die Vene ab, fängt an zu spritzen. Noch während der Injektion fällt Ruschkos Kopf auf die Seite. Der Doktor holt sein Stethoskop: Keine Herztöne mehr.

Danke, sage ich und: Er war mein letzter. – Das soll man nie sagen, meint der Arzt und schaut mich besorgt an: Fahren Sie vorsichtig. Kommen Sie gut nach Hause.

Ich fahre vorsichtig, komme gut nach Hause. Von einem Glück, von einer Last befreit. Wer keinen Schatten mehr hat, wird leichter sterben.

Grete Weil, Generationen

Ja, es ist Zeit. Wer darf das sagen? Und wann? Beim Tier ist die Entscheidung schmerzlich, aber leichter.

Beim Menschen wäre schon dieser Satz noch vor zehn oder zwanzig Jahren aus einem deutschen Munde ganz und gar unmöglich gewesen. Zu nah noch die Erinnerung an die Euthanasie in den Jahren des Nationalsozialismus. Euthanasie heißt, laut Brockhaus Konversationslexikon: »Todeslinderung, dasjenige Verfahren, durch welches der Arzt den als unvermeidlich erkannten Tod für den Sterbenden möglichst leicht und schmerzlos zu machen versucht, besteht hauptsächlich aus zweckmäßiger Lagerung, Fernhalten aller äußerer Störungen, Linderung der Schmerzen durch anästhetische und narkotische Mittel, Sorge für frische Luft und zeitweiligem Einflößen von milden und labenden Getränken. Bei dem scharfen Gehör, welches Sterbende bis zum letzten Augenblick zu haben pflegen, ist größte Vorsicht hinsichtlich aller Äußerungen der Umgebung geboten; auch bei scheinbar gänzlicher Teilnahmslosigkeit des Sterbenden soll man sich deshalb in seiner Gegenwart jedweder Andeutung über seinen bevorstehenden Tod enthalten.«

Das war 1898, in einer Zeit, in der die moderne Medizin erst begann. Schlage ich im Neuen Brockhaus von 1936 unter Euthanasie nach, werde ich auf »Sterbehilfe« verwiesen. Und dort lese ich: »Die Abkürzung lebensunwerten Lebens, zum Wohl des Kranken oder (zum Beispiel bei einem idiotischen Kinde) zugunsten der Allgemeinheit; ist als Mord, bei Einwilligung des Kranken, als Tötung auf Verlangen strafbar.«

Ein tapferer Nachsatz in einer Zeit, in der den ethisch Denkenden selbst noch die Argumente des Un- oder Antiethischen als vernünftig schmackhaft gemacht wurden, während längst Familien Briefe aus den betreffenden Anstalten bekamen: »... ist Ihre Tante (Großmutter etc.)

plötzlich und unerwartet an Lungenentzündung verstorben. Die Bestattungskosten betragen ...«

Ein Nachsatz, der die Redaktion des Wörterbuchs ehrt, der aber bald verschwand. Der Hauptsatz aber blieb und prägte sich ins Bewußtsein der Deutschen ein. Ebenso blieb das Wort, und seit 1936 gehört der Begriff vom lebensunwerten Leben dazu.

Wer diese Wörter nach 1945 aussprach, sah die Toten, die ihr »lebensunwertes Leben ... zu Gunsten der Allgemeinheit« weggespritzt und weggegast bekamen. Und manche fragen sich immer wieder und bis heute, wie groß die Angst in der NS-Zeit gewesen sein muß, daß Menschen wie die meisten Eltern und Großeltern der heute lebenden Deutschen es so weit kommen lassen konnten, daß diese Morde geschahen.

Nein, meine Generation könnte sich nicht auf diese Seite derer stellen, die die Euthanasie befürworten, der Juden und der Idioten und Christi wegen nicht.

Aber die Zeit ist fortgeschritten. Die Menschheit hat sich mehr als verdreifacht. Menschen betrachten Menschen wieder, aus anderen und dennoch aus entsetzlich ähnlichen Gründen, als überflüssig, des Lebens und der Rente nicht mehr wert. Es ist seit langem bekannt, wie schnell wir uns vermehren, wie dicht wir an die äußerste Lebensgrenze unserer Spezies herankommen, aber niemand hat politische Konsequenzen daraus gezogen. Schock und Konfusion, hektischer Griff in die Rentenkassen – das war alles. Und das Gerede über die Alterspyramide und ihre volkswirtschaftlichen Folgen.

Dieser Druck wirkt so stark, daß sich Menschen, die den Völkermord überlebt haben, den Tod wünschen. Sie spüren, daß keiner die Alten und Sterbenden will, und wollen dem entgehen, was – wie sie fürchten – auf sie wartet.

Weiß ich, was auf mich wartet? Werde ich eines Tages alle Prinzipien über Bord werfen und nach Sterbehilfe, zumindest im Sinne des Brockhaus von 1898, flehen?

In den Niederlanden gibt es die sogenannte aktive Sterbehilfe, die Tötung auf Verlangen, von Ärzten durchgeführt. Der theatralische Tod der schönen Sandra Paretti in der Schweiz hat die Aufmerksamkeit auf eine Gesellschaft zur Sterbehilfe gelenkt. In Australien gibt es neue Gesetze, die, zwar mit allerlei Fristen und Gewissensbefragungen, aber dennoch den Tod auf eigenen Wunsch ermöglichen.

Was bedeutet das alles? Wollen unsere Zeitgenossen den Leidenden helfen, den Unheilbaren, denen, die nicht leben und nicht sterben können, die vor Schmerzen schreien? Reden sie mit der Stimme der Vernunft zu uns und sagen: »Wenn du nicht mehr an Christus und die Auferstehung glaubst, wenn du nicht mehr um seinetwillen die Schmerzen erdulden willst, dann mach doch Schluß mit der Quälerei! Sag ein Wort, und du hast alles hinter dir! Wir helfen dir dabei.« Wäre das die wahre Nächstenliebe?

Oder wollen sie uns nur auf elegante Art und Weise loswerden? So, daß ihnen auch noch Lob zufällt und das Verdienst, uns von uns selbst erlöst zu haben?

Im Juni 1996 hat der Deutsche Ärztetag dazu Stellung genommen, weil er durch diese Regelungen eine Gefahr für den Lebensschutz sieht. Der letzte Absatz dieser Erklärung lautet: »Die Befürworter der Euthanasie in Deutschland bestreiten häufig einen relevanten Unterschied zwischen passiver und aktiver Sterbehilfe. Behandlungsabbruch und tödliche Injektion zögen in der Sterbephase gleichermaßen den Tod nach sich. Dem ist entgegenzuhalten, daß es für das ärztliche Selbstverständnis einen grundsätzlichen Unterschied darstellt, ob auf die Substituierung zentraler Lebensfunktionen bei einem Krankheits- und Zerfallsprozeß des Organismus verzichtet oder ob eine tödliche Noxe zugeführt wird: Eine tödliche Injektion würde das Leben eines Kranken ebenso wie das eines Gesunden beenden; der Abbruch intensivmedizinischer Maßnahmen dagegen führt nur bei Sterbenskranken zum Tod und hätte beim Gesunden keine Auswirkungen.«

Nein, ein Christ kann einen Greis nicht töten, nicht aus Gründen der Rentenfinanzierung und nicht, weil der Alte einfach nicht mehr leben will. Ein Mensch ist kein Hund. Der Mensch könnte Hilfe fordern. Vielleicht nicht die der Pflegeversicherung. Denn um von ihr wirklich Hilfe zu erhalten, muß man Glück haben und an moderne Samariter geraten. Einem Arzt, der eine Uralte nach nichts als einem flüchtigen Blick in die nächste Stufe der Pflegeversicherung einteilte, stellte die auch schon alte Tochter die Frage: »Wollen Sie denn meine Mutter gar nicht untersuchen?«

»Warum denn? Seien Sie doch froh, daß sie bettlägrig ist. Das bringt Ihnen mehr Geld.«

»Wo bleibt da«, fragte die alte Tochter, »die Ethik, Herr Doktor?«

Er antwortete: »Die Ethik ist nicht für die Pflegeversicherung. Die Ethik ist für die Familie.«

Was ist nun schlimmer – die Angst vor Schmerzen oder vor dem falschen Arzt? Die Angst, im Stich gelassen zu werden, oder der Satz: »Es hat doch alles keinen Sinn mehr? Warum nicht Schluß machen, ehe man den anderen zur Last fällt? Reicht es nicht, wenn man sich selbst nicht mehr ertragen kann?« Ist die Hospiz-Idee der beste Ausweg?

Es gibt keine Antwort auf diese Frage, die jedem paßt. Der Christ muß ausharren – Gnade und Erlösung für die Qual, das ist die Hoffnung.

Wer das verwirft, wer im Menschen nichts anderes sieht als einen zeitweise belebten Zellhaufen, zwar wunderbar, aber doch nur hier auf dem Planeten Erde eine Zeitlang funktionsfähig, der kann befriedigt schon bei Cicero lesen, wie ein intelligenter Staatsmann über das nachdenkt, was man heute das Recht auf den eigenen Tod nennt.

Haben wir das nicht immer gehabt? Nur die Fähigkeit verloren, zur rechten Zeit das letzte Kapitel des Alters zu beschließen? Meine Großmutter, die in Asien gelebt hat, erzählte mir von einem ihrer alten Diener, der sich von ihr mit den Worten verabschiedete: »Ich will jetzt sterben.«

Die alten Frauen aus jüdischen Familien, die nicht geglaubt hatten, daß die Nationalsozialisten auch sie deportieren und vergasen würden, wollten auch sterben. Sie konnten es, weil es noch Medikamente und Schlafmittel gab, die stark genug waren, so daß die Frauen zumindest den eigenen Tod im eigenen Bett erlitten.

Könnte man sich einen Gott vorstellen, der diese Flüchtlinge aus einer wie von Gott verlassenen Welt nicht in seinen liebenden Armen aufnähme?

»Ach«, sagen manche der Alten, »ich würde so gerne sterben, nutzlos, wie ich bin.«

Kann der Lebenswert eines Menschen wirklich so, wie es die Nazis taten, nach seinem Nutzen berechnet werden? Nach ihrer verbrecherischen Rechnung wäre ein für das Volk Nutzloser auch einer, der kein Recht auf Leben hätte. Haben wir unbewußt diese Argumentation der Nationalsozialisten übernommen?

In Wirklichkeit ist es doch so: Wer sagt, ich bin ja keinem von Nutzen, der ruft eigentlich nach der Liebe. »Keiner liebt mich mehr! Oder vielleicht doch?« Und wenn nur einer widerspricht, wenn nur einer nicht argumentiert, sondern die richtige Antwort, die richtige Geste macht, auf irgendeine Art und Weise die Liebe erwähnt, dann ist die Angst gestillt, wenigstens für eine Weile.

Der Nachsommer

»Diese Wissenschaft ist eine sehr weite«, entgegnete mein Gastfreund, »wenn sie in der Bedeutung der Erdgeschichte genommen wird. Sie schließt manche Wissenschaften ein und setzt manche voraus. Die Berge sind wohl jetzt, wo diese Wissenschaft noch jung ist und wo man ihre ersten und greifbarsten Züge sammelt, von der größten Bedeutung; aber es wird auch die Ebene an die Reihe kommen, und ihre einfache und schwerer zu entziffernde Frage wird gewiß nicht von geringerer Wichtigkeit sein.«

»Sie wird gewiß wichtig sein«, antwortete ich. »Ich habe die Ebene und ihre Sprache, die sie damals zu mir sprach, schon geliebt, ehe ich meine jetzige Aufgabe betrieb und ehe ich die Gebirge kannte.«

»Ich glaube«, entgegnete mein Begleiter, »daß in der gegenwärtigen Zeit der Standpunkt der Wissenschaft, von welcher wir sprechen, der des Sammelns ist. Entfernte Zeiten werden aus dem Stoffe etwas bauen, das wir noch nicht kennen. Das Sammeln geht der Wissenschaft immer voraus; das ist nicht merkwürdig, denn das Sammeln muß ja vor der Wissenschaft sein; aber das ist merkwürdig, daß der Drang des Sammelns in die Geister kömmt, wenn eine Wissenschaft erscheinen soll, wenn sie auch noch nicht wissen, was diese Wissenschaft enthalten wird. Es geht gleichsam der Reiz der Ahnung in die Herzen, wozu etwas da sein könne und wozu es Gott bestellt haben möge. Aber selbst ohne diesen Reiz hat das Sammeln etwas sehr Einnehmendes. Ich habe meine Marmore alle selber in den Gebirgen gesammelt und habe ihren Bruch aus den Felsen, ihr Absägen, ihr Schleifen und ihre Einfügungen geleitet. Die Arbeit hat mir manche Freude gebracht, und ich glaube, daß mir nur darum diese Steine so lieb sind, weil ich sie selber gesucht habe.«

»Habt Ihr alle Arten unsers Gebirges?« fragte ich.

»Ich habe nicht alle«, antwortete er, »ich hätte sie vielleicht nach und nach erhalten können, wenn ich meine Besuche stetig hätte fortsetzen können. Aber seit ich alt werde, wird es mir immer schwieriger. Wenn ich jetzt zu seltnen Zeiten einmal an den Rand des Simmeises hinaufkomme, empfinde ich, daß es nicht mehr ist wie in der Jugend, wo man keine Grenze kennt als das Ende des Tages oder die bare Unmöglichkeit. Weil ich nun nicht mehr so große Strecken durchreisen kann, um etwa Marmor, der mir noch fehlt, in Blöcken aufzusuchen, so wird die Ausbeute immer geringer; sie wird auch aus dem Grunde geringer, weil ich bereits so viel habe und die Stellen also seltener sind, wo ich ein noch Fehlendes finde. Da ich allen Marmor selber gesammelt habe, so kann ich wohl auch kein Stück an meinem Hause anbringen, das mir von fremder Hand käme.«

»Ihr habt also wahrscheinlich das Haus selber gebaut oder es sehr umgestaltet?« fragte ich.

»Ich habe es selber gebaut«, antwortete er. »Das Wohnhaus, welches zu den umliegenden Gründen gehört, war früher der Meierhof, an dem Ihr gestern, da wir auf dem Bänkchen der Felderrast saßen, Leute Gras mähen gesehen habt. Ich habe ihn von dem früheren Besitzer samt allen Ländereien, die dazu gehören, gekauft, habe das Haus auf dem Hügel gebaut und habe den Meierhof zum Wirtschaftsgebäude bestimmt.«

»Aber den Garten könnt Ihr doch unmöglich neu angelegt haben?«

»Das ist eine eigene Entstehungsgeschichte«, erwiderte er. »Ich muß sagen: ich habe ihn neu angelegt, und ich muß sagen: ich habe ihn nicht neu angelegt. Ich habe mir mein Wohnhaus für den Rest meiner Tage auf einen Platz gebaut, der mir entsprechend schien. Der Meierhof stand in dem Tale, wie meistens die Gebäude dieser Art, damit sie das fette Gras, das man häufig in den Wirtschaften braucht, um das Gehöfte herum haben; ich wollte aber mit meiner Wohnung auf die Anhöhe. Da sie nun fertig war, sollte der Garten, der an dem Meierhofe stand und nur mit vereinzelten Bäumen oder mit Gruppen von ihnen zu mir langte, heraufgezogen werden. Die Linde, unter welcher wir jetzt sitzen, sowie ihre Kameraden, die um sie herumstehen oder einen Gartenweg bilden, stehen da, wo sie gestanden sind. Der große alte Kirschbaum auf der Anhöhe stand mitten im Getreide. Ich zog die Anhöhe zu meinem Garten, legte einen Weg zu dem Kirschbaume hinauf an und baute um ihn ein Bänklein herum. Und so ging es mit vielen andern Bäumen. Manche, und darunter sehr bedeutende, daß man es nicht glauben sollte, haben wir übersetzt. Wir haben sie im Winter mit einem großen Erdballen ausgegraben, sie mit Anwendung von Seilen umgelegt, hieher geführt und mit Hilfe von Hebeln und Balken in die vorgerichteten, gut zubereiteten Gruben gesenkt. Waren die Zweige und Äste gehörig gekürzt, so schlugen sie im Frühlinge desto kräftiger an, gleichsam als wären die Bäume zu neuem Leben erwacht. Die Gesträuche und das Zwergobst ist alles neu gesetzt worden. In kürzerer

Zeit, als man glauben sollte, hatten wir die Freude, zu sehen, daß der Garten so zusammengewachsen erschien, als wäre er nie an einem andern Platze gewesen. In der Nähe des Meierhofes habe ich manchen Rest von Bäumen fällen lassen, wenn er dem Getreidebau hinderlich war; denn ich legte dort Felder an, wo ich die Bäume genommen hatte, um an Boden auf jener Seite zu gewinnen, was ich auf dieser durch Anlegung des Gartens verloren hatte.«

»Ihr habt da einen reizenden Sitz«, bemerkte ich.

»Nicht der Sitz allein, das ganze Land ist reizend«, erwiderte er, »und es ist gut da wohnen, wenn man von den Menschen kömmt, wo sie ein wenig zu dicht aneinander sind, und wenn man für die Kräfte seines Wesens Tätigkeit mitbringt. Zuweilen muß man auch einen Blick in sich selbst tun. Doch soll man nicht stetig mit sich allein auch in dem schönsten Lande sein; man muß zuzeiten wieder zu seiner Gesellschaft zurückkehren, wäre es auch nur, um sich an mancher glänzenden Menschentrümmer, die aus unsrer Jugend noch übrig ist, zu erquicken, oder an manchem festen Turm von einem Menschen emporzuschauen, der sich gerettet hat. Nach solchen Zeiten geht das Landleben wieder wie lindes Öl in das geöffnete Gemüt. Man muß aber weit von der Stadt weg und von ihr unberührt sein. In der Stadt kommen die Veränderungen, welche die Künste und die Gewerbe bewirkt haben, zur Erscheinung: auf dem Lande die, welche naheliegendes Bedürfnis oder Einwirken der Naturgegenstände aufeinander hervorgebracht haben. Beide vertragen sich nicht, und hat man das Erste hinter sich, so erscheint das Zweite fast wie ein Bleibendes, und dann ruht vor dem Sinne ein schönes Verstehendes, und zeigt sich dem Nachdenken ein schönes Vergangenes, das sich in menschlichen Wandlungen und in Wandlungen von Naturdingen in eine Unendlichkeit zurückzieht.«

Ich antwortete nichts auf diese Rede, und wir schwiegen eine Weile.

Endlich sagte er wieder: »Ihr bleibt noch heute nachmittag und in der Nacht bei uns?«

»Nach dem, wie ich hier aufgenommen worden bin«, antwortete ich, »ist es ein angenehmes Gefühl, noch den Tag und die Nacht hier zubringen zu dürfen.« [...]

Als wir den Hügel vollends umgangen hatten und an mehreren ländlichen Wohnungen vorbeigekommen waren, stiegen wir auf der nämlichen Seite und auf dem nämlichen Wege gegen das Haus empor, auf welchem ich gestern gegen dasselbe hinangekommen war. Da wir es erreicht hatten, traten uns die Rosen entgegen, wie sie mir gestern entgegengetreten waren. Ich nahm von diesem Anblicke Gelegenheit, meinen Gastfreund der Rosen wegen zu fragen, da ich überhaupt gesonnen war, dieser Blumen willen einmal eine Frage zu tun. [...]

»Ich habe die Rosen an die Wand des Hauses gesetzt«, erwiderte er, »weil sich eine Jugenderinnerung an diese Blume knüpft und mir die Art, sie so zu ziehen, lieb macht. Ich glaube, daß mir einzig darum die Rose so schön erscheint, und daß ich darum die große Mühe für diese Art ihrer Pflege verwende.« [...]

Adalbert Stifter, Der Nachsommer

Der Nachsommer – das ist ein Begriff geworden, der sich von der Quelle ganz und gar gelöst hat, aber wer Rosen liebt und Vögel, der wird die Passagen fast auswendig kennen, in denen Adalbert Stifter seinen alten Protagonisten beschreiben läßt, wie er sich die Rosenhecke anlegte, vom Winde belüftet und von den bedachtsam mit geeigneten Nistplätzen versorgten Vögeln vom Ungeziefer gereinigt.

Nachsommer – die Zeit, in der man sich in Ruhe und Gelassenheit dank der reichen Erfahrungen des gut verbrachten Lebens seine letzte Erdenstätte so einrichtet, wie man es für angemessen und richtig hält. Stifter beschreibt seinen Helden so: »Sein Angesicht zeigte zwar auf ein vorgerücktes Alter; aber es schien mir jünger als die Haare und gehörte überhaupt zu jenen freundlichen, wohlgefärbten, nicht durch das Fett der vorgerückten Jahre entstellten Angesichtern, von denen man nie weiß, wie alt sie sind.« Diesen Mann läßt er in einer Lebensfülle wirken, als ob sein Nachsommer kein Ende hätte. Jeder Tag wird so genutzt, wie es der alte Goethe bis zur letzten Minute, zur letzten Sekunde der Tagesstunden zu tun empfahl.

Was das für eine Leistung war, begreift man, wenn man die Biographien gerade dieser beiden Männer, Stifter und Goethe, kennt und wenn man das als alter Mensch wieder liest, was sie als Alte geschrieben haben und was dem jungen Leser manchmal fast als Anmaßung erscheint: nicht aufzuhören, Herr seines Lebens, Beherrscher seiner Umwelt zu sein. Stifter hat seinen alten Mann alles verwirklichen lassen, was einem kritischen Geist im vorigen Jahrhundert nur zufiel, und er stattete ihn mit außergewöhnlich guten finanziellen Mitteln aus. Doch gleichzeitig begabte er ihn mit Gemeinsinn. Nicht für sich hortete er egoistisch Reichtum und Tand, was die ersten Schritte zum Altersgeiz wären. Ganz im Gegenteil. Offen für das, was neu ist, was notwendig wäre, übernimmt der Alte das, was das Gemeinwesen nicht leisten kann. So verändert er sein Anwesen im Sinne dessen, was heute Ökologie heißt.

Sammelt Altertümer, bildet Kunsthandwerker und Restauratoren aus, um alte Möbel und Kunstwerke des Mittelalters zu retten – Stifters Vorbild war die Wiederherstellung des Wolfgangsaltares –, und beherzigt in seinem Wirkungsbereich das, was zu seiner Zeit gerade begründet wurde: die wissenschaftlichen Methoden für Ackerbau, Viehzucht, Weinwirtschaft und gesunde Lebensführung. Ein Programm ohne Begrenzung, aber vollkommen ohne Eile und Hast. Wobei dem alten Mann alle Zeit von Morgen bis Abend blieb, weil er sich weder auf Reisen begab, noch seine Zeit mit Fernsehen und ähnlichem vergeudete. Es sollten noch über hundert Jahre vergehen, ehe man das Wort Freizeit erfand. Stifters alter Mann hätte es als frevelhaftes Mißverstehen dessen verworfen, was dem Leben Sinn gibt und was den Menschen in allen seinen Schmerzen und Verzeiflungen glücklich machen kann. Er hatte Zeit, und er nutzte sie so, wie es ihm gegeben war, auch mit Freunden, Gästen und Pflegekindern. Ein tätiges Leben, das in ein tätiges, geselliges, mitteilsames Alter führt. Es ist kein Idyll eines nur literarischen Nachsommers, es ist eine Idee, für die man kein Landgut und kein Vermögen braucht, nur den offenen Blick für die Umgebung und die Erkenntnis, wie segensvoll Tätigkeit ist. Sie konzentriert den Menschen auf eine Sache, lenkt ihn ab von sich selbst, von den unerheblichen Gefühlen, die ihrer Leere und Ziellosigkeit wegen zur Qual werden können, er löst ihn von der Angst vor morgen, von wahren und gedachten Schmerzen. Diese Idee schenkt ihm zumindest die Ordnung, die in ihr selber ruht, sie übt seine Kräfte und Geschicklichkeiten, und sie zeigt ihm Ergebnisse.

Sicher gibt es genug Lesekreise und Theatergruppen, Vereine oder Freundeszirkel jeglicher Art, die auf ihre Art einen Nachsommer genießen. Aber einen Haken hat die Sache heute doch. Im überschaubaren Bezirk fällt den Menschen eine Aktivität, die über den Interessenbereich der eigenen Person hinausgeht, leichter. Geht es nicht um Bekanntes, so schottet sich ein Altwerdender schnell ab. So lautet zum Beispiel der Satz, den viele auf der Suche nach Leihgroßmüttern am häufigsten hören: »Ach laß mich in Ruhe! Was soll ich mich denn für fremder Leuts Kinder abrackern? Nur damit die jungen Frauen noch mehr Geld verdienen können?«

Noch etwas kommt hinzu: Vom Altertum, von Vergil, bis zu Stifter war das Landgut die ersehnte und gepriesene Kulisse des Alters. Das darf man nicht leichthin auf unsere Zeit mit ihren Zweithäusern auf Sylt, auf Korsika oder in Kanada übertragen. Das klassische Landgut war eine Lebensform, die des weise genutzten Nachsommers, mit Bedacht gewählt und im wahrsten Sinne des Wortes bearbeitet.

Das Zweithaus ist eine beliebig austauschbare Wohnung, manchmal nur gemietet, nicht besessen. Um die wenigsten herum erstreckt sich Land im Sinne der römischen oder des österreichischen Schriftstellers. Die Zweithausbesitzer würden es sich auch verbitten. Sie wollen die sogenannte Freizeit genießen, braun werden, den Landmann spielen. Höchstens die Mandeln des Baumes, der zufällig noch neben der Finca steht, ernten und von der Ehefrau oder der Tochter zu Salzmandeln verarbeiten lassen, die dann im Winter in der Stadt voll Stolz den Freunden angeboten werden, die keine Finca haben. Auch wenn das Zweithaus ein Landgut ist, wird es heute gerade dann zur Last, wenn der Nachsommer beginnt. Es liegt idyllisch, aber fernab. Es ist für Ferien gedacht, nicht fürs Alter. Kein Arzt, keine Apotheke, keine Klinik in erreichbarer Nähe. Die eigenen Kinder erst recht nicht. Landleute als Nachbarn, die keine Landsleute sind und niemals werden, deren

Sprache man nur in Ausnahmefällen so beherrscht, daß man sich wie Stifters alter Mann mit seinem Besucher unterhalten könnte.

Nachsommer: Kein Idyll, aber ein Traum? Das Bedeutsame am Nachsommer ist jener Schritt in die persönliche Freiheit und die Überwindung von gesellschaftlichen Normen, die von Stifters Figuren vorgeführt werden. Menschen lassen im letzten Augenblick ab von dem, was Stand und Herkunft ihnen fast ein Leben lang abverlangt haben. Jetzt endlich fällt der blinde Stolz von ihnen ab, die Beschränkung des Gefühls, die eingebildeten Kränkungen und der Starrsinn der Moral. Es scheint die Schönheit der Rosen zu sein, die geduldige Liebe eines Mannes zu seinem Lande, die in den Gefühlen ein Echo findet. Alles geschieht etwas umständlich und ein bißchen verschroben, wie um die Leidenschaft dieser Lobpreisung zu dämpfen, aber die Glut des Nachsommers ist stark genug, um die Verkrampfungen des unangemessenen Lebens zu lösen und zu lockern.

Jede Zeit entwirft sich ihren Nachsommer, doch die rasante wirtschaftliche und technische Entwicklung der letzten Jahrzehnte hat die Städte und auch das von Städtern bewohnte Land so verändert, daß Wohnen mehr Geld denn je kostet, sich deshalb altvertraute Quartiere auflösen, Rentabilitätsrechnungen künftigen Erben zeigen, wie ertragreich es ist, kleine alte Witwen aus kleinen alten Häusern in kleine teure Wohneinheiten in Seniorenresidenzen zu befördern, um die kleinen alten Häuser für sehr viel Geld zu verkaufen oder durch große neue Häuser zu ersetzen. Wo wäre noch Platz für den Nachsommer?

In meiner Schulzeit habe ich noch ein Zipfelchen davon erlebt, in einer Universitätsstadt, die man wegen der vielen pensionierten Offiziere und Lehrer und Professoren als Pensionistenstadt bezeichnete. Hatte Stifters Entwurf mitten im Biedermeier eine ganz erstaunlich unkonventionelle

Grundlage, so herrschte in jenen Jahren und in den Häusern, die ich meine, eine ganz erstaunlich demokratische Grundhaltung.

Um unser Haus herum standen andere große Einfamilienhäuser aus der Jahrhundertwende, nach dem Ersten Weltkrieg wie überall in Etagenwohnungen geteilt, oder später in ein sogenanntes Heim umgewandelt: Alte Männer und Frauen wohnten wie Hausgäste in ein oder zwei Zimmern, und eine Diakonissin oder eine andere Schwester leitete das Ganze wie eine älteste Tochter. Die großen Küchen im Souterrain kamen durch dieses Arrangement wieder zu Ehren, und außer der Köchin gab es eine Putzfrau, die sich unverdrossen durch die unglaublich vollgestopften Zimmer arbeitete, in denen die Reste jeweils eines ganzen Hausrats merkwürdige Interieurs ergaben, immer anders, immer interessant und geheimnisvoll für ein Kind, das als Begleitung mit in so ein Haus kam.

Im Feierabendhaus der ehemaligen Lehrerinnen, in das sie gleich nach ihrer Pensionierung zogen, herrschte dafür eine fast mönchische Kargheit. Es gab noch keine Auslegeware, und so hatten die Flure und Stuben mit dem honigfarbenen Parkett oder den blankgebohnerten Dielen etwas vom Biedermeier oder Jugendstil behalten, denen auch die Möbel dieser letzten Behausungen entstammten. Die schweren überdekorierten Kredenzen oder Schränke der historisierenden Jahrhundertwende waren meist zu gewaltig und auch zu unbequem für diese Klausen. Sie wurden verschenkt, verkauft, wie so vieles andere, was nun, im kommenden Alter, nur belastet hätte. Verschenkt, vergeben wie vielerlei um sie herum. »Wenn ich einmal nicht mehr bin«, lautete der Satz, mit dem die Verteilung begann.

Diese Alten lebten wie im Nachsommer: Sie ernährten sich, schon aus Sparsamkeit, vernünftig. Sie wachten früh auf, sie gingen abends früh zu Bett. Sie liebten die frische Luft und wanderten viel im Hainberg. Sie waren an vielem interessiert, gingen zu Vorträgen, hatten ihr Konzert- oder Theaterabonnement, schrieben ihre Lebenserinnerungen, pflegten die Geselligkeit. Sie hatten kein Fernsehen und kein Telefon, und wenn sie sich sehen oder einladen wollten, so gingen sie zur Besuchszeit bei den Freunden vorbei und warfen die Visitenkarte mit der betreffenden Nachricht in den Briefkasten. Sie wurden alt und zart und gebrechlich, und sie sind, wie meine Großmutter sagte, meist leicht gestorben.

Wir wissen heute, daß wir genetisch auf ein hohes Alter angelegt sind und daß es nur von den Umständen abhängt, ob wir dieses natürliche Ziel unserer Spezies erreichen oder nicht.

Heute herrschen beste Bedingungen. Gute, ausreichende hygienische und einwandfreie Ernährung, Licht und Luft, keine Seuchen, kein Krieg – das verleiht uns das Danaergeschenk des hohen Alters. Eigentlich sollte man diese ja vollkommen offensichtliche und wohlbekannte Tatsache beherzigen, privat und politisch. Aber der amtlich verwaltende Mensch ist noch schwerer von Vernunft zu leiten als der Politiker. Im Hamburg des Jahres 1995 hat es ein ähnliches Arrangement gegeben wie das mit Schwester Gertrud. Die Besitzer eines der vielen Einfamilienhäuser am einst bäuerlichen Stadtrand hatten an zwei Frauen den ersten Stock vermietet, der wie in so vielen Häusern dieser Art leer stand, seitdem die Kinder einen Beruf ergriffen hatten und in eine andere Stadt gezogen waren.

Das war, wie man meinen könnte, vernünftig. Außerdem waren die Mieterinnen mit den Hausbesitzern überein gekommen, daß sich jene das Frühstück und das Butterbrot zum Abendessen selber machen, die Mittagsmahlzeit aber mit diesen teilen wollten. Also kochte die Hausbesitzersfrau für alle das, was die Mieterinnen vielleicht am Morgen eingekauft hatten, und manchmal saßen sie nicht nur mittags alle miteinander um einen Tisch, sondern auch nachmittags bei Kaffee und Streuselkuchen auf der Terrasse, vielleicht sogar auch abends bei Wein und Käsegebäck. Und wenn eine der älteren Frauen krank war, brachte ihr die Hausfrau die Suppe hinauf und stopfte sicher die verschwitzte Bettwäsche in ihre eigene Waschmaschine. So lebten sie glücklich und zufrieden in ihrem Nachsommer?

Ja, bis es den Amtsvertretern zu Ohren kam, von weiß der Himmel welchen mißgünstigen Nachbarn zugetragen. Auf jeden Fall konnte man in der Tageszeitung lesen, daß den Hausbesitzern der Prozeß gemacht worden sei, weil sie sträflicherweise wie eine Pflegeeinrichtung gehandelt hatten, ohne eine zu sein. Sie hatten, wenn man den Zeitungsbericht richtig verstand, nicht eine Tat der Vernunft oder der Nächstenliebe vollbracht, sondern dem Staat sein Geschäft vor der Nase weggeschnappt.

Kein Wunder, daß all die Hunderte von Häusern dieser Art halb leer stehen. Kein Wunder, daß die Versorgung der Alten ein Problem wird, daß Wohnraum vergeudet und die Bürgertugend der Eigeninitiative so verhöhnt wird, daß man ja ein Narr wäre, wenn man sie pflegte.

Gewiß, es gibt genug Menschen, die den Älteren und Alten das Geld aus der Nase zu ziehen versuchen oder auf eine Erbschaft spekulieren. Aber macht es der Staat anders? Der Unterschied besteht doch nur darin, daß private Erbschleicherei manchmal, der Zugriff des Staates auf das ungeschützte Erbe immer erfolgt. Und daß man sich gegen die privaten Raffer rechtlich wehren kann. Und daß es die Alten bei Erbschleichern, schon aus Pragmatismus, meist ganz gemütlich haben. »Was hätte ich denn sonst von meinem Geld?« fragte eine alte Frau, die sich mit vollem

Bewußtsein und kühler Berechnung »verkauft hatte«, wie die Neffen und Nichten sagten.

»Ja und?« fragte sie dagegen, »keiner von euch will oder kann mich zu sich nehmen. Was soll ich denn machen? Und habe ich nicht das Recht auf mein eigenes Alter, auf ein Leben so, wie es mir gefällt?«

Wie die Hamburger Geschichte ausgegangen ist, weiß ich nicht. Sie zeigt aber, und deshalb ist sie eigentlich so bedeutsam, wie sehr sich die Bürger haben entmachten lassen. Dieser Zustand des vollständigen staatlichen Anspruchs ist das vorläufige Ende einer Entwicklung, die durch die Aufwertung der Unmoral noch gefördert wird. Jeder sucht sich seine Gesetzeslücken. Jeder sucht sich mit Tricks und Steuerkunststücken zu bereichern. Jeder jammert über die Frechheit des Staates, aber keiner tut etwas anderes, als noch unverschämter zu sein.

Das Alter scheint die Zeit zu sein, in der man für diese Frechheiten und ihre Folgen zahlen muß. Es sei denn, die noch nicht so Alten besinnen sich, noch im Besitze ihrer fast ungebrochenen Unternehmungslust, auf die politische Macht, die sie allein durch ihre Zahl besitzen. Und man liest und kann sich auch ausrechnen, daß diese Zahl von Jahr zu Jahr wächst.

Die Jungen, die Regierung betrachten das als Problem, und das wiederum betrachten viele Alte als Bedrohung. Es könnte auch eine Chance für die Alten sein, aber das wahre Problem liegt offenbar darin, daß die Alten erst recht nicht oder nicht mehr daran interessiert sind, für die Allgemeinheit zu denken und zu handeln. »Man kann ja doch nichts ändern.« Das ist ein Satz, an den Adalbert Stifter nicht einmal gedacht hätte. Es ist der Satz, mit dem heute das abgewehrt wird, was einen dazu zwänge, sich mit dem unterdessen Unbegreiflichen zu befassen.

Könnte man das noch? Die einzelnen Alten, die bisher die Allgemeinheit der Alten zu vertreten versuchten, haben gezeigt, daß sie nicht mehr so denken und kämpfen und tricksen können, wie es sich die nachfolgenden Generationen angewöhnt haben. Jonathan Swift hat recht. Es herrscht heute eine andere Denkweise, und es wird eine andere Sprache gesprochen. Die Rechte der Alten müssen also von den Jüngeren gewahrt und vertreten werden. Neues Denken für altes Denken.

Wohin das – bisher – geführt hat, sieht jeder, der es sehen will. Bleibt uns mit unseren alten Köpfen, denen das Alter mit seiner Senilität bevorsteht, nichts als Resignation?

Vom Nachsommer haben wir uns weit entfernt. Er kann nur noch im Kopf stattfinden. Aber ohne Hoffnung sind wir nicht.

Meine Großtante hat auf der Höhe ihres Lebens mit fester und schöner Schrift in ihr Merkbuch ein Gedicht von Johann Gottfried Seume geschrieben, der fast ein Zeitgenosse von Adalbert Stifter war:

»Meines Lebens Wunsch ist stiller Friede,
guter Bücher eine kleine Zahl.
Ein geprüfter Freund mit einem Liede
und der Sparsamkeit gesundes Mahl.«

Viele Jahre später notierte sie sich ein anderes Gedicht dieses Schriftstellers, den sie wohl sehr geschätzt hat. Es ist nun die Schrift einer alten fast blinden Frau, zittrige Buchstaben, aber immer noch gerade Zeilen.

»Und weigerte man mir auch Sarg und Decke,
was liegt mir dran?
Flaum oder Stein ist eins, an welchem Flecke
geht mich nichts an.«

Laß es genug sein oder Michelangelos Gebet

Oh Herr, bitter ist das Brot des Alters und hart. Wie erschien ich mir früher reich – wie arm bin ich nun, einsam und hilflos. Wozu tauge ich noch auf Erden? Schmerzen plagen mich Tag und Nacht, träge rinnen die Stunden meiner schlaflosen Nächte dahin; ich bin nur noch ein Schatten dessen, der ich einmal war. Ich falle den anderen zur Last.

Herr, laß genug sein. Wann wird die Nacht enden und der lichte Tag aufgehen? Hilf mir, geduldig zu sein. Zeig mir dein Antlitz, je mehr mir alles andere entschwindet. Laß mich den Atem der Ewigkeit verspüren, nun, da mir aufhört die Zeit. Auf dich, Herr, habe ich gehofft; laß mich nicht zugrunde gehen in Ewigkeit.

Michelangelo Buonarroti, Gebet

Die Angst im Alter: verworfen zu werden, sich verwerfen zu müssen. Einsam zu sein. In der Einsamkeit das Leben, das man gelebt hat, noch einmal zu betrachten und sich fragen zu müssen: Wozu? Und die Angst davor, keine Antwort auf diese Frage zu finden. Für den Christen, für jeden Gläubigen heißt es immer, er habe es leichter. Er sei behütet im Gehäuse seiner Zuversicht auf Vergebung der Sünden, Auferstehung und das ewige Leben.

Ich finde, ein Christ hat es schwerer. Denn wenn ich an nichts glaube als daran, daß mir das Blut durch Herz und Adern fließt, so daß ich atmen und sehen und die Welt wahrnehmen kann, und daß dieser Kreislauf eines Tages endet, mein Körper dem größeren Kreislauf der irdischen Verwandlungen anheimfällt, so weiß ich, was auf mich wartet. Das Ende ist ein Ende, sauber und klar.

Wenn ich aber an etwas glaube, das niemals endet, an Gottes Macht und Herrlichkeit in Ewigkeit, so weiß ich überhaupt nicht, was auf mich wartet. Ich habe keine Ahnung, ob es dieses wunderbare Werk aus Engeln und Heiligen und Seligen im Glanz der ewigen Dreifaltigkeit überhaupt gibt, ob ich nicht einer Illusion gefolgt bin, die um so göttlicher gemalt und beschrieben wurde, je höllischer das irdische Leben war. Ich habe keine Ahnung, ob ich mein ganzes Leben lang für nichts und wieder nichts Geboten gefolgt bin, die weder mir noch der Welt sonderlich genutzt haben.

Das ist die Angst dessen, der, wie man sagt, glaubt. Die Angst, das Himmelreich zu verlieren.

Dagegen steht nichts als die Hoffnung, und sie fällt den Menschen im Lauf der Jahre immer schwerer. Ist das vielleicht auch eine Alterserscheinung? Eine Folge der vielen Schrecken und Schmerzen?

Aber dagegen steht merkwürdigerweise etwas ganz und gar Irdisches: die Ruhe, die uns in die Seele zieht, wenn wir an Michelangelos Pietà denken, wenn wir Musik hören, wenn wir bestimmte Bilder sehen. Oder wenn wir von dem umgeben sind, was uns vom Paradies geblieben ist.

Jeder Garten, heißt es ja, sei eine Erinnerung an diesen unsterblichen Garten Eden, der irgendwo auf uns wartet. Darum finde ich, daß man im Grünen altern sollte. Die alte Frau, die zwischen ihren Rosen lebt und jede kennt und liebt, sagt aus vollem Herzen: »Das Alter kann wunderbar sein.«

Und man muß auch nur eine Rose und einen Baum betrachten: Da steht einer, breit im Schmuck der vollen Zweige. In der Jugend hat er die Wurzeln voll Fleiß tief in die Erde gesenkt, um Unrat und Steine herum, hat das Wasser erreicht, das niemals versiegte und ihm in allen Jahreszeiten Lebenskraft schenkte. Blüte, Laub und Frucht, immer wieder, und andere Pflanzen zu seinen Füßen, Vögel und Getier in seinen Ästen. Selbst im Alter ein Bild der Kraft und der Harmonie. So erträgt er Sonne, Regen und Schnee und fürchtet weder Blitz noch Axt.

Den Menschen, der in ein glückliches Alter wächst, so zu beschreiben ist schwerer, weil wir zwei Füße haben und ständig den Ort wechseln. Und weil wir einen Kopf mit einem Hirn besitzen, das uns immer wieder dazu verlockt, gegen alle Vernunft und Erfahrung das zu tun, was diesem Kopf klüger erscheint.

Trotzdem verlieren wir unser Leben lang nicht den Hang zur Harmonie, und ihr Urbild sind die großen Bäume, von Nymphen bewohnt, die ganze Welt im Astwerk, von Drachen bewacht, mit den Äpfeln des Glücks und der ewigen Jugend gesegnet und verflucht wegen der Schlange, die dem Paradies ein Ende setzte.

Mein Vater saß im Alter gern an einem Fenster des Hauses, in dem er als Kind gelebt hatte, und schaute auf die grünen Bäume draußen im Park. Er konnte nicht mehr gehen, und er schaute auf das verschieden grüne Laub, das ganz langsam in die Herbstfarben überging. Und wenn er kein Mensch gewesen wäre, so hätte er sich in einen alten Baum verwandelt.

Das Alter kann wunderbar sein, wenn sich die Jahreszeiten des Lebens in der Ordnung abgewechselt haben, wie wir sie als richtig oder harmonisch empfinden. Eine Kindheit ohne Qual und Krieg. Das Lernen ein Genuß. Der Beruf eine Tätigkeit, die man beherrscht und die einem nicht abverlangt, moralische Prinzipien zu verleugnen oder zu verraten. Eine Tätigkeit, die zu dem Erfolg führt, den die Seele braucht, und zu dem Gewinn, der ein angenehmes Leben gestaltet, in Freiheit und Frieden. Dazu Glück in der Liebe, Treue und Vertrauen bei Freunden, gesunde Kinder, die sich erfreulich entwickeln, keine große Krankheiten mit unabsehbaren Folgen – und dann die letzte Jahreszeit wie eine Ernte, in der der Reichtum des Lebens eingefahren wird. Herbstlicht und klare Wintertage, Zeit, die reifen Früchte zu genießen. Und wenn man das Ende spürt, versammelt man noch einmal alle um sich, küßt ein letztes Mal die Geliebten und sagt: So, nun ist die Stunde gekommen.

Alles das gibt es. Nichts ist erfunden. Jeder Satz ist mit einem Stück Leben belegt. Es ist freilich kein einzelnes Leben. Es sind viele, die gemeinsam dieses Bild ergeben, manche in großen Stücken, manche nur mit einer Scherbe. Und wenn man so ein Bild entwirft, in dem sich das Leben wie ein Traum entfaltet, so sieht man: In der Jugend und in der Reifezeit gibt es viele Ähnlichkeiten der Lebensläufe, auch viele Katastrophen und Unglücksphasen, die sich gleichen. Die größten und bittersten Unterschiede zeigt das Alter.

Es kann wahrhaft wunderbar sein. Keine Kinder mehr zu versorgen, kein Zwang zur täglichen Arbeit. Zeit für das, was man immer zu Ende führen wollte.

Ja, das Alter ist angenehm, wenn einem die Götter oder der eigene Fleiß genug Geld beschert haben. Das Alter ist angenehm, wenn man nicht darüber nachdenken mußt, ob man sich eine Taxe oder noch eine Reise zur Freundin in den Schwarzwald leisten kann. Und vor allem: wenn genug eigenes oder Familiengeld vorhanden ist, um dem oder der Alten eine angemessene Pflege zu gönnen, falls es notwendig werden sollte. Sonst gilt heute wie einst Michelangelos Klage. »Oh Herr, bitter ist das Brot des Alters ...«

Ich denke immer wieder an die Greisenmütter in Heimen, eine ist fast blind. Fällt ihr etwas aus der Hand, möchte sie ein Stückchen aus der Zeitung vorgelesen bekommen, findet sie ihr Taschentuch nicht, so läutet sie nach der Pflegeperson. Manchmal redet sie auch gern ein paar Sätze. Dann ist dadurch die durch die Pflegestufe definierte Betreuungszeit der Mutter meist schon mittags verbraucht. So muß sich die Tochter, auch schon alt, in die S-Bahn setzen und hinausfahren an den Stadtrand, wo das Heim in idyllischem Frieden zwischen Kuhweiden und Haferfeldern liegt, um der Mutter den Tee einzuflößen, ihr das Abendbrot zu füttern und sie für die Nacht zu waschen und zu betten.

»Wie arm bin ich nun, einsam und hilflos...«, schrieb Michelangelo vor fünfhundert Jahren.

Da ist ein alter Mann, der seine krebskranke, nicht mehr ansprechbare Frau seit zwei Jahren füttern, salben und windeln muß.

Das Krankenhaus? Sie sei ja in einem stabilen Zustand und könne mit gutem Gewissen in die häusliche Pflege entlassen werden.

Die Pflegeversicherung? Dreimal am Tag eine Stunde, aber das Ehepaar wohnt in einem Nest auf dem Lande, die Pflegerin braucht mit dem Auto zwanzig Minuten hin, zwanzig Minuten zurück, bleiben zwanzig Minuten. »Weißt du, darauf kann ich dann auch verzichten! Das Schlimmste: daß ich ganz allein bin. Nie aus dem Hause kann. Und daß ich vor ihrem Bett sitze und denke: Kannst du nicht endlich sterben? – Ich glaube manchmal, ich werde verrückt.«

Gottvertrauen? »Ich weiß nicht, ob ich noch an Gott glaube. Unser Pfarrer ist nur zu Mutters neunzigstem Geburtstag gekommen. Fromme Sprüche, das war alles.«

»Auf dich, Herr, habe ich gehofft, laß mich nicht zugrunde gehen in Ewigkeit«, betete Michelangelo.

Ich bin oft den Stationen des Kreuzwegs gefolgt, diesen vierzehn Szenen des Leidensweges Christi am Karfreitag. Manchmal werden sie auf kleinen Tafeln dargestellt, als Gemälde oder Schnitzereien oder Mosaiken an den Wänden des Längsschiffs der Kirche angebracht. Manchmal folgen sie in vierzehn kleinen Gehäusen einem gebirgigen Weg zu einer Kapelle. Sie mahnen zur Andacht, aber wenn man jung ist, so bedeutet das nicht viel mehr als all die anderen Zeichen, die uns dazu bringen sollen, nicht nur an uns zu denken.

Nun aber laufe ich die Bergwege nicht mehr behende hinauf. Ich merke, daß die Knöchel schmerzen und daß mir der Atem knapp wird. Ich gehe deshalb diesen Weg, den ich seit Jahren kenne, allmählich langsamer. Und eines Tages sah ich: Der Kreuzweg ist auch eine Geschichte des Alters. Jeder Mensch muß das Kreuz auf sich nehmen, und das ist die Last des irdischen Leibes. Der erste Sturz, das erste Mitleid. Der zweite Sturz. Die Erquickung des Schweißtuches. Die Erleichterung, das Kreuz für eine Weile von einem barmherzigen Freund abgenommen zu bekommen. Die Schwäche, die Angst, und alles in der Öffentlichkeit, keine Möglichkeit, den geschundenen Leib zu verbergen. Kalte neugierige Blicke, nur das Schluchzen der Mutter zu hören. Die Einsamkeit des Todes, nackt und gedemütigt am Kreuz, nur die Lenden mit einem Tuch umhüllt. Auf manchen Bildern ist der Gekreuzigte so bloß wie die auf dem Schragen einer Intensivstation.

Michelangelo hat das Leid, aber auch die Würde dieser Augenblicke immer wieder so dargestellt, daß sie unsere Inbilder geworden sind.

Wir stellen fest, und wir klagen, daß diese Würde verlorengegangen oder selten geworden ist. Wir lassen aber auch das nicht gelten, was zur Würde des Alters gehört:

die Weisheit, obgleich wir genau wissen und immer wieder vorgeführt bekommen, daß nur diese Weisheit den Verlust auszugleichen imstande ist, der uns Kopfmenschen im Alter so quält, die wachsende Unfähigkeit, intellektuelle Sachverhalte so rasch wie noch gestern zu verarbeiten. Das wird nicht dadurch geheilt, daß ich mich jünger mache, durch medizinische oder modische Tricks. Unserem Kreuz können wir nicht entkommen. Ergebenheit ist ein altmodisches Wort, aber wenn ich gelassen mit dem Alter umgehen möchte, auch mit meinem eigenen, so gehört die Ergebenheit in die angeborene Natur des Menschen dazu. Adam und Christus sind unsere Brüder.

Der letzte dunkle Punkt

An Emilie Fontane

Thale, 24. Juni 1881
Hotel »Zehnpfund«

Gegen ein Uhr traf ich gestern hier ein; im ganzen eine sehr angenehme Fahrt, mit mir nur ein schweigsamer Herr, der mich in Quedlinburg verließ. Ich stieg als einziger Gepäckreisender aus, und auf der bekannten zweirädrigen Karre thronten beim Ausladen bloß mein Koffer und meine Kiste, letztre mit halb ausgebrochenem Boden. Die Massenliteratur war über ihre Kräfte gegangen. Also feine Organisation.

Ich habe mein altes Zimmer wieder und mich in demselben wohnlich eingerichtet – selbst bei dieser siedenden Hitze ist es hübsch. Ich bin müde, habe eine halbe Stunde fest geschlafen, und dieser müde Zustand tut mir wohl. Im übrigen merk ich doch, daß ich in den vier Jahren älter geworden bin. Damals war ich krank zum Auslöschen; jetzt beherrscht mich das *eine* Gefühl: es verlohnt sich nicht mehr. Alles sieht mich, ich will nicht sagen, gleichgültig, aber in seiner absoluten Gleichwertigkeit an. Ein guter Bettler ist gerade so viel wert wie ein guter König: alles ist nur Rolle, die durchgespielt wird. Einen unsagbar traurigen Eindruck machen die Streber auf mich und nun gar *die*, die ruhig sterben, weil sie auf dem Totenbette noch die 3. oder 2. [Ordens-]Klasse empfingen. Wie klein, wie armselig.

An Emilie Fontane

Berlin, 12. Oktober 1888

Nur ein paar Worte. Wir sind überrascht, wenn auch selbstverständlich angenehm, daß Du schon am 16., unserm Hochzeitstage, zurück willst. Vergleicht man sich mit damals, so ist man doch – ich spreche nur von mir –, wenn auch an sich nie heldenmäßig, schon ein rechtes Wrack geworden. Es ist immer die alte Geschichte, »nun möcht ich wieder Fähnrich sein«! Wieder Fähnrich sein. Aber nicht noch mal anfangen. Nur ob ein gewisses Etabliert- und Beruhigtsein ohne Jugend und Hoffnung, oder Jugend und Hoffnung ohne Etabliert- und Beruhigtsein besser ist – die Frage drängt sich einem immer wieder auf. Wenn es nicht zu toll kommt, ist das Jugendleben doch vielleicht schöner. Vielleicht; vielleicht auch nicht. Man schwankt auch darin wie in allem, und nur das bleibt: das Ganze ist eine sonderbare Geschichte...

An Emilie Fontane

Wyk auf Föhr, 21. August 1891

So recht was zu schreiben habe ich eigentlich nicht. Die Tage vergehen im Gleichmaß; erst kurz vor 9 Uhr auf, von 12–2 Uhr gearbeitet, bis 3½ zu Tisch, dann bis 5 Uhr in meiner Wohnung Zeitung gelesen, dann eine Plauderstunde beim Kaffee und dann wieder nach Hause, um bei Tee und Schinken den Tag zu beschließen. Ist das Wetter gut, so fällt in die Zeit von 5–8 Uhr auch ein längerer Spaziergang entweder am Strand hin oder nach dem reizenden Dorfe Boldixum; stürmt und regnet es aber, so fallen diese Spaziergänge natürlich aus. Heute war nun Sturm und Regen, aber, das Meer vor mir, kam ich kaum zu einem rechten Unmut und wurde an unsere Berchtesgadener Tage erinnert, wo wir von dem reizenden großen Balkon aus bei nicht aufhörendem Regen in das schöne Gebirgstal hineinsahen. Wie vieles ist seitdem anders geworden; das war sechs Wochen vor unserer silbernen Hochzeit, jetzt fehlen nur noch neun Jahre an der goldenen. Damals ältlichte man, jetzt ist man alt, aber ich bin nicht wie Bogumil Goltz, der vor Wut über sein Alter auf den Tisch schlug. Resignieren können ist ein Glück und beinahe eine Tugend...

An Emilie Fontane

Wyk auf Föhr, 23. August 1891

...Alles Arbeiten habe ich einstellen müssen, und glücklicherweise habe ich auch nichts zu lesen – damit verdirbt man sich immer bei Schnupfenzuständen. Ich beschäftige mich damit, mein Leben zu überblicken, allerdings in etwas kindischer oder doch mindestens in nicht sehr erhabener Weise. Bei den ernsten Dingen verweile ich fast gar nicht; ich sehe sie kaum und lasse Spielereien, Einbildungen und allerhand Fraglichkeiten an mir vorüberziehn. Das Endresultat ist immer eine Art dankbares Staunen darüber, daß man von so schwachen wirtschaftlichen Fundamenten aus überhaupt hat leben, vier Kinder großziehen, in der Welt umherkutschieren und stellenweise (z. B. in England) eine kleine Rolle hat spielen können. Alles auf nichts andres hin als auf die Fähigkeit, ein mittleres lyrisches Gedicht und eine etwas bessere Ballade schreiben zu können. Es ist alles leidlich geglückt, und man hat ein mehr als nach einer Seite hin bevorzugtes und, namentlich im kleinen, künstlerisch abgerundetes Leben geführt. Aber, zurückblickend, komme ich mir doch vor wie der »Reiter über den Bodensee« in dem gleichnamigen Schwabschen Gedicht, und ein leises Grauen packt einen noch nachträglich.

An Emilie Fontane

Berlin, 18. September 1898

...Wenn ich beim Tee sitze, geht es, und wenn ich meine gute Frau Sternheim sehe, geht es noch besser; aber sowie ich aus der Ruhe heraus und in irgendwelche Aktion hinein soll, ist es mit der ganzen Herrlichkeit vorbei. Ich erschrecke vor allem, und selbst, wo sogenannte Vergnüglichkeiten in Sicht stehn, ist mein Trost: »Um neun Uhr ist alles aus.« Nicht im Sinn einer Todessehnsucht, sondern nur in dem tiefen Verlangen nach Ruhe. Freilich spukt das andere darin vor, was auch wohl recht gut ist. Ein so glückliches und so bevorzugtes Leben und doch: »Was soll der Unsinn?« Dies kann man beinah wörtlich nehmen; in der Politik gewiß und in Religion und Moral ist alles Phrase. Früher statuierte ich Ausnahmen; jetzt kaum noch...

An Emilie Fontane

Berlin, 20. September 1898

Meine liebe Frau.
Dies sind nun also die letzten Zeilen, übermorgen mittag dürfen wir Dich erwarten. Es freut mich, daß Du dies Zusammensein mit Deiner alten Freundin noch haben konntest.

[...]

Mit Metes und meinem Befinden ist es »soso«: man arbeitet am Trapez immer weiter und leistet dasselbe wie andre, aber es fehlt – einzelne Momente abgerechnet, wo einen ein Witz oder eine Skandalgeschichte erheitert – die rechte Freudigkeit, weil die Kräfte nicht ausreichen. Das prädominierende Gefühl bleibt doch immer: »Lägst du nur erst wieder im Bett.« Bei mir ist dies Gefühl so stark, daß selbst meine berühmte Artigkeit zusammenbricht und ich mir sage: »Wird dir das und das übelgenommen, nun, so auch gut!« Es ist vielleicht eine kleine Tugend, von dem Urteil der Menschen abhängig zu sein, aber bequemer haben es die Rüpel, denen all so was ganz gleichgültig ist.

Gestern mittag ging ich eine Stunde spazieren und traf P.; er erzählte mir vom Tode seiner Frau und welchen »goldenen Humor« sie gehabt habe; er sei ganz gebrochen, alles habe jedes Interesse für ihn verloren, auch sein Geschäft, und dabei weinte er beständig. Er sei, um sich rauszureißen, in England gewesen und habe mit zwei englischen Nichten seiner Frau eine Reise nach Schottland gemacht. Die jüngere sei heiter und ausgelassen und habe den »goldenen Humor« seiner Frau; die ältere, die jetzt bei ihm sei, sei aber ernster. Ich glaube, er war ganz aufrichtig in seiner Trauer, und doch habe ich nie so stark den Eindruck gehabt: »Dieser Trauernde wartet das Trauerjahr nicht ab«; eine der beiden Nichten muß es werden. Wohl die mit dem »goldenen Humor« seiner Frau. So geht es. Und die Witwen sind noch flinker als die Witwer! –

Empfiehl mich allerseits aufs herzlichste, besonders Tante Johanna. Wie immer Dein

Alter.

Theodor Fontane, Von Dreißig bis Achtzig

Wie leise ist der Ton der Trauer. Im Nebel der Gleichgültigkeit werden auch die Gedanken blaß und die Gefühle matt. Immer wieder, im Lauf von über zwanzig Jahren das Gefühl: »Es verlohnt sich nicht mehr.«

In diesen zwei Jahrzehnten schrieb Theodor Fontane seine großen Romane, aber er erntete nur Geringschätzung, oft und gerade von denen, die ohne ihn längst vergessen wären.

War sein Werk also noch nicht getan? Müßte er noch einmal alle Kräfte wecken? In seinen Briefen brach die Bitterkeit manchmal aus ihm heraus, verfluchte die Blinden, die weder die kunstvolle Form seiner Romane noch die Moral der Geschichten begriffen. Ein Mann, ein alter Mann im Kampf mit seinem Publikum.

Aber wann hört man auf? Ein Schriftsteller ist kein Angestellter und kein Beamter mit einem gesetzlich geregelten Lebensabend. Ein Schriftsteller schreibt, und es ist gleichgültig, wie alt er ist. Wenn sein Kopf in Ordnung ist, schreibt er, bis ihm die Feder aus der Hand fällt.

Wann also ist das Werk eines Menschen getan? Nie. Wann ist es so vollendet, wie ich es wollte? Nie. Das weiß man, und dennoch will jeder Anerkennung für das, was er bisher geleistet hat, sei er Gärtner oder Dichter, Koch oder Kanalarbeiter. Er will, daß »die Spur von so viel Erdentagen« nicht verweht. Er will, daß die Welt erkennt, warum gerade dieses Werk für sie so wichtig ist.

Doch wer alt wird, der sieht, wie selten das Richtige gewürdigt wird, und das macht müde. Goethe läßt Faust erblinden. So kann er nicht mehr verfolgen, was die Lemuren aus seinem großen Lebensplan machten.

Und: Hat das etwas mit dem Alter zu tun? Oder umgekehrt: Liegt es am Alter, daß die Frage nach dem Werk bleibt? Und daß sie so dringend wird, weil die Zeit nun bemessen ist? Weil sich die nächste Frage anschließt, die das ganze Leben betrifft: Hat sich meine Mühe gelohnt?

Die Verzichte, die Demütigungen? Wer fragt sich das nicht, erst recht, wenn er sich eingestehen muß, daß er nicht mehr gefragt ist, daß es ihm gleichgültig wird, was in der Zeitung steht, auch über ihn. Daß er die Redensarten der Jüngeren nicht mehr in seinen Wortschatz aufnimmt, sondern sie mit leiser Irritation fast als persönliche Beleidigung auffaßt.

Der eine beginnt sich zu fragen, was wohl die Erben mit seinem Nachlaß anfangen werden. Gleich auf den Müll? Eine alte Frau klebte hinter jedes Gemälde, das bei ihr an der Wand hing, ein kleines Etikett mit dem Namen dessen, dem sie es zugedacht hatte, und andere Gegenstände wurden mit Anhängern und eingelegten Kärtchen bezeichnet. Eine sagte: »Warme Hand gibt besser!« und verschenkte alles bis auf ein lebensnotwendiges Minimum. Da bleibt eine seltsame Spur von Gegenständen, die mehr Erinnerung lebendig halten als ein Grabstein. »Sieh mal«, sagt dann eine Großnichte ihren Kindern, »das ist der Holzlöffel, den euer Ururgroßvater selbst geschnitzt hat.«

»Warum?« fragen die Kinder. »In einem Krieg. Er war verwundet und gefangen. Er mußte einen Löffel für seine Suppe haben.«

»Wann war das denn?« fragen die Kinder. Ja, wann? So gerät man in eine Vergangenheit, die zur Geschichte des Landes gehört, und ein Löffel schlägt eine Brücke über fünf Generationen.

Was bleibt? Auf jeden Fall die Spur der Liebe und die des Hasses. Manche können das Intrigieren nicht lassen und verteilen das bißchen Hab und Gut, das ihnen geblieben ist mit einer Heimtücke, an der sie jahrelang gearbeitet haben. Die wollte den Schreibtisch, und ich habe ihn ihr versprochen, aber sie kriegt ihn gerade nicht, sondern der Bruder, und dann sieht sie den Schreibtisch täglich bei ihrem Bruder und ärgert sich ... und so ähnlich in allen Variationen.

Aber das sind Nebensachen. So etwas liegt denen, die ihre letzte Lebensstrecke erreichen, nicht so auf der Seele wie das Werk, das Lebenswerk. Da hat jemand seit Jahrzehnten geschuftet, ist jeden Morgen um fünf Uhr raus, auf den Markt oder auf die Straße gegangen, hat den Kasten mit den Milchflaschen in den Laden geschleppt und sich mit Kunden und Lieferanten herumgeärgert, aber Glück gehabt, Fleiß und Kulanz haben sich ausgezahlt, der Laden läuft, aber der Sohn mäkelt. »Denk ich doch nicht dran, das zu übernehmen! Hab doch gesehen, wie Mutter und du euch abgerackert habt. Und wofür?« Daß er davon lebt und studiert und nach Thailand zum Tauchen fliegt, ist ein anderes Thema. Das Schreckliche ist, daß er das Erbe verwirft, das Leben seiner Eltern zum Schrott wirft. Sinnlos geworden, das Schild über dem Laden verschwindet, als ob es nie da gehangen hätte.

Das, scheint mir, unterscheidet uns am schmerzlichsten vom Tier. Das Empfinden für die Nichtigkeit des Daseins und der Person. Wer bin ich schon, wenn ich zu den Sternen emporblicke? Unzählige Gedichte, in denen die Verzweiflung sich in tausend Bildern dessen sieht, was uns umgibt und wie wir vergehen. Helden vollbrachten Taten, um nicht vergessen zu werden. Irre zündeten Tempel an, damit ihr Name auf ewig zumindest einen Schauder auslöst. Könige ließen sich Schlösser und Denkmäler bauen, Bischöfe Stifte und Kathedralen, und Wilhelm Busch reimte voll Spott: »Der Ruhm, die alte Schwindelware / hält selten über tausend Jahre«.

Wird er selber diese Grenze erreichen? Hätte es ihn als Künstler tiefer getroffen, wenn er hätte vorhersehen können, daß sein Werk über kurz oder lang vergessen sein würde, nur noch ein paar Zeilen in einem Fachlexikon wert?

Der alternde Künstler. Wenn ihn seine Zeitgenossen gut fänden, könnte er es sich behaglich machen. Er brauchte nicht mehr nach Aufträgen zu rennen, er wird gebeten. Die Verleger, die Zeitungen wissen, was sie an ihm haben. Er muß nicht mehr im Abendanzug zu allen möglichen Gesellschaften und Vorträgen gehen, um zu sehen und gesehen zu werden, er braucht – heutzutage – nicht mehr zur Buchmesse zu reisen und sich in die Boxen seiner Verlage zu stellen, hin und wieder ein Buch signieren und mit Bitterkeit verfolgen, daß da drüben in der Nachbarbox bei dieser jungen Heuschrecke von Autorin sich die Journalisten drängen und zum Signieren ihrer Bücher Schlange stehen. Nein, dem braucht er sich nicht mehr auszusetzen. Er kann in Strickjacke und auch vielleicht in Pampuschen schlüpfen, kann in Ruhe die Bücher wirklich kluger und längst gestorbener Kollegen lesen, die er immer schon hat lesen wollen, kann morgens lange schlafen oder abends so spät zu Bett gehen, wie es ihm paßt, kann prassen oder nichts als Haferschleim essen, und wenn einer über diese Altersmarotte eines großen Autors spottet, muß er nur nachsichtig lächeln und sich denken: Werde du erst einmal alt!

Viele schaffen das. Werden wie Jünger ein zu Aggressionen reizendes Mahnmal ihrer vertuschenden Taten. Oder residieren wie Hauptmann in der Pracht ihrer eigenen Musealität. Oder kaufen sich wie die englischen Lieblinge ihrer Leser das Schloß oder das Herrenhaus ihrer Vorfahren zurück und leben ihre letzten Tage dort wie diese einst.

Aber man soll sich nicht täuschen lassen. Vielleicht nagt der Zweifel auch – oder erst recht – an den Schloßbesitzern. Unser Werk wird immer Bruchstück bleiben, ob wir uns dagegen sträuben oder ob wir uns ergeben. Keiner hat das besser als Fontane empfunden:

Immer enger, leise, leise,
Ziehen sich die Lebenskreise,
Schwindet hin, was prahlt und prunkt,

Schwindet Hoffen, Hassen, Lieben,
Und ist nichts in Sicht geblieben
Als der letzte dunkle Punkt.

Der undankbare Sohn

Es saß einmal ein Mann mit seiner Frau vor der Haustür, und sie hatten ein gebraten Huhn vor sich stehen und wollten das zusammen verzehren. Da sah der Mann, wie sein alter Vater daherkam, geschwind nahm er das Huhn und versteckte es, weil er ihm nichts davon gönnte. Der Alte kam, tat einen Trunk und ging fort. Nun wollte der Sohn das gebratene Huhn wieder auf den Tisch tragen, aber als er danach griff, war es eine große Kröte geworden, die sprang ihm ins Angesicht und saß da, und ging nicht wieder weg; und wenn sie jemand wegtun wollte, sah sie ihn giftig an, als wollte sie ihm ins Angesicht springen, so daß keiner sie anzurühren getraute. Und die Kröte mußte der undankbare Sohn alle Tage füttern, sonst fraß sie ihm aus seinem Angesicht; und also ging er ohne Ruhe in der Welt hin und her.

Brüder Grimm, Der undankbare Sohn

Die deutsche Umgangssprache bezeichnet das Geld als Kröten.

Aber wer dieses Märchen liest, braucht die Nachhilfe der Straßensprache kaum. Die Kröte ist der Mammon, der Dämon und Teufelsknecht, der unmäßige Reichtum, von

Geiz und Gier gemästet, und damals, in Mammons vorbiblischen Zeiten, war diese Kröte im Gesicht, im Kopf so gefährlich wie heute.

Dabei ist die Geste, mit der alles beginnt, so flink und so wohlvertraut, fast burlesk. Einer gönnt dem anderen nichts, und schwupp wird nicht nur das leckere Hähnchen unter die Bank geschoben, sondern sagt zum Beispiel ein erwachsenes Kind seiner alten Witwenmutter gar nicht, wohin es verreist. »Ich kann diesen vorwurfsvollen Blick nicht ertragen. Dies: ja ja, wenn es dir nur gutgeht! – Hab ich nicht ein Recht auf meinen Urlaub?«

Immer wieder eine Meldung, daß die Mutter oder der Vater eines weltberühmten Stars, der drei Rolls-Royce und goldene Hundehütten besitzt, in Armut lebt. Immer wieder die Geschichte erfolgreicher Männer, die im Auto ihres Hausmeisters zu den Eltern fahren oder sich zwei gleiche Anzüge nähen lassen, damit die Mutter nicht sieht, daß der Sohn schon wieder einen neuen Anzug trägt. Oder – auf andere Art: Immer wieder die Tatsache, daß Manager ihre alten Eltern in teure Heime einquartieren, auch wenn sie Platz genug im eigenen Hause für sie hätten und sich für das, was die Unterbringung im Nobelaltersheim kostet, auch noch eine Pflegerin dazu besorgen könnten.

Das Krötenmärchen ist ein Mahnmärchen, sicher von einer alten Frau oder einem alten Mann erzählt, vielleicht nur den Enkelkindern oder anderen jungen Leuten auf dem Hof. Denn wenn die Autorität der Alten erlosch, wenn die Liebe und die letzte Ernte nur gering waren, mußten in der Zeit, aus der die Märchen stammen, die Voreltern schon fürchten, daß man sie vergaß oder ihnen als letzten etwas zu essen bot, und das waren die Reste, die noch im Topf geblieben waren.

Was war zuerst da? Die Hartherzigkeit der Jungen, die sagten: »Sie brauchen nichts mehr! Sie haben ihr Leben gelebt, nun sind wir an der Reihe!« Oder der Geiz der Alten, der oft so sonderbare Formen annimmt: Plötzlich schlingt eine alte Frau beim Essen mit großer Hast und fragt, während die anderen gerade erst angefangen haben: »Ach bitte, kann ich noch etwas haben?« Oder es öffnet jemand den Küchenschrank, und eine Lawine aus knochentrockenen Brötchen stürzt ihm entgegen.

»Laß, laß!« ruft die alte Mutter, »tu sie alle wieder hinein!« Aber warum denn, du kannst dir doch jeden Tag frische kaufen? »Wer weiß wie lang – es kommen sicher einmal schlechte Zeiten für mich!«

Freunde von mir wohnen auf dem Land, auf dem richtigen Bauernland. Er radelt morgens gern durchs Dorf, schaut bei diesem oder jenem hinein, holt sich die Post und die Zeitungen und fährt wieder gemächlich heim. Als er eines Tages bei einem Nachbarn in die Stube trat, nahm er nur noch den Rest einer Bewegung wahr und sah den Mann mit hochrotem Kopf hinter dem Sofa auftauchen.

Die Frau stand am Fenster und schüttelte sich vor Lachen. »Ich hab dir doch gleich gesagt«, keuchte sie, »es ist nicht dein Vater!«

Der Mann starrte meinen Freund an und wiederholte: »Nein, es ist nicht mein Vater. Na, dann kann ich die Eier ja wieder rausholen!«

Ein Korb mit Eiern, frisch aus den Nestern genommen, »und der Alte kommt immer so vorbei, daß er sieht, wieviel es sind, und jammert mir dann die Ohren voll, daß ich ihm keine gönne, und es waren doch seine Hühner, und dann geht er los und beklagt sich bei jedem, der ihm über den Weg läuft, daß ich ihn verhungern lasse. Das reicht mir nun allmählich!«

Wird der Vater wirklich gut versorgt? Oder ist der Sohn im Unrecht? Alles stimmt, und das ist das Schlimme. Es gibt Junge, die den Eltern Haus und Hof unter dem Hintern wegziehen – der Steuern wegen, versteht sich! – und hoch und heilig schwören, daß die Eltern weiter die Verfügungsgewalt über das Vermögen haben. Aber wenn verfügt werden soll, haben tausend Tricks dafür gesorgt, daß nichts mehr geht. Und die Alten müssen noch froh sein, wenn die Jungen nicht die jammernden Kinder spielen, denen das Herz bricht, weil der alte Vater den Verstand verloren hat und glaubt, ihm gehöre immer noch alles.

Und es gibt Alte, die sich aus Angst vor der eigenen Brut einem Gauner an den Hals werfen und sich von ihm so ausplündern lassen, wie es ein Nichtprofi gar nicht zustande brächte, und alles natürlich legal und verbrieft und besiegelt.

Es gibt, wenn auch nur eine Tasse zu vererben ist, manchmal den Kampf, der schon früh einsetzen und den Älteren das Alter im vorhinein vergällen kann. »Ich will doch nur meinen Frieden haben!« ist dann einer der Schlüsselsätze, die der Gegenpartei eine Schwachstelle für immer und ewig verraten.

Es gibt genauso den Fall, in dem der Mensch, wenn sein Alter naht, die Fäden, die ihn ans Leben binden, leise zu lösen beginnt. »Ich reiche weiter. Ich habe es eine Zeitlang besessen und benutzt, nun brauche ich es nicht mehr. Nimm du es, aber halte es in Ehren. Ich hab's noch von meinem Vater!« Es gibt kaum etwas Besseres, als sich im Lauf des Alters vom Geröll und von der Last des Lebens zu erleichtern. Sich so leicht zu machen, unbeschwert von Sachen und von Sitten so zu leben, daß man jeden Tag aufbrechen könnte.

Aber dazu gehört das andere, die Dankbarkeit der Kinder, die das Erbe übernehmen.

Dankbarkeit ist heute ein fast überflüssiges Wort. Die Alten leben schlecht und recht von ihren Renten und Ruhegeldern. Der Staat hat die Rolle des Hühneressers übernommen, und wer hätte schon einen Minister oder Kanzler gesehen, der »ohne Ruhe in der Welt hin und her« ginge, aus Reue und Sorge wegen der Alten?

Dabei könnte es gut möglich werden, daß ihm die Alten eine Kröte ins Gesicht werfen, wenn er sich zu viele Hähnchen für sich und seine Kollegen reserviert, klammheimlich, aber rechtlich schön abgesichert.

So hat sich das alles verschoben, so ist das Märchen auch heute noch wahr. Die Macht seiner Gattung ist aber so groß, daß der Leser nicht an den Staat und des Staates Diener denkt, sondern an die Familie, so wie sie zu Zeiten der Brüder Grimm wohl noch war und wie wir sie uns vorstellen, wenn die Soziologen auch immer versuchen, die Vorstellung als Einbildung zu entlarven.

Wir haben ein eingeborenes Ideal. Vater und Mutter, die ältere Generation, die Geschwister: Familie als Dichtung und Wahrheit. Nicht erst seit Ibsen und O'Neill, seit den Geschichten aus dem Alten Testament wissen wir, was von dieser menschlichen Kleinstgemeinschaft zu halten ist. Aber so wie uns der Schrecken der Welt nicht von der Hoffnung abbringt, so bringen uns die Familientragödien nicht dazu, die Familie zu verwerfen.

Gerade weil dem Menschen das Zusammenleben so schwerfällt, braucht er einen Entwurf, nach dem er sein eigenes, vielleicht jämmerliches Lebensgebäude errichten kann. Braucht die Hoffnung auf Menschen, die unter allen Umständen zu ihm halten, ihn nicht im Stich lassen. So wie ein Vater oder eine Mutter das Kind nicht im Stich läßt – so wie ein Kind seine Eltern nicht im Stich läßt?

»Eine Mutter kann zehn Kinder versorgen«, sagt das Sprichwort, »aber zehn Kinder keine Mutter.«

Darum mahnte das Märchen die Solidarität der Generationen an, damals, als der Hof von der Hand des Vaters in die des Sohnes überging.

Heute aber leben wir in Städten, und die Kinder gehen nach Kanada oder Köln. Wo bleiben nun die Alten?

Und dann die Sache mit der Kröte: Irgendwie müssen die Trickleute von »Alien« an Grimms Märchen geraten sein. In diesem Film springt auch etwas Glitschiges, Uraltes dem jungen Erdling ins Gesicht. Das ist ein Schrecken ohne Schuld, Zufallshorror. Doch das Bild besitzt die gleiche Wirkung. Man muß daran denken und darüber nachdenken. Im Zusammenhang mit der Kröte auf dem Gesicht über Geld und Kindespflicht und Kindesdank und über die Familie und über den Staat als Hühnerfresser.

Leben im Heim

Der Sturz

9. 1. 89

Stürzen, stürzen, wohin? In tiefes Dunkel. Du kommst am ersten Advent in dein Zimmer, schaltest die Lampen ein, nimmst die Brille ab, um in dem guten, alten Stuhl zu lesen, der schon in Breslau in deinem Schülerzimmer stand, siehst ein Stück Papier am Boden, willst es aufheben, es entgleitet deinen Händen, du bückst dich noch einmal, dann ist alles finster. Ein Sturz, der, wie ich inzwischen weiß, hier im Haus bei uns alten Leuten immer wieder vorkommt. Meist ein Schlaganfall, manchmal weniger Ernstes. Ich habe ihn nun hinter mir, gehöre zu den schon einmal »Gestürzten«, und bin eigentlich jetzt erst richtig aufgenommen in die Gemeinschaft der Alten, für die ich ja immer viel zu jung war, viel zu schnell ging und ohne Stock. Nun gehe ich langsam, immer noch ein wenig taumelig.

Das Besondere an solchen Unfällen ist ja, daß sie in einer Sekunde das Leben verändern. Damals, als 1958 ein betrunkener amerikanischer Offizier frontal meinen Volkswagen rammte, damals, als ein paar Monate nach dem Flug nach Aden sich die Netzhaut des linken Auges löste, und nun wieder. Diesmal mit viel Blut, überall Blut, auf dem Hemd, an der Tür. Wie in einem »Tatort«-Film, wenn die Erschlagenen entdeckt werden. Der Anblick des Gestürzten muß schlimm gewesen sein. Zuerst für meine Frau, die ich, zum Telefon kriechend auf allen vieren, herbeirief, und dann für Pfleger und Schwester.

Der Notdienst in Bremen funktioniert. Nach zwanzig Minuten haben sie mich schon auf eine Bahre geschnallt. Es ist merkwürdig, liegend über die vertraute Straße zu fahren, Asphalt, Kopfsteinpflaster, dann wieder Asphalt, aber ohne jeden Blick nach draußen. An der Notaufnahme fragt der Pförtner: »Herr Pastor, wie sehen Sie denn aus?« Ja, wie sehe ich aus, auf die Nase gefallen, wirklich auf die Nase? Dann der kleine Operationsraum der HNO-Station. Sogar der Professor war da, weil er zu einem anderen Verletzten gerufen worden war, ein fröhlicher Mann, der einmal kräftig zudrückte, daß es vernehmlich knirschte und noch mehr blutete: »Das können Sie vergessen, das wächst von selbst wieder zusammen. Aber das andere.« Das andere war ein linker Arm, der nicht mehr funktionierte, und der Kopf, der Kopf. Eben schwindelig. Der Professor empfiehlt sich. Eine junge Ärztin übernimmt die schmerzhafte Prozedur der Tamponade. Verklebt die Nase bis zu den Augen hinauf. Ich sehe später im Spiegel den Chef des Roncalli-Zirkus als Clown. Dann endloses Röntgen bei völlig uninteressierten jungen Ärzten. Sonntagsdienst. Als ich endlich nach drei Stunden in meinem Bett liege, die geliebte Frau gegangen ist, die Nachtschwester mich verlassen hat, denke ich an das kleine Stück Papier, das ich aufheben wollte. Ich denke an den 121. Psalm: »Er wird deinen Fuß nicht gleiten lassen.« Nun, mein lieber Herr, nun ist er geglitten. Aber darüber nachzudenken, wie anspruchsvoll es ist, den Schöpfer Himmels und der Erden für unsere selbstverschuldeten Stürze in Anspruch zu nehmen, bin ich viel zu müde und erschöpft.

Ich schlafe nicht. Ich sehe mich in dem unvertrauten Krankenzimmer um. Ich habe die Gardinen nicht schließen lassen. Ein Garten muß vor dem Fenster liegen, zu ebener Erde. Die Geräusche der nahen Hauptstraße sind fern. Es ist übrigens ein katholisches Krankenhaus, in das sie mich eingeliefert haben. Ich weiß, daß ich es gut haben werde. Nirgendwo ist man besser aufgehoben als Patient, als ein evangelischer Pastor, als bei diesen Glaubensschwestern, Franziskanerinnen. Auch wenn man vom heiligen Franziskus mehr hält als vom Papst. Die Schwestern, die Ärzte, die mich betreuen, sind freilich keineswegs katholisch, bis auf eine Ausnahme. Wie soll das auch anders sein in dieser protestantischen Stadt? Aber der Ton ist merklich anders als in den großen städtischen oder staatlichen Kliniken, im Umgang mit den Kranken und untereinander. Viel freundlicher, fröhlicher, menschlicher. Die erste Nacht will nicht enden. Es ist barmherzig, daß der neue Tag schon um sechs Uhr morgens beginnt. »Wie haben Sie geschlafen, Herr Pastor?« »Gar nicht, fast gar nicht.« Der erste Gang ins Badezimmer ist sehr schwierig, aber ich will mich nicht waschen lassen. Die Prozedur dauert fast eine Stunde, dann ist das Bett ein Hafen, kühl und köstlich.

Genug davon. Elf Tage im Krankenhaus sind nichts Besonderes. Aber von der Rückkehr ist zu berichten: wie ich nun neu aufgenommen wurde in das Haus der Alten, nicht nur mit freundlichen Begrüßungen, sondern mit einer Art verständnisvoller Begutachtung und Nachfrage: Wann der Schwindel komme, ob ich nicht doch besser den Stock benützen wolle, und vor allem: keinesfalls solle ich mich noch einmal bücken. Ich gehöre also, anders als vor dem

Sturz, zu dieser Gemeinschaft, in der keine Art von Behinderung als verdächtig gilt.

Umgekehrt ist ein gewisser Hochmut verflogen, der mich früher ungeduldig werden ließ, wenn es bei anderen so langsam voranging – beim Einsteigen in den Fahrstuhl, beim Einkaufen vor dem Kiosk, im Speisesaal. Ja, es geht langsamer, und es geht auf eine seltsame Weise verschwommen zu. Außer am Schreibtisch und im Bett ist eigentlich nirgendwo ein fester Platz. Der erste Gang allein zum Zeitungshändler ein großes Abenteuer, das Warten in einer Schlange vor den Schaltern der Post und Bank eine Mühsal. Ich entdecke plötzlich, in welchen Geschäften Stühle zum Ausruhen stehen, und nehme sie gern in Anspruch. Ich habe sie früher nie wahrgenommen. Vor allem aber die Beobachtung der Behinderung bei anderen Bewohnern des Hauses ist nicht mehr, wie noch auf den ersten Seiten dieses Buches, distanziert und bestenfalls mitleidig. Ich sehe plötzlich mit großem Respekt, wie die anderen mit viel größeren Schwierigkeiten als ich mit ihrem Alltag umgehen. Die Frauen und Männer im Rollstuhl, jene, die an zwei Stöcken gehen müssen, die Leute, die nur noch sehr schwer hören und sehen können. Es ist die alte Erfahrung: Du mußt es selbst erlebt haben: im Gefängnis Gefangener gewesen sein und nicht nur Besucher, einfacher Soldat im Kriege und nicht Oberleutnant oder gar General, du mußt die Heimat selbst verloren haben.

Das Signal dieses Sturzes ist sehr hilfreich gewesen. Ich genieße jeden Tag als ein Geschenk. Daß ich Weihnachten feiern durfte zu Hause, daß die Freunde aus Berlin kamen wie jedes Jahr an Silvester, daß wir wieder zusammensaßen abends, im Amtsfischerhaus im Schnoor, einer gar nicht hochgestochenen Kneipe. Und daß ich Wein trinken darf und die Pfeife rauchen.

Als dann noch eine Enkelin kam, siebzehn Jahre und sehr schön und jung und lebendig, war dies zwar anstrengend, aber eben auch intensiver erlebt als noch vor einem Jahr. Freilich wuchs auch das Erstaunen, wie nah und zugleich weit weg ihre junge Welt war, wenn sie von ihren Freunden erzählte, in großer Offenheit. Die Probleme sind dieselben wie zu meiner Schülerzeit. Aber schon die Sprache hat sich völlig verändert, in der sie von ihren Erfahrungen berichtet. Sie ist viel nüchterner, viel weniger verklemmt, manchmal schockierend deutlich. In ihrem Portemonnaie bewahrt sie das Bild eines Rock-Stars, der Weltgeltung hat, und dessen Namen ich nicht einmal kenne. Und was wir in der Schule schlicht Arbeitsgemeinschaft nannten, heißt jetzt in Berlin »Profilkurs«. Als sie beim Abschied ins Taxi steigt, um zum Flughafen, nein, natürlich zum Airport, zu fahren, erscheint das Kind wie eine Dame von Welt. Im Frühling wird sie mit ihrer Klasse in Paris sein. Oh, wenn ich an meine Schulfahrten der 4. Klasse ins Glatzer Bergland denke! Aber die Ansprüche sind ganz selbstverständlich. Eine Schwester von ihr beschwert sich bei den Großeltern, daß sie ihr nicht längst, wie wohl bei ihren Freundinnen üblich, ein Auto geschenkt haben. Ein Bruder ist zu einem Flug in die Karibik eingeladen, um dort auf einer Jacht mit Freunden die Inseln zu besuchen. Ich habe ihm geschrieben, wenn er volljährig wäre, würde ich gerne ein paar Wochen in Nicaragua oder Bolivien bezahlen, damit er dort bei Aufbauarbeiten oder bei terres des hommes helfe.

Ein anderer Enkel, der älteste, freilich berichtet

von den aufmüpfigen Studenten in West-Berlin, deren einer Anführer er zu sein scheint. Es ist herzerfrischend und sehr vertraut. Anders als 1968, aber doch mit der gleichen Phantasie organisiert. Ich sehe heute mit Sorge in der Zeitung, daß nun wieder die Polizei am Werke ist. Ich dachte, der Lernprozeß wäre auf beiden Seiten fortgeschritten.

Was ist alles passiert in der Zwischenzeit: die Katastrophe in Remscheid, der Streit um die Tiefflüge, die Heuchelei um Biblis, um den Export von Atomfabriken, um das Giftgas. Der Tenno ist tot. Wir haben ein neues Jahr, die Japaner sogar das Jahr 1 einer neuen Zeitrechnung.

Heinrich Albertz, Am Ende des Weges

Das Leben im Heim – manchen bleibt nichts anderes übrig. Andere haben es gewählt. Manche können sich bestimmte Altersheime, Seniorenresidenzen oder wie die luxuriösen Spielarten genannt werden, nicht leisten. Kaum eins von ihnen käme ohne den Zivildienst aus, den in diesem Lande nur die Jungen zu leisten haben.

»Das ist nur gerecht«, hörte ich neulich, »denn den Mädchen fällt es ja später zu, die eigenen Alten zu versorgen.«

Auf jeden Fall lernt man viel über das Alter, wenn man diesen Dienst freiwillig auf sich nimmt, und es ist sicher: Diese Erfahrungen sind in unserer egoistischen Zeit auf fast keinem anderen Gebiet zu machen.

Auf einem Grundstück in unserer Nähe zwischen den längst überwucherten Trümmern einer stattlichen Villa wurden im Dezember immer die Tannenbäume verkauft. Marktstimmung einmal im Jahr. Alte Männer mit roten

Nasen, Schnaps und Kaffee aus Thermosflaschen, mittags die Frauen dazu, die warmes Essen brachten, drumherum die Damen der Umgebung, zum Christbaumkauf im Bergsteigerlook oder Après-Ski gekleidet. Sommers eine laute Wildnis, Schnittpunkt zweier Straßen. Fußballplatz, Versteckplatz.

Und dann Schilder und Bauzäune und Bagger. Die Wildnis wurde gerodet, ein Altersheim der kirchlichen Gemeinde entstand. Nach Vorschrift nicht zu hoch gebaut, die alten Buchen verdeckten auch noch die Fernsehantenne.

Die Kinder mieden den Platz, als alles fertig war. Das ist ein Hexenhaus, sagten sie. Wer so langsam wie ein Kind an dem Gebäudekomplex vorübergeht, sieht Fenster, sehr regelmäßig und zahlreich in einer glatten Fassade, Fenster noch ohne Vorhänge und hinter den Fenstern blasse Gesichter, alte Frauen, manchmal auch ein alter Mann. Sie schauen starr auf die Straße, auf der nichts geschieht, als daß jemand mit dem Hund vorbeikommt oder ein Kind.

Diese Kinder rannten wie gejagt vorbei. Die größeren lasen das Schild neben der Haustür: »Besuchszeit«, und die ist vormittags eine Stunde und nachmittags auch. »Das Haus wird geschlossen ...«, und das ist vor der Zubettgehzeit der Kinder.

Nein, sagten die Erwachsenen, das ist kein Hexenhaus.

»Was denn?« fragten die Kinder. »Ein Gefängnis?«

Jahre vergingen, aus der Baurodung war wieder eine gepflegte Gartenanlage geworden. Das Schild mit »Haus wird geschlossen ...« verschwand, eine Nachbarin zog ein, im Sommer gab's immer ein Fest mit Leierkastenmann und »Kein schöner Land in dieser Zeit«, gesungen von dünnen zittrigen Stimmen, wer weiß mit welchen Erinnerungen.

Ein Junge aus der Nachbarschaft trug nachmittags,

nach den Schularbeiten, für die Apotheke die Tüten mit den Medikamenten aus und sagte: »Das sind aber liebe Omis! Da kommt man ja gar nicht wieder weg!«

Wieder Jahre später, und der älteste Bruder, der den Zivildienst gewählt hat, sagte: »Ich habe mich drüben angemeldet.«

Er besaß ein stark ausgeprägtes soziales Empfinden, und er glaubte, mit Vernunft und Gerechtigkeit müsse es möglich sein, das Leben besser einzurichten, auch das Leben von alten Menschen in Heimen. Er kam mit anderen gut zurecht, war praktisch und konnte gut planen. Er hatte seine Urgroßmutter noch gekannt, wuchs mit Großeltern auf, war also an Art und Eigenheiten alter Menschen gewöhnt, doch seine Alten lebten nicht in Heimen, auch nicht am gleichen Ort wie er. Abgeschoben werden war also nichts als ein Begriff für ihn, der Tod bisher nichts als eine Nachricht.

An einem der ersten Tage seines Dienstes kam er mit grünem Gesicht heim, und erst später konnte er berichten: Im Altersheim hat jedes Haus Fahrstühle, aber die Kabinen sind ein paar Zentimeter zu kurz für Bahren. Stirbt jemand in einem der oberen Stockwerke, so wird der steife Leib, in Laken gehüllt, senkrecht transportiert.

Warum aber nicht auf einer Bahre, richtig die Treppe hinunter getragen?

»Ach, dazu braucht man zwei Mann, und wenn es schnell gehen soll, schickt einer den Zivi: Hol man den Abgang.«

Im Prinzip müßten die jungen Leute in die Arbeit eingewiesen werden, in einem 14-Tage-Kurs, aber das Heim ist nicht staatlich, es muß Profit bringen, der Zivi also auf der Stelle funktionieren.

Dieser Zivi war ein Springer, wurde überall eingesetzt, schälte Kartoffeln, wusch ab, schlug Nägel ein, arbeitete im Garten, klopfte Teppiche, nahm Gardinen ab.

»Puh«, sagte er, »Ostern und Weihnachten, das ist nichts als Großreinemachen! Da müssen alle Gardinen gewaschen werden, ob ich das gerade erst vor einer Woche gemacht habe oder nicht, das ist egal.«

Zu seinen Aufgaben gehörte es, die alten Männer ins Bad zu führen und in die Wanne zu stecken. Einer jammerte immer: »Nie bin ich in die Badewanne gegangen, und jetzt, wo ich alt bin und machen könnte, was ich will, da muß ich!«

Einer piesackte ihn jedesmal aufs neue: »Das Wasser ist ja eiskalt!« Also ließ der Junge etwas heißes Wasser dazulaufen. »Jetzt willst du mich wohl verbrühen!« Also wieder kaltes Wasser dazu. Wie oft? »Die alten Leute frieren so leicht, und er hat ja nur seinen Bademantel an. Mehr als zwei- oder dreimal hält er das Spiel sowieso nicht durch. Das hat man schnell kapiert.«

Einer war ein ehemaliger Feldwebel, aber er meinte, alle glaubten ihm, daß er General gewesen wäre. »Nicht so krumm, junger Mann. Gerade gestanden! Haltung! Und ordentlich Meldung gemacht: Badewasser eingelassen...« Er haßte Zivis, und als er erfuhr, daß Großvater und Urgroßvater des Jungen Offiziere gewesen waren, schnarrte er natürlich: »... würden sich im Grabe umdrehen, wenn sie Sie so sehen müßten!«

»Und was sagst du dann?«

»Ich steh stramm und tu, was ihm Spaß macht. Hauptsache, ich krieg ihn in die Wanne. Er weiß doch selber, daß er das arme Schwein ist.«

In einem Haus, mitten zwischen den anderen, ist die Pflegestation untergebracht. Die Alten machen einen Bogen darum. Selbst im strömenden Regen gehen sie lieber um das Haus herum, zum Beispiel mittags zum Essen ins Haupthaus, statt den Flur zu benutzen, der quer durch die Pflegestation führt.

»Nein«, sagte der Junge, »keiner aus dem Altersheim

besucht jemanden im Pflegeheim. Auch nicht, wenn es der eigene Verwandte ist. Eine einzige Frau haben wir gerade, die geht jeden Morgen zu ihrem Mann hinüber und bleibt den ganzen Tag an seinem Bett sitzen. Reden kann er gar nicht mehr. Aber sie hält seine Hand.«

Dem Jungen fiel es schwer, das zu verarbeiten, was er täglich sah, alte Menschen, die stumm auf den Tod warten, nebeneinander in Betten geschlichtet, gewaschen, gewickelt und gewindelt. Mittags eventuell eine leichte Nachhilfe, damit das große Geschäft bis sechzehn Uhr erledigt ist, denn dann endet der Arbeitstag der Pflegerinnen. Alles ordentlich, sauber, hygienisch. Versorgung nach Vorschrift, aber manchmal, in einer Mittagspause oder nach dem Dienst, kam der Junge heim und sagte: »Brauchst gar nicht mit mir zu sprechen. Ich muß bloß mal wieder in normalen vier Wänden sitzen.«

Nach geraumer Zeit bekam der Junge ein Zimmer im Heim, aber er zog bald wieder aus. Vor allem, »weil die Alten einen nicht in Ruhe lassen. Bis elf Uhr abends kommen sie an und sagen: Ach, mein Fernsehapparat geht nicht!, und dann schau ich nach und seh, es ist gar nichts kaputt, sie haben nur den Stecker rausgezogen, und dann hab ich begriffen: Sie wollen sich nur mit mir unterhalten. Die haben Angst vor der Einsamkeit, und mit anderen Alten wollen sie nicht zusammensein, das macht ihnen noch mehr Angst vorm Sterben.«

Zuerst hat er die Herausforderung angenommen, hat erzählt, gekaspert, liebes Kind gespielt, aber: »Irgendwann muß man da raus. Das kannst du nur durchhalten, wenn du was zum Dagegensetzen hast.«

Am schwersten für ihn: der Widerstreit zwischen sozialem Anspruch der christlichen Institution und der wirtschaftlichen Notwendigkeit. Die Zweiteilung der letzten Herberge in Senioren- und Altenheim. Senioren zahlen eine stattliche Summe pro Monat für Einzelzimmer und Verpflegung, und wenn das Gesparte davon aufgefressen und nur noch die Rente übrig ist, wird umgezogen. »Im gleichen Monat. In kleinere Zimmer, wo sie zu so vielen wohnen, wie reingehen, und nur noch ein Bett haben und einen Stuhl.«

Darum hatte auch niemand etwas dagegen, als der Junge wieder auszog. Sein Zimmer wurde sofort an eine Seniorin vermietet. Die brachte erheblich mehr Geld ein, als sein Außerhaus-Zuschuß betrug.

»Immer sofort, keine Sekunde verloren«, sagte der Junge, »auch wenn sie sterben. Dann steht die Familie plötzlich auf der Matte. Hat sich nie um die Alten gekümmert, aber wenn wir sie ins Sterbezimmer legen müssen, rufen sie alle fünf Minuten an, und wenn sie tot ist, sind sie in einer Viertelstunde da. Wo ist der Ring? fragen sie gleich, der Ring mit den Brillanten? Und das Sparbuch? Und ist noch was von der Rente übrig? Wenn sie das Zeugs nicht gleich finden, heißt es garantiert: Na ja, da kann ja auch jeder ran! Auch dieser Zivi mit den langen Haaren, obgleich meine doch wirklich nicht mehr lang sind. Und dann erst wird gefragt: Wo liegt denn meine Frau Tante?«

Irgendwann wurde der Junge kalt, fast böse. Schottete sich ab.

»Das finde ich nicht gut«, sagte sein jüngerer Bruder, »die Alten können doch nichts dafür!«

Der Große antwortete: »Ich auch nicht, und ich weiß im Moment nicht mehr, was ich machen soll.«

Das war ein Übergang, aber sicher half ihm, daß sein kleiner Bruder sich ein Jahr später im gleichen Heim vorstellte und auch als Zivi genommen wurde.

Sie machten zusammen eine Zeitschrift für das Heim, mit Nachrichten und Texten und Gedichten nur von den Bewohnern. Der Kleine hatte, auf den Erfahrungen des

Großen basierend, eine Reihe von Plänen ausgearbeitet: Seniorenschwimmen, Seniorenturnen, Seniorenausflüge, Besuche im Museum. Zuerst gab es große Begeisterung, aber dann so wenig Beteiligung, daß es sich nicht lohnte, den Bus oder die Heilgymnastik in der Badeanstalt zu mieten.

Warum, fragten sich die beiden Jungen, warum nur?

Dann kam eine der alten Frauen aus der Nachbarschaft ins Seniorenheim, und die Brüder erlebten mit, wie ein Mensch, den sie kannten, so lange sie zurückdenken konnten, von dem Augenblick an, in dem sie zur Heiminsassin wurde, vor ihren Augen verfiel.

»Wer sind Sie?« fragte die alte Frau die Jungen, »was wollen Sie von mir? Ich habe Sie noch nie gesehen.«

Sie kamen abends heim und heulten. »Ihr kommt später nie in ein Heim! Nur über meine Leiche!« tobte der eine, und der andere wiederholte immer nur: »Warum, Mami, warum?«

Dann zog sich der Jüngere die Frackjacke seines Großvaters an, zu Jeans oder zu weißen indischen Hosen, steckte sich an die seidenen Aufschläge bunt eingewickelte Bonbons oder eine Blume oder eine Christbaumkugel, setzte sich so aufs Rad und fuhr zu seinen Alten.

Nein, so was! riefen die verzückt und standen schon in der Früh auf dem Flur. Und heute hat er eine Schleife ums linke Hosenbein! Haben Sie das schon gesehen? Also wirklich!

»Und dann lachen sie bis zum Mittagessen, und den ganzen Nachmittag unterhalten sie sich darüber, wie ich morgen wohl wieder aussehe. Das ist es: Sie sehen ja sonst nur Leute in weißen Kitteln. Vorschrift, na klar, aber mein Frack ist auch sauber, und das macht ihnen wenigstens Spaß.«

Den Alten ja, aber den Vorgesetzten nicht. Die Chefin der Teeküche warf einen Blick auf den bunten Zivi und sagte: »Fahren Sie bitte sofort nach Hause, und ziehen Sie sich ordentlich an!«

Der Kleine war ein braves Kind, er schwang sich mit wehenden Frackschößen wieder aufs Rad, und erst abends fluchte er sich frei. »Verdammt, verdammt, verdammt, da hab ich mal wieder völlig falsch getickt! Sie hätt' mir das gar nicht verbieten dürfen. Nun haben die Alten wieder einen ganzen langen langweiligen Tag gehabt.«

Der Schmetterling beharrte daraufhin auf seiner Farbe, und manchmal warf ihm jemand einen Kittel darüber. »Aber die Alten wissen, was daruntersteckt, und das ist fast noch spannender!«

Die Alten kommen und gehen, und auch das war für die Jungen nicht leicht. Sie waren immer die Enkel, ob sie es wollten oder nicht, verhaßte oder geliebte Enkel. Sie erfuhren Lebensgeschichten: Früher – da war alles besser und ordentlicher und sicherer, aber wenn es dann in die Einzelheiten ging, waren es die Dramen der Ehe, die zerstörten Hoffnungen, die Erinnerungen, die langsam verlöschen und ihre Schatten auf die werfen, die jetzt um die Alten sind.

»Ich nehme mir das Leben«, sagte eine, weit über neunzig, »mir reicht es. Aber ich warte, bis der Junge aus dem Urlaub zurück ist. Ich muß mich doch noch von ihm verabschieden.«

Sie hat gewartet, und sie hat sich von ihm verabschiedet. Vielleicht bleibt ihm die Erinnerung an diese alte Frau länger als an manchen anderen, den er in seinem Leben noch treffen wird.

Später sagte ein Freund der Eltern: »Bei den Soldaten hättet ihr es doch sicher viel netter gehabt.«

»Netter?« fragte der Ältere, »man sagt doch oft: Bei der Bundeswehr lernt man Gehorchen und Zusammenarbeiten. Das lernt man auch im Heim. Und erzogen wird man auf die gleiche Art und Weise.«

»Wie denn?«

»Durch Erfahrung. Wo lernt man sonst den Umhang mit vollkommen Fremden, nicht nur Alten? Wo begreift man, was Altwerden wirklich bedeutet? Wo lernt man den Umgang mit Krankheit und Tod? Was mir nicht leichtfiel: daß ich diesem geballten Alter so hilflos gegenüberstand. Daß ich mich immer fragen mußte: Sind wir Menschen so? Ist es typisch für unsere Gesellschaft, die Alten abzuschieben? Im Sommer sind Alte und Kranke von ihren Kindern bei uns abgegeben worden, damit die in Urlaub fahren konnten. Das fand ich schrecklich.«

Das war die Ernüchterung, das Eingeständnis, daß nicht alles getan wird, vielleicht nie alles getan werden kann, um diese Situation zu erleichtern. Gewiß, es gibt andere, freundliche Heime. Es gibt andere Modelle des Wohnens im Alter. Aber dies war nun die Erfahrung dieser beiden jungen Leute.

»Und das Schlimmste: daß gerade das Gegenteil geschieht. Gleichgültigkeit, Herzlosigkeit, Brutalität im Umgang mit den Alten.«

Und das Allerschlimmste: die Einsicht, daß man in jedem helfenden Beruf dieses ganze Elend nicht an sich herankommen lassen darf. »Man muß auch brutal werden. Wenn einer auf dem Gang sitzt und weint, dann muß man ganz kalt und sachlich vorbeigehen, sonst hältst du das nicht aus. Das geht mir nach. Ich träume immer noch vom Altenheim. Ich träume von dem, was wir unterlassen haben. Das merkt man ja erst mit der Zeit, was das für ein wahnsinniger Eingriff ist für die Alten. Die meisten kriegen das ja gar nicht mit, begreifen gar nicht, was passiert. Von zwanzig Zugängen sind höchstens vier oder fünf freiwillig gekommen, die meisten nach einer Krankheit, weil sie dann gespürt haben, daß sie es alleine nicht mehr schaffen. Und dann diese alltägliche Brutalität. Dann die Medikamente, mit denen sie ruhiggestellt werden. Und wenn sie auf der Pflegestation liegen, nicht mehr sprechen, keine Beschäftigung haben, nur daliegen und auf den Tod warten, jahrelang, dann denkt man schon über Sterbehilfe nach.«

Einer der Bekannten seiner Eltern sagte irgendwann: »Ich kann diese trübseligen Geschichten von euren Alten nicht mehr hören, habt ihr denn gar nichts – sagen wir mal – Positives erlebt?«

Die Brüder schauten sich an. »Trübselig?« fragte der eine, »dann hast du alles ganz falsch verstanden.« Und noch etwas später: »Die Zeit bei den Alten hat mich einen riesigen Schritt vorangebracht. Das geht einem aber erst im nachhinein auf.«

Du bist alt oder Der Lauf der Dinge

Wen sehe ich vor mir? Altern heißt, sich über sich selbst klarwerden und sich beschränken. Ich habe mich gegen jeden Zwang zur Wehr gesetzt, habe aber nicht verhindern können, daß die Jahre mich eingekerkert haben. Ich werde noch lange in diesen Wänden wohnen, in denen ich mein Leben verbracht habe. Ich werde alten Freunden treu bleiben. Der Vorrat an Erinnerungen wird, auch wenn er ein wenig zunimmt, erhalten bleiben. Ich habe ganz bestimmte Bücher und keine anderen geschrieben. Dabei finde ich es verwirrend, daß ich der Zukunft entgegengelebt habe, und jetzt rekapituliere ich meine Vergangenheit: Man könnte sagen, die Gegenwart sei mir abhanden gekommen. Jahrelang habe ich geglaubt, daß mein Werk vor mir liege, und plötzlich liegt es nun hinter mir: In keinem Augenblick hat es stattgefunden. Das ähnelt dem, was man in der Mathematik einen Schritt nennt, die Zahl, die in keiner der beiden Serien Platz findet, welche sie voneinander trennt. Ich habe studiert, um eines Tages mein Wissen anzuwenden, habe dann unheimlich viel vergessen, und mit dem, was übriggeblieben ist, weiß ich nichts anzufangen. Wenn ich über die Geschichte meines Lebens nachdenke, befinde ich mich immer diesseits oder jenseits einer nie vollendeten Sache. Nur meine Gefühle habe ich in ihrer ganzen Fülle erlebt.

Immerhin hat der Schriftsteller die Chance, in dem Augenblick, da er schreibt, der Versteinerung zu entgehen. Mit jedem neuen Buch setze ich einen neuen Anfang. Ich zweifle, ich verliere den Mut, die Arbeit vergangener Jahre ist weggewischt, meine Skizzen sind so unbrauchbar, daß es mir unmöglich erscheint, das Vorhaben zu Ende zu führen: bis zu dem Moment, der ungreifbar ist (auch hier haben wir wieder eine Zäsur) – da es unmöglich wird, es nicht zu Ende zu führen. Jede Seite, jede Wendung erfordert einen neuen Einfall, einen beispiellosen Entschluß. Die schöpferische Tätigkeit ist Abenteuer, ist Jugend und Freiheit.

Aber sowie ich den Arbeitstisch verlasse, ballt sich hinter mir die verstrichene Zeit zusammen. Ich muß an andere Dinge denken und stoße plötzlich auf mein Alter. Diese überreife Frau ist meine Zeitgenossin. Ich erkenne dieses Jungmädchengesicht wieder, das auf einer alten Haut haftengeblieben ist. Dieser weißhaarige Herr, der einem meiner Großonkel ähnlich sieht, erinnert mich lächelnd daran, daß wir zusammen im Luxembourg gespielt haben. »Sie erinnern mich an meine Mutter«, sagte eine dreißigjährige Frau zu mir. An allen Ecken springt mir die Wahrheit ins Gesicht, und ich verstehe nicht recht, warum sie es darauf anlegt, mich von außen zu packen, während sie doch in mir steckt.

Das Alter: Von weitem hält man es für eine Institution, aber es sind junge Menschen, die plötzlich alt geworden sind. Eines Tages habe ich mir gesagt: »Ich bin vierzig Jahre alt.« Als ich mich von diesem Staunen erholt hatte, war ich fünfzig. Die Betroffenheit, die mich damals überfiel, hat sich nicht gegeben.

Ich kann es nicht glauben. Wenn ich meinen Namen gedruckt sehe, erzählt er von einer jungen Frau, und diese junge Frau bin ich. Oft träume ich nachts, daß ich vierundfünfzig Jahre alt bin, daß ich, wenn ich die Augen aufschlage, dreißig bin. »Was hatte ich doch für einen fürchterlichen Alptraum!« sagt sich dann die im Traum erwachende Frau. Bevor ich in die Wirklichkeit zurückkehre, setzt sich manchmal ein riesiges Tier auf meine Brust: »Es ist wahr! Der Alptraum, älter als fünfzig zu sein, ist die Wahrheit!« Wie kann etwas, das weder Form noch Inhalt hat, wie kann die Zeit mich mit einem so schweren Gewicht belasten, daß ich keine Luft mehr bekomme? Wie kann etwas, das nicht existiert, wie die Zukunft, sich so unbarmherzig errechnen lassen? Mein zweiundsiebzigster Geburtstag liegt mir ebenso nahe wie der Tag der Befreiung.

Um mich davon zu überzeugen, brauche ich mich nur vor den Spiegel zu stellen. Mit vierzig Jahren überlegte ich mir eines Tages: »In den Tiefen des Spiegels lauert das Alter. Und das Verhängnisvolle daran ist, daß es mich überrumpeln wird.« Es hat mich überrumpelt. Oft halte ich bestürzt vor diesem unglaublichen Ding inne, das mir als Gesicht dient. Ich begreife die Castiglione, die alle Spiegel zerschlagen hat. Ich schien mir wenig aus meinem Aussehen zu machen, genauso wie die Leute, die mit Appetit essen und sich wohlfühlen, ihren Magen vergessen. Solange ich mein Gesicht ohne Mißfallen betrachten konnte, vergaß ich es, es verstand sich von selbst. Jetzt ist alles vorbei. Ich hasse mein Spiegelbild: über den Augen die Mütze, unterhalb der Augen die Säcke, das Gesicht zu voll, und um den Mund der traurige Zug, der Falten macht. Die Menschen, die mir begegnen, sehen vielleicht nur eine Fünfzigjährige, die weder gut noch schlecht erhalten ist. Sie hat eben das Alter, das sie hat. Ich aber sehe meinen früheren Kopf, den eine Seuche befallen hat, von der ich nicht mehr genesen werde.

Sie greift auch auf das Herz über. Ich habe die Fähigkeit verloren, das Licht von der Finsternis zu scheiden, mir um den Preis einiger Wirbelstürme einen strahlenden Himmel zu sichern. Meine Revolten sind durch das nahe Ende und die Unvermeidlichkeit des Verfalls gedämpft. Aber auch meine glücklichen Stunden sind blasser geworden. Der Tod ist nicht mehr ein brutales Abenteuer in weiter Ferne, er verfolgt mich in den Schlaf hinein. Beim Erwachen spüre ich seinen Schatten zwischen der Welt und mir: Das Sterben hat schon begonnen. Das hatte ich nicht vorausgesehen – daß er so früh beginnt und daß es so weh tut. Vielleicht wird der Tod nicht allzu schmerzlich sein, nachdem alles mich verlassen hat und das Dasein, auf das ich nicht verzichten wollte, mein Dasein, kein Dasein mehr sein wird, überhaupt nichts mehr sein wird und sich mit Gleichmut wird wegfegen lassen. Eine nach der anderen werden die Bindungen brüchig werden, die mich auf der Erde zurückhalten, eine nach der anderen werden sie zerreißen.

Jetzt ist der Augenblick gekommen, um zu sagen: Nie mehr! Nicht ich trenne mich von meinem früheren Glück, sondern das Glück ist es, das sich von mir trennt. Die Gebirgswege versagen sich meinem Fuß. Ich werde nie mehr trunken vor Müdigkeit in das duftende Heu sinken. Ich werde nie mehr einsam über den morgendlichen Schnee gleiten. Nie mehr ein Mann. Jetzt hat meine Phantasie ebenso entschieden ihren Entschluß gefaßt wie mein Körper. Trotz allem ist es seltsam, keinen Körper mehr zu haben, und es gibt Augenblicke, da dieses bizarre

Phänomen mir durch seinen endgültigen Charakter das Blut in den Adern erstarren läßt. Die Gewißheit, daß ich nie mehr neue Begierden in mir spüren werde, ist noch schmerzlicher als der Verzicht: In der dünnen Luft, in der ich von nun an lebe, verwelken sie, noch bevor sie aufblühen. Früher glitten die Tage ohne Hast dahin, ich war schneller als sie, weil meine Pläne mich fortrissen. Jetzt tragen mich die allzu kurzen Stunden mit verhängten Zügeln meinem Grab entgegen. Ich denke nicht gern daran: in zehn Jahren, in einem Jahr. Die Erinnerungen verblassen, die Mythen zerbröckeln, die Pläne ersticken im Keim. Ich bin da, und die Dinge sind da. Wenn dieses Schweigen von Dauer ist, wird mir meine kurze Zukunft lang werden!

Und was bringt sie für Gefahren... Das einzig Neue und Bedeutsame, das mir widerfahren könnte, wäre das Unglück: daß ich Sartre tot daliegen sehe oder daß ich vor ihm sterbe. Es ist furchtbar, nicht da zu sein, um jemanden über den Schmerz hinwegtrösten zu können, den man ihm durch sein Weggehen zugefügt hat. Es ist furchtbar, daß er einen verläßt und schweigt. Wenn ich nicht unwahrscheinliches Glück habe, wird mir eines dieser Schicksale beschieden sein. Manchmal wünsche ich mir, daß das Ende bald kommen möge, um diese Angst zu verkürzen.

Manchmal ist mir der Gedanke, mich ins Nichts aufzulösen, genauso abscheulich wie früher. Voller Melancholie denke ich an all die Bücher, die ich gelesen, an all die Orte, die ich besucht habe, an das Wissen, das sich angehäuft hat und das nicht mehr da sein wird. Die ganze Musik, die ganze Malerei, die ganze Kultur, so viele Bindungen: plötzlich bleibt nichts mehr. Es ist kein Honig, niemand kann sich davon ernähren. Wenn man meine Bücher liest, wird der Leser bestenfalls denken: Sie hat aber viel gesehen! Aber dieses einzigartige Ganze, meine persönlichen Erfahrungen mit ihrer Folgerichtigkeit und ihren Zufällen – die Pekinger Oper, die Stierkampfarenen von Huelva, der *candomblé* von Bahia, die Dünen von El Oued, die Wabansia Avenue, die Morgendämmerung der Provence, Tirynthos, Castro, der zu 500 000 Kubanern spricht, ein schwefelgelber Himmel über einem Wolkenmeer, die purpurroten Buchen, die weißen Nächte von Leningrad, die Glocken der Befreiung, ein orangefarbener Mond über dem Piräus, eine rote Sonne, die über der Wüste aufgeht, Torcello, Rom, all die Dinge, von denen ich erzählt habe, andere, die ich verschwiegen habe – das alles wird niemals wieder auferstehen. Wenn ich wenigstens die Erde bereichert, wenn ich etwas geschaffen hätte... was denn? Einen Hügel? Eine Rakete? Aber nein. Nichts wird stattgefunden haben. Ich sehe die Haselstrauchhecke vor mir, durch die der Wind fuhr, und höre die Versprechungen, mit denen ich mein Herz berauschte, als ich diese Goldmine zu meinen Füßen betrachtete, ein ganzes Leben, das vor mir lag. Sie wurden erfüllt. Aber wenn ich jetzt einen ungläubigen Blick auf dieses leichtgläubige junge Mädchen werfe, entdecke ich voller Bestürzung, wie sehr ich geprellt worden bin.

Juni 1960–März 1963

Simone de Beauvoir, Der Lauf der Dinge

Was für eine Leidenschaft, was für eine Wut! Die Worte der Beauvoir stammen aus einem Tagebuch, offenbaren die geheimsten Gefühle, ohne Scham und ohne Schutz formulieren sie den ewigen sinnlosen Kampf gegen die Zeit, halten den Verlust fest, von Tag zu Tag verheerender. Was für ein Schmerz, aber auch: was für eine Frau! Was für eine grauenhafte Genauigkeit. Was für ein Mut, sich selbst im Zustand des Alterns im Spiegel zu fixieren, jede Linie zu überprüfen, ohne mit der Wimper zu zucken, ohne den Blick abzuwenden.

Jede Frau weiß, was für eine Rolle die Jugend in ihrem Leben spielt, und sei sie noch so hoch begabt und bis ins Alter schön – Jugend ist mehr als straffes Fleisch. Es ist das immer Neue, ist die Unschuld, die Ahnungslosigkeit. Noch keine Verbitterung, noch keine Resignation. Und dazu das Glück, so schön zusein, wie der Geliebte Schönheit sieht.

Und dann sagt der gnadenlose Blick: Du bist alt.

Sie schreit, sie heult so, wie früher die Klageweiber geheult haben, und es ist ja auch ein Tod, den sie zu beweinen hat: der eigene allmähliche Tod ihrer Person im Alter. Sie zerrisse sich die Kleider und raufte sich die Haare, wenn das heute noch üblich wäre. Sie geht mit allem bis an die Grenze des Erträglichen, und was soll es sie auch kümmern, wenn jemand bei ihren Sätzen bis ins Mark erschrickt und kaum noch wagt, in den eigenen Spiegel zu blicken. Sie sagt nur die Wahrheit, sie sagt nicht, wie man leben kann, wenn man diese Wahrheit erkannt hat, und deshalb klingen ihre Sätze wie ein Skandal. Was sind gegen ihren Aufschrei die Seniorentrostbüchlein? Die Postillen der Psychologen mit ihrer berufsmäßigen Zuversicht – »Alles wird wieder gut!«.

Nichts wird wieder gut. Wir werden nur noch älter, und das, was uns das Bewußtsein ein Leben lang zusammengehalten hat, zerfällt nur noch mehr. Kein Wunder, daß

Trostbücher Konjunktur haben und daß sich eine ganze Kultur der Altersbeschwichtigung entwickelt hat. Man spricht nicht über den Schmerz, man schweigt, wenn eine andere in Verzweiflung ausbricht. Man sagt dann Sätze, die dem Ausbruch ein jähes Ende bereiten: »Und geht es Ihrer Tochter immer noch so gut in ihrem neuen Beruf?« oder so ähnlich.

Das Gefühl wird abgeklemmt und eingewickelt. »Meine Zurückgezogenheit beraubt mich der Wärme«, schrieb Beauvoir, und eben diese Wärme, die kollektive Wärme des gesitteten Trostes läßt die schroffen Konturen der Wahrheit schmelzen und verschwimmen. Man kann in Harmonie mit dem geraten, was alle tun und sagen, kann sich verhalten wie sie, kann in die Rolle gleiten, die nun noch bleibt und die ihnen immer mehr Trost verleiht, je länger und besser sie sie spielen. Und wenn sie sie gut spielen, können sie leichter vergessen, vor allem das, woran sie nicht erinnert werden möchten. Hat man dann überhaupt noch eine Wahl? Gibt es, wenn man nicht die Kraft und den Mut der Beauvoir besitzt, überhaupt noch eine Grenze zwischen der Rolle, die fast zum Ich geworden ist, und dem bißchen echten Ich, das übrig geblieben ist?

Das sind zum Beispiel die gewissen Witwen. Schwarz, stellen sie eines Tages fest, steht ihnen gar nicht so schlecht. Es gab diese Zeit zwischen fünfzig und sechzig, da machte es blaß. Unter den Haaren, die sich noch nicht zu Grau oder Weiß entscheiden konnten, unter der zerknitterten Haut, besonders bei ungünstigem Licht, war Schwarz eine Katastrophe.

Aber jetzt, findet sie, ist Schwarz richtig gut. Edel. Ein kleiner Ausschnitt, damit die Perlen zu sehen sind, kein Choker mehr, etwas länger, so daß sie auf dem Ansatz des Dekolletés etwas Spiel haben, gerade unter der Halskuhle, dort, wo die Haut, die am Brustansatz diese feinen Fältchen hat, wieder verhältnismäßig glatt wird.

Nein, jetzt kann man diese unentschlossenen Pastelltöne wieder vergessen. Kein ewiges Beige. Kein langweiliges Grau. Kein gefährliches Rosa. Schwarz. Keinen Modeschmuck mehr, vielleicht später einmal. Wer weiß, ob es nicht doch zu einer Kreuzfahrt reicht. Später, wenn man nicht mehr zweimal diesen horrenden Preis zu zahlen hat, sondern nur noch einmal. Eine Freundin hatte alles zusammengekratzt, was noch da war, und hat gebucht. Erstens, sagt sie, hat es Spaß gemacht – herrlich, wie man verwöhnt wird, den ganzen Tag lang, nur beim Essen muß man vorsichtig sein, sonst paßt einem das neue Dinnerkleid schon nach einer Woche nicht mehr –, und zweitens hat sie jemanden kennengelernt und behauptet, sie hätte sich verliebt. Na, von so etwas wollen wir noch gar nicht sprechen. Aber Geld hat er offenbar, und sie ist jetzt mit ihm in Gstaad, während man selber noch wie eine Gefangene lebt. Wer weiß, wie lange das noch dauert. Der Arzt sagt immer: Ihr Mann hat ein enorm gesundes Herz!

Auf jeden Fall kann sie nicht aus dem Haus. Höchstens mal am Nachmittag, wenn jemand zum Einhüten kommt. Seltsam, denkt sie, früher brauchte ich einen Babysitter, dann war ich selber die Einhüterin bei Mutter und meinem Schwiegervater, und jetzt brauche ich wieder einen – ja was? Einen Gattensitter, einen Männerhüter? Nicht einmal ein richtiges Wort gibt es dafür.

Aber es tut ihr gut, wenn sie mal rauskommt, in die Stadt gehen und bei allen Geschäften hineinschauen kann, in denen sie seit Jahrzehnten kauft. Es tut ihr gut, wenn sie voll Mitgefühl gefragt wird, wie es dem Herrn Gemahl denn gehe, und sie kann dann seufzen und diese Miene ziehen zwischen Trauer und Tapferkeit. Sie braucht gar nicht viel zu sagen, alle wissen Bescheid, man kennt das ja aus der eigenen Familie.

Es ist ein Trost, einen ganz leichten Persianer anzuprobieren. Sie könnte einen guten Preis bekommen, weil Pelze ja eine schwierige Ware geworden sind, und jetzt im Frühling – aber es wäre wirklich pietätlos. Man kann sich den Witwenpelz doch nicht im vorhinein bestellen, nein, nein, und dann weiß sie außerdem noch gar nicht, wie dann die Mode sein wird, und erst recht nicht, was im Testament steht. Sie hatte zwar immer gebohrt, aber er hat gesagt: Ich hab das Geld verdient, und du wirst gut versorgt sein. Aber was hieß das denn? Wenn er den Maßstab anlegte, den sie damals bei seiner Mutter vorgeschlagen hat, weil sie fand, eine alte Frau braucht nicht mehr viel, und jetzt war sie selber alt geworden, älter, als ihre Schwiegermutter geworden war. Gut versorgt. Oder sollte sie sich den Pelz zurückhängen lassen, auf jeden Fall?

Wie das Testament auch aussehen wird, wie sich der selige Verblichene rächen oder bedanken wird: Er hat schon auf dem letzten Krankenlager angefangen, sich in ihren Augen zu verändern, und im Lauf der Zeit wird er immer mehr zu dem, was eine Witwe im Alter braucht. Den Kindern gegenüber müßte sie eigentlich vorsichtig sein, denn sie haben den Vater mit wachen Sinnen und gesundem Gedächtnis gekannt. Aber wenn es ihr nötig erscheint, wird sie sagen: Euer Vater wäre nicht damit einverstanden gewesen, niemals, euer Vater hat ausdrücklich gewünscht, daß ich ... euer Vater ...

Andern gegenüber wird es leichter sein. Da kann sie ihn so aufbauen und verbessern, wie sie mag. Was war er früher für ein guter Kollege, wie haben ihn die Vorgesetzten geschätzt! Er wird ihr Schutz und Schild gegen die Welt, die Witwen nicht mehr wahrnimmt. Je geringer sie geachtet wird, desto mächtiger macht sie ihn. Je mehr es sie kränkt, daß sie nach seinem Tode nicht mehr zu diesen gewissen Gesellschaften und Veranstaltungen eingeladen wird, desto mehr muß sie sich – wenn sie nicht bei lebendigem Leibe verdorren will – ein neues Publikum schaffen, am liebsten eins, in dem ihn keiner kannte, so daß sie unbeschränkte Freiheit hat. Wie elegant er auch war! Tadellos und von vielen beneidet. »Und nie hatten wir Streit, immer nur Liebe und Güte und alles, was er mir von den Augen ablesen konnte. Die ganze Welt hätte er mir am liebsten zu Füßen gelegt ...«

Einspruch? Vielleicht sieht man die ungläubigen oder mitleidigen Blicke nicht mehr, wenn man so angestrengt damit beschäftigt ist, die Vergangenheit zu verändern. Vielleicht kostet es alle Kraft, dieses selbstgemachte Bild im eigenen Gedächtnis so fest zu verankern, daß man sich selbst nicht verheddert, und irgendwann merken auch die Enkelkinder: Es hat gar keinen Sinn. Selbst wenn man an die Logik appelliert und die Großmutter beschwört: »Aber Omi – es war doch so und nicht so. Das mußt du doch noch wissen!«, so bekommen die Enkel höchstens einen freundlichen leeren Blick, vielleicht die Gegenfrage: »Ach ja? Meinst du?« Und dann driftet Großmutters Geist wieder aus der Welt der bohrenden Fragen zurück in ihr irdisches Paradies.

Natürlich hat der liebe Verblichene immer gesagt: »Kauf dir den Pelz, mein Liebchen, und achte nicht auf den Preis!« Und nun hängt er im Schrank, und wenn sie ihn in seiner Plastikhülle hin und her schiebt, wird sie sagen: »Den hat mir euer Vater (oder Großvater) damals geschenkt, als wir in Nizza waren. Ach, ihr könnt euch gar nicht vorstellen, was für ein Mann er war –«

Witwe zu sein bedeutet nicht nur: Ich habe meinen Mann verloren. Es bedeutet: Ich bin allein. Ich muß das Alter allein bestehen. Auch wenn man eine moderne berufstätige Frau war. Da war immer jemand, der hat dieses und jenes getan. Nägel eingeschlagen, den Kompost umgesetzt, das Finanzielle erledigt. Jetzt muß man mit allem allein fertig werden. Manche Menschen sind gern allein, nicht als Eigenbrötler, sondern von Herzen. Aber auch bei denen, die es gern sind, die sich gemütlich und zufrieden in der Gesellschaft ihresgleichen eingerichtet haben, die wie sie seit langem einsam und verwitwet sind, ist der Wunsch nach der anderen Existenz im Alter nur gestillt, nicht verschwunden.

Eine meiner Großmütter hatte alle vierzehn Tage vier oder fünf Freundinnen zum Tee bei sich. Kränzchen nannten sie es. Alle Frauen waren verwitwet, manche schon seit Jahrzehnten, und mein Großvater, der eigentlich sehr galant war, nannte sie »die alten Weiber«.

»Ich will mit den alten Weibern nichts zu tun haben!« sagte er schon Tage vor dem Kränzchennachmittag immer wieder, in einer Wut und Gereiztheit, die ich nicht verstand, »wenn die kommen, soll sich keine unterstehen, zu mir in mein Zimmer zu rennen!«

Und wenn die alten Damen wirklich kamen, fragten sie als erstes mit wohligem Grauen: »Wo ist denn der Großvater? Hat er wieder geschimpft, daß wir schon wieder da sind?«

Er ließ sich tatsächlich nicht blicken, obgleich es selbstgebackenen Zwetschgenkuchen oder Fünfpfennigstückchen vom Bäcker gab, aber so zwischen halb sieben und sieben fing er in seinem Zimmer an zu rascheln und herumzurumoren, und wenn keiner auf diese Zeichen reagierte, stellte er sich auf seiner Seite hinter die Portiere und fragte laut: »Sind die alten Weiber denn immer noch da?«, und sie lachten und schrien entzückt durcheinander: »Hast du gehört, was er gesagt hat? Ist er nicht wieder fürchterlich?«

Meine Großmutter entschuldigte sich wortreich, aber ich merkte, daß ihr das Männergefluche irgendwie gefiel, und das kam mir seltsam vor, ebenso unangemessen wie die Polterei meines Großvaters und so unerklärlich wie das aufgekratzte Entzücken der Kränzchendamen.

Es beschäftigte mich jedoch nicht weiter. Es gehörte wie

so vieles andere zu den Merkwürdigkeiten der Älteren, die man hinnehmen mußte wie Regen und Sonnenschein.

Später habe ich begriffen, wie sehr dieses Verhalten den Kampf gegen das Alter darstellte. Wie der alte Mann es unerträglich fand, in so vielen faltigen Frauengesichtern nicht nur das eigene Alter gespiegelt zu sehen, sondern auch noch die Tatsache, daß ihm nun nur noch alte Frauen geblieben waren.

Wie die Kränzchendamen dagegen selbst das Gepolter des Alten als die Stimme und die Macht eines Mannes genossen, wenn auch fast ins Skurrile verzerrt. Ein letztes Echo der Liebe.

Also wieder die Liebe. Ich besuchte einmal, als ich Mitte Zwanzig war, einen Mann, einen Witwer, den ich für uralt und so jenseits aller Anfechtungen wie meinen eigenen Großvater hielt, wahrscheinlich nur, weil er eine Glatze hatte und die restlichen Haare schon fast weiß waren. Er saß auf der Treppe vor seiner Haustür, starrte in die Bäume seines Gartens, und sein Gesicht war tränenüberströmt.

»Was ist?« fragte ich erschrocken, »was hast du?«

Er zog mich zu sich herunter, lehnte sich an meine Schulter und sagte: »Es ist schrecklich. Ich habe mich verliebt.«

Er stieß diese beiden Sätze so verzweifelt hervor, daß ich nicht lachte, sondern vollkommen verstört schwieg und ihm die Hände streichelte. Ich weiß nicht mehr, was ich gesagt habe, ich hoffe nur, aus der Distanz von Jahrzehnten, daß es nicht zu töricht und zu grausam gewesen ist. Ich kann mich jedoch an das Gefühl des tiefen Mitleids erinnern und daran, daß mir diese Leidenschaft wie eine Krankheit vorkam, die einen schuldlos anfliegt und dann auch wieder vergeht.

Daß Sexualität im Alter keine Krankheit, sondern bei Männern und Frauen, also auch bei Vätern und Müttern und Großmüttern und Großvätern das Natürlichste der Welt ist, haben sich die Jungen erst nach den amerikanischen Studien und nach Oswalt Kolle eingestehen müssen, aber ob es ein junger Mensch je begreifen kann, erscheint mir fraglich.

Keiner kann wissen, was früher hinter geschlossenen Schlafzimmertüren geschah. Man sprach ohnehin nicht von Intimitäten. Aber einigermaßen vorstellbar ist es wohl, daß es den alten Männern ein leichtes war, sich junge Frauen ins Bett zu holen. Die Literatur ist voller Geschichten, was dann geschah. Sicher ist auch, daß es nicht nur der Duft des Geldes und die Magie der Macht gewesen sind, die Mädchen und Frauen entweder gefügig machten oder mit in die Leidenschaft rissen, sondern daß auch die andauernde sexuelle Fähigkeit des Mannes und die erotische Erfahrung eines als Verführer angelegten Lebewesens eine reizvolle Rolle gespielt haben.

Vielleicht auch, daß die Gewalttätigkeit, die oft zum Akt gehört, ganz anders auf Frauen wirkt, wenn sie kraft ihrer Jugend nicht unbedingt die Unterlegenen sein müssen.

Das alles scheint ein gutes Spiel für alte Männer und ein ziemlich elendes für alte Frauen zu sein. Aber Frauen scheinen sich geändert und gerade in unseren Nachkriegsgenerationen mehr gewonnen zu haben, als ihre Vorfahrinnen jemals hatten. Vor allem eigenes Geld. Nicht wenige Pensionärinnen sind nicht auf die Witwenrente angewiesen. Sie bekommen das eigene Altersgeld dazu. Sie können sich pflegen und können gesund leben und tun es auch, außer daß sie sich gern zu viele von den guten Dingen in den Leib stopfen. Sie haben, weil die Gewerkschaften nichts so gerne taten wie Arbeitszeiten beschränken, nie so schuften müssen wie ihre Mütter und Großmütter. Sie konnten, weil sie im Aufschwung der deutschen Wirtschaft lebten und diesen selbst verursachten, sich die Annehmlichkeiten der Technik leisten, die viele häusliche Arbeiten auf Knopfdruck und Schalterbetätigung reduziert. Wenn ihnen deshalb die körperliche Bewegung fehlte, konnten sie sich ihre Kur verschreiben lassen. Sie waren nicht verbraucht. Sie blieben ansehnlicher, und der Mann hatte etwas von seiner Ehefrau. Das hält jung. Und das erlaubt vor allem ein Selbstbewußtsein, das alleine schon erotisch wirkt, gerade bei Frauen und bei Witwen im Alter.

Sie können es sich nun leisten, unter den Männern zu wählen, unter den Geschiedenen, den Junggesellen und unter den Witwern. »Ich hab's ja gar nicht nötig«, sagen sie und sitzen in den Cafés der Kur- und Ferienorte, schreiben auf Kontaktanzeigen, geben selber Anzeigen auf, prüfen, in was für einem Wagen der betreffende Mann zum Rendezvous angefahren kommt, registrieren, wie er sich benimmt und was er beim ersten Essen im Restaurant springen läßt.

Nein, binden wollen sie sich nicht, nur genießen. Nicht noch mal für einen Alten die Wäsche waschen, das Essen pünktlich auf den Tisch bringen und sich dem Tagesrhythmus eines Zweiten im Hause anpassen. Gerade diese Zeiten sind vorbei. Jetzt wollen die alten Frauen leben wie ein Mann, so lange es noch geht, und sie wissen genau, daß diese Zeit begrenzt ist.

Was bleibt? Das Beste und das Schlimmste: die Liebe und die Verzweiflung vorm Spiegel.

Wieder die Frage: Hat man die Wahl? Kann man sich zu der besonnten Altersruhe entschließen? Kann man dem Fegefeuer der Gefühle vorm Spiegel entrinnen?

Ich weiß es nicht. Vielleicht ist es schon viel, wenn man nicht verdrängt, daß jeder zwischen Himmel und Hölle lebt. Und alt wird.

Die Geschichte vom Feigenbaum

Da ist ein alter Mensch, kein Greis, sondern ein Mann noch im Vollbesitz seiner Kräfte, der Erfolg, Ruhm und Ansehen gewonnen hat und nun spürt, daß ein neuer Abschnitt des Lebens beginnt.

So nimmt er Abschied von allem, was ihm auf der Höhe seiner Kraft und Macht wichtig und wert gewesen ist, nimmt Abschied vom Kaiser, dem er treu gedient hat, verteilt an Söhne und Töchter den irdischen Besitz und versorgt seine Frau.

Dann legt er das Prachtkleid seines Lebens ab, steckt sich die Bettelschale in den Kittel, küßt ein letztes Mal seine Frau und die Kinder und pilgert fort aus dem Trubel der Welt in die Stille des Waldes und der Berge. Der Regen stört ihn nicht, und die Kälte trifft ihn nicht. Als er den richtigen Ort gefunden hat, bleibt er dort als Einsiedler unter einem großen Baum und betet und fastet und denkt über Gott und den Tod und das Leben nach, geht in Gedanken noch einmal die Wege seines Erdenwallens nach, erkennt und bereut.

Wird er weise? Er wird so demütig und dankbar, wie es jeder auf seine Art wird, der sich leise vom irdischen Kleid befreit und nun mit dem spricht, den er seinen Gott nennt und der ihm eines Tages einen gnädigen Tod schickt.

Nach einer indischen Legende

Das ist ein Wandermärchen. Es ist immer wieder und an mehr Orten im Morgen- und im Abendland erzählt worden, als der alte Mann in der Geschichte durchpilgert hat. Manchmal hat er einen Namen. Manchmal sitzt er zum Schluß unter einem gewaltigen Feigenbaum oder einer Eiche, und die Bauern weit und breit verehren ihn wie einen Heiligen, holen sich Rat bei ihm und bringen ihm, was er braucht. In einer Version rettet er das benachbarte Tal mit allen Dörfern vor einer Katastrophe, weil er – unabgelenkt von Tagesgeschäften und auch kraft seines großen Alterswissens – die Zeichen des Berges und des Wetters besser lesen und die Dorfbewohner rechtzeitig warnen konnte. In anderen Versionen wird er ein Freund der Kinder und erzählt ihnen zum Vergnügen und zur Belehrung seine Geschichten. Manchmal sucht er nicht die Einsamkeit der Natur, die für einen älteren Mann nur in tropischen und subtropischen Gegenden ohne Wetterschutz zu überstehen wäre, sondern geht in ein Kloster, um dort nach der Ordnung des heiligen Benedikt in Gebet und Arbeit zu leben, bis die Last des Leibes von ihm genommen wird.

Eine Ehefrau kommt in all diesen Geschichten nur als diejenige vor, die zurückgelassen wird, und ich kann mich noch gut daran erinnern, wie mich diese Tatsache empörte, als ich die Geschichte zum ersten Mal las. Das war kurz nach dem Zweiten Weltkrieg, als die Frauen ohnehin noch die doppelte Last von Familie und Beruf zu tragen hatten, dazu die Trümmer wegräumten und mit den Elendsgestalten fertig werden mußten, die aus ihrem Kriege heimgekommen waren. Es kam mir ungerecht vor, daß die Geschichte vom Alter dem Mann die ungestörte friedliche Einsamkeit zugesteht, während die Frau hinter ihm herräumen muß. Wer weiß, was an familiären Katastrophen und Kümmernissen noch zu erledigen bleibt. Und wer weiß, ob sie nicht in Erfahrung bringt, wo er sich seine Einsiedelei aufschlägt, und ihm heimlich Reis in die Bettelschale füllt oder ihn nachts umfängt, wenn ihn die Alpträume seiner Kriegstaten verfolgen, so daß er wie ein Tier in seiner Einsamkeit schreit.

Später, wenn man zu ahnen beginnt, was in einem Menschen vor sich geht, der sieht, daß die Strecke des gelebten Lebens länger wird als jene, die noch vor ihm liegt, begreift man vielleicht, daß dies eine Geschichte von der Versenkung in das Wesentliche über den Geschlechtern ist und viele andere Geschichten beinhaltet. Daß sie eine Wunsch- und zugleich eine Lehrfabel ist. So müßte man es machen. Loslassen, alle Spiegel verhängen. Den Ballast beseitigen, der uns das Leben beschwert, jeglichen Ballast, Sachen wie Gedanken. Den irdischen Tand verschenken, den sonst nur Rost und Motten fressen. Mit dem Leben abschließen, wie es ein Kaufmann einmal im Jahr bei der Inventur mit seiner Ware macht: Das ist ein Gewinn gewesen, da hab ich draufzahlen müssen.

Das wäre die erste Geschichte in der Geschichte, die von Anfang und Mitte und Ende. Aus dem Bewußtsein dieses Wandels heraus richtig zu handeln ist eigentlich so einfach, daß es keines Wortes bedarf. Es hängt wohl mit dieser Mitte zusammen, mit dieser Strecke Zeit, in der man meint, alles verwirklichen zu müssen, alle Erwartungen zu erfüllen: Beruf, Ehe, Kinder. Das ist das Problem. Dann kommt das Geld dazu – entweder hat man's, dann sorgt man sich um Konten und Absicherungen, Zweitkonten und Zweithäuser, errichtet Zäune und erfindet Tricks gegen Diebstahl und Einbruch und was sonst noch alles. Oder man hat's nicht, dann folgen Kummer und Neid und Vorwürfe und Selbstvorwürfe, und die Zeit wird knapp bis zum Alter und die Verbitterung schärfer. Alles vergeblich, alles für nichts und wieder nichts. Das Lebensziel nicht erreicht, mit Kindern gestraft, die das Ziel verwerfen oder nicht erreichen, das ihnen der Vater gesteckt hat.

Wie wunderbar lockt da die Vorstellung des Feigenbaums in Einsamkeit und angenehmem Klima. Könnte es nicht vielleicht auch eine Finca oder ein Rustico sein? Einsam, aber irgendwie fesch? So klein, daß einem die Kinder nicht folgen und einem in ihrer Lebendigkeit immer wieder das eigene Versagen vorführen?

Finca, Feigenbaum oder Ferme sind jedoch nur Sinnbilder – gar nicht so sehr eines Ortes, sondern eines Zeitpunktes. Sie markieren den Augenblick, in dem man sich endgültig von seinen Vorstellungen löst.

Und das ist die zweite Geschichte in der Geschichte vom Feigenbaum, die zweite Lehre: Lebe nicht gegen das Leben an! Vielleicht begreifen das Frauen, die einmal ein Kind geboren haben, leichter, kreatürlicher. Wenn ein Kind beginnt, ausgestoßen zu werden, sind beide, Gebärende und Geborenes, jenseits aller Willensfreiheit. Sie haben keine Wahl, sie müssen das tun oder das aushalten, was mit ihnen geschieht. Sie müssen sich trennen, jeder muß loslassen. Sie sind kein Ich, keine Person, sondern so sehr Natur, wie ein Lebewesen nur Natur sein kann. Und wenn einem das Geborene naß und rot zwischen den Knien liegt, wie ein wütender Zwerg, gibt es keine Zeit und keinen Ort, nur das Gefühl einer ungeheuerlichen Trennung: Das war eben noch mein Fleisch und mein Blut, und jetzt ist es ein Wesen seiner Art. Ein Er oder eine Sie, aber nie und nimmermehr Ich. Ein Geschenk, ja, eine Leihgabe, aber kein Besitz. Es besitzt wie das Leben selbst meine Liebe, aber das Leben und die Kinder gehen ihre eigenen Wege. Mein Wunsch muß nicht ihr Wunsch sein, und wenn ich sie, von denen ich entbunden bin, nicht wieder binde, kann ich in Ruhe meinen eigenen Weg gehen, den Weg zu meinem Feigenbaum.

Das ist die dritte Lehre seiner Geschichte: Es gibt die Liebe der Väter und Mütter zu ihren Kindern, aber es gibt eine Zeit, in der die Eltern keine Eltern mehr sein möchten, sondern allein, ein Mann und eine Frau. Ihre Schritte sind kürzer geworden, die Gedanken anders als die der Jungen, ihr Geschmack ist vielleicht veraltet, das Ruhebedürfnis jedenfalls größer. Größer und dringlicher auch das Verlangen, nicht mehr durch die familiären Alltagspflichten von dem abgelenkt zu werden, was als eigenes Leben noch bleibt. Man möchte gern eine kleine Weile nur für sich selber planen und leben können, für niemanden mehr etwas tun müssen – außer wenn es einem Freude bereitet. Man möchte endlich einmal derjenige sein, nach dem sich die anderen richten – gerade weil man so genau weiß, daß diese Zeit der Freiheit beschränkt ist.

Das schmälert die Liebe zu den Kindern nicht, aber wenn es wirklich Liebe ist, so kann man sich die Wahrheit eingestehen: Alte Eltern freuen sich, wenn die Kinder kommen, aber sie freuen sich auch, wenn sie wieder gehen. Unter dem Feigenbaum ist es erquickend still.

Noch eine seiner Lehren: Die Kinder und die Erwachsenen aus den Dörfern kommen in dieser Märchenfabel, um dem alten Mann Reis und Früchte zu bringen und seine Geschichten und Ratschläge zu hören. Was für ein Bild des Gleichgewichts von Nehmen und Geben!

Aber widerspricht dieses Märchen aus uralten Zeiten nicht unserer modernen Altersforschung? Widerspricht es nicht Swifts grausamer Wahrheit, daß die Alten nichts mehr zu sagen und zu überliefern haben?

Die Wahrheit ist niemals ganz zu fassen, und wenn es sicher stimmt, daß ich Kindern und Enkeln nichts über den Wankelmotor oder Schrödingers Katze sagen kann, so stimmt es auch, daß sich Überlieferung nicht nur auf Technik und Fakten des Fortschritts bezieht. Die medizinische Forschung hat gerade entdeckt, daß sich die Intelligenz, die in unseren Genen steckt, erst im Alter richtig entfaltet. Es fällt uns schwer, das ist richtig, neue Denkmethoden zu kapieren. Wenn ich mir also ein Mobiltelefon kaufen und den richtigen Typ für meine Zwecke aussuchen will, so brauche ich die Hilfe meines Sohnes, der mir diese Sachverhalte erklärt und vermutlich in vierzehn Tagen wieder erklären muß, und dann mindestens noch einmal, wenn ich das Ding nämlich gekauft habe und nicht mehr weiß, was der Kern seines Systems ist.

Meine sogenannte kristalline Intelligenz, also das, was ich mir im Lauf meines Lebens dank der genetischen Erbschaft habe zusammendenken und in meinem Kopf speichern können, das ist meine Habe, bis eine – von mir aus betrachtet – bösartige Chemie meine Speicherschätze wie eine Schar Mäuse überfällt und zerfrißt.

Also was? Aus Angst vor den Mäusen zum Geizhals werden, erstarren und den Speicher verrammeln?

Nein, sagt die Stimme unter dem Feigenbaum, sei ein Verschwender! Gib, was du geben kannst. Du bist die Überlieferung, verschenke dich selbst! Nutze die Zeit! Vergeude keinen Tag!

Außerdem: In jeder Schachtel mit Fotografien steckt schon die Überlieferung, die den alten Mann unterm Feigenbaum so reizvoll und so unübertrefflich macht. Wie war es früher? Wie wart ihr? Wer wart ihr? Warum habt ihr so entschieden und nicht anders? Was waren eure Prinzipien? Wie euer Gewissen? Wart ihr dem Guten und Richtigen treu, und was hat euch das gekostet?

Erzählt das alles! Laßt die Kinder nicht später denken: »Ach, hätte ich die Eltern doch gefragt!« Weicht nicht aus! Sagt, welche Werte euch teuer und maßgeblich waren und warum ihr euch niemals habt korrumpieren und bestechen lassen. Oder wenn doch – was das bedeutet hat. Nennt auch die Fehler, die euch vielleicht noch bedrücken.

Es heißt: Jeder bekommt im Alter, was er sich eingebrockt hat, auch die Liebe der Kinder, die durch die eigene geprägt worden ist. Affenliebe ist schwer zu erwidern und macht Angst, umklammert, erstickt und aufgefressen zu werden. Liebe, die das Geliebte so frei läßt, wie jeder Mensch auch in seinen Gefühlen sein sollte, macht selbst den Abschied zum Feigenbaum leichter.

Und das ist eine ganz praktische Lehre der Geschichte des Feigenbaums: Bleib nicht auf deinen Sachen hocken! Wirf das Abgelebte fort, verbrenn alte Briefe, trenn dich von dem, was man im kommenden Alter nicht mehr braucht. Mach anderen eine Freude, und begründe oder führe bei den Kindern die Tradition der Familiendinge fort. Schreib auf, was nicht vergessen werden soll, ob das nun Erinnerungen an Großvater oder die eigene Kindheit oder die Geschichte eines bestimmten Möbelstücks ist. Mach dich leicht.

Es ist noch viel zu tun unter dem Feigenbaum. Denn das ist vielleicht die wichtigste Lehre: Die Einkehr in die Stille, zu Fasten und Gebet, bedeutet keine Umweltferne, keine Passivität, keinen Egoismus, kein lebendiges Grab. Sie ist das Sinnbild für die Ruhe und Gelassenheit, die man im Alter braucht, die langsamere Aneignung der Gegenwart, sie bezeichnet den anderen Rhythmus, nach dem man unter dem Feigenbaum lebt.

Die Last für die Kinder oder Mein Leben als Sohn

Wir aßen im Sommerzimmer gleich neben der Küche, einem rustikalen, großen, scheunenartigen Raum mit einem Steinfußboden, der ursprünglich der Holzschuppen des alten Farmhauses gewesen war. Eine Seite des Raumes bestand jetzt ganz aus Glasschiebetüren und ging hinaus auf den Rasen, die Steinmauern und die Wiesen und Felder, die sich vor dem Haus ins Weite erstreckten. Früher hatte ich ihn dort in einem Rohrsessel mit Blick ins Freie Platz nehmen lassen, und bei warmem Wetter konnte er dort den ganzen Morgen sitzen, wobei er zufrieden die tägliche *Times* las, zuerst die Nachrichten aus Israel und dann die Artikel über die Reagan-Administration, was es ihm ermöglichte, seinen Haß auf den Präsidenten für den Rest des Tages anzufachen.

Jetzt, da Seth und Ruth zum Essen zu Besuch waren und wir alle im leichten Plauderton redeten und der helle Tag so verführerisch war, wie ein Sommertag nur sein kann, war er bis zum äußersten isoliert in einem Körper, der zu einem erschreckenden, ausbruchssicheren Pferch geworden war, zum Viehgatter in einem Schlachthaus.

Gegen Ende der Mahlzeit schob er seinen Stuhl zurück und ging in Richtung der Stufen zur Küche. Es war das dritte Mal, daß er während des Essens vom Tisch aufstand, und ich erhob mich ebenfalls, um ihm die Treppe hinaufzuhelfen. Er wollte jedoch nicht, daß ich ihm half, und da ich mir vorstellte, daß er wiederum einen Versuch machte, den Darm zu entleeren, wollte ich ihn nicht in Verlegenheit bringen, indem ich mich aufdrängte.

Wir tranken unseren Kaffee, als mir auffiel, daß er immer noch nicht wiedergekommen war. Ich verließ still den Tisch und schlich mich ins Haus, während die anderen miteinander sprachen, in der Gewißheit, daß er tot war.

Er war es nicht, doch er mochte durchaus wünschen, er wäre es.

Ich roch die Scheiße auf der halben Treppe zum oberen Stockwerk. Als ich zu seinem Badezimmer kam, stand die Tür weit offen, und auf dem Fußboden des Ganges vor dem Badezimmer lagen seine Jeans und seine Unterhose. In der Badezimmertür stand mein Vater, völlig nackt; er war gerade aus der Dusche gekommen und tropfnaß. Der Gestank war überwältigend.

Bei meinem Anblick brach er fast in Tränen aus. Mit einer Stimme, so verloren, wie ich sie nur je von ihm oder irgend jemand anderem gehört hatte, sagte er, was zu vermuten nicht schwer gewesen war. »Ich habe mich vollgemacht«, sagte er.

Die Scheiße war überall, auf der Badematte unter den Füßen verschmiert, über den Rand der Toilettenschüssel verteilt und unterhalb der Schüssel auf dem Fußboden in einem Haufen. Sie war über das Glas der Duschkabine versprenkelt, aus der er gerade herausgekommen war, und die Klumpen klebten an den Kleidungsstücken, die im Flur abgeworfen lagen. Sie war auch an einem Zipfel des Badetuchs, mit dem er sich abzutrocknen begonnen hatte. Er hatte in diesem kleinen Badezimmer, das normalerweise das meine war, versucht, sich allein aus seiner mißlichen Lage zu befreien, doch da er nahezu blind war und gerade erst aus dem Krankenhausbett aufgestanden war, hatte er, indem er sich entkleidete und unter die Dusche ging, es geschafft, die Scheiße überall auszubreiten. Ich sah, daß sie sogar an den Spitzen der Borsten meiner Zahnbürste war, die im Halter über dem Waschbecken hing.

»Es ist nicht schlimm«, sagte ich, »es ist nicht schlimm, es wird alles nicht so schlimm sein.«

Ich griff in die Duschkabine und ließ das Wasser wieder laufen und drehte an den Hähnen, bis es die richtige Temperatur hatte. Ich nahm ihm das Badetuch aus der Hand und half ihm wieder unter die Dusche.

»Nimm die Seife und fang noch einmal ganz von vorn an«, sagte ich, und während er gehorsam anfing, seinen Körper von oben bis unten einzuseifen, legte ich seine Kleidung und die Handtücher und die Badematte auf einen Haufen, ging den Flur hinunter zum Wäscheschrank und nahm einen Kissenbezug heraus, um alles hineinzustecken. Ich suchte ebenfalls ein frisches Badetuch für ihn heraus. Dann holte ich ihn aus der Dusche und brachte ihn geradewegs in den Flur an eine Stelle, wo der Boden sauber war; ich wickelte ihn in das Badetuch und fing an, ihn abzutrocknen. »Du hast dich wacker geschlagen«, sagte ich, »doch ich fürchte, die Situation war nicht zu meistern.«

»Ich habe mich vollgemacht«, sagte er, und jetzt löste er sich in Tränen auf.

Ich brachte ihn in sein Schlafzimmer, wo er sich auf den Bettrand setzte und sich weiter abtrocknete, während ich hinausging, um ihm einen Bademantel von mir zu holen. Als er trocken war, half ich ihm in den Bademantel; dann zog ich das obere Laken vom

Bett zurück und sagte, er solle sich hineinlegen und ein wenig schlafen.

»Erzähl den Kindern nichts«, sagte er und blickte mit dem einen sehenden Auge vom Bett zu mir herauf.

»Ich erzähle es niemandem«, sagte ich. »Ich werde sagen, daß du ein wenig ruhst.«

»Erzähl es Claire nicht.«

»Niemandem«, sagte ich. »Mach dir deswegen keine Sorgen. Das hätte jedem passieren können. Vergiß es einfach, und ruh dich richtig aus.«

Ich ließ die Jalousien herab, um das Zimmer zu verdunkeln, und schloß die Tür hinter mir.

Das Badezimmer sah aus, als habe ein gehässiger Einbrecher seine Visitenkarte hinterlassen, nachdem er das Haus ausgeraubt hatte. Da mein Vater versorgt war und da er es war, auf den es ankam, hätte ich am liebsten die Tür zugenagelt und das Badezimmer auf ewig vergessen. »Es ist, als würde ich ein Buch schreiben«, dachte ich – »ich habe keine Ahnung, womit ich anfangen soll.« Doch ich stieg beherzt über den Fußboden und streckte mich und riß das Fenster auf, und das war schon mal ein Anfang. Dann ging ich über die Hintertreppe hinab in die Küche, und indem ich Seth und Ruth und Claire aus den Augen blieb, die noch im Sommerzimmer saßen und sich unterhielten, holte ich einen Eimer, einen Schrubber und eine Schachtel Scheuersand aus dem Schränkchen unter der Spüle und zwei Rollen Papiertücher und ging wieder die Treppe hinauf ins Badezimmer.

Wo seine Scheiße in einer mehr oder weniger zusammenhängenden Masse vor der Toilettenschüssel lag, war sie am leichtesten zu beseitigen. Einfach aufschaufeln und wegspülen. Und die Duschtür und die Fensterbank und das Waschbecken und die Seifenschüssel und die Beleuchtungskörper und die Handtuchstangen, all das war kein Problem. Unmengen von Papiertüchern und Unmengen von Putzmittel. Doch wo sie in den engen, ungleichmäßigen Ritzen des Fußbodens saß, zwischen den breiten alten Kastanienbrettern, da hatte ich eine wirkliche Aufgabe vor mir. Die Scheuerbürste schien alles nur noch schlimmer zu machen, und schließlich nahm ich meine Zahnbürste herab, und indem ich sie immer wieder in den Eimer mit heißem Seifenwasser tauchte, ging ich Zentimeter für Zentimeter von einer Wand zur anderen vor, eine Ritze nach der anderen, bis der Fußboden so sauber war, wie es nur eben ging. Nachdem ich etwa fünfzehn Minuten auf den Knien gearbeitet hatte, beschloß ich, daß wir mit den Teilchen und Partikeln, die so tief drinnen saßen, daß ich sie immer noch nicht erreichen konnte, einfach würden leben müssen. Ich nahm die Gardine vom Fenster, obwohl sie sauber aussah, und steckte sie zu all den anderen verschmutzten Sachen in den Kissenbezug, und dann ging ich in Claires Badezimmer und holte Eau de Cologne, das ich großzügig auf den gescheuerten und geschrubbten Fußboden versprenkelte, wobei ich es wie Weihwasser von den Fingerspitzen tropfen ließ. Ich stellte in einer Ecke einen kleinen Sommerventilator auf und schaltete ihn ein; dann ging ich zurück in Claires Badezimmer und wusch mir die Arme und die Hände und das Gesicht. Es gab ein wenig Scheiße in meinen Haaren, und so wusch ich die auch aus.

Ich ging auf Zehenspitzen zurück in sein Zimmer, wo er schlafend lag, noch immer atmend, noch immer am Leben, noch immer bei mir – ein weiterer Schlag, den dieser Mann überstanden hatte, den ich seit endlosen Zeiten als meinen Vater gekannt hatte. Mir war schrecklich zumute wegen seines heroischen, glücklosen Kampfes, sich zu reinigen, ehe ich nach oben zum Badezimmer gekommen war, und wegen seiner Scham, wegen der Schande, die er sich gemacht zu haben glaubte, und doch dachte ich jetzt, da es vorbei war und er in so tiefem Schlaf lag, ich hätte mir gar nichts anderes wünschen können, ehe er stürbe – auch dieser Vorfall war richtig und so, wie er sein sollte. Du beseitigst die Scheiße deines Vaters, weil sie beseitigt werden muß, doch nachdem du sie beseitigt hast, empfindest du alles, was es zu empfinden gibt, anders als je zuvor. Es war auch nicht das erste Mal, daß ich das begriffen hatte: wenn man den Ekel beiseite schiebt und das Abstoßende ignoriert und all jene Phobien mit einem Schlag hinter sich läßt, die wie Tabus bewehrt sind, trifft man auf sehr viel Leben, das schätzenswert ist.

Obwohl es mit dem einen Mal vielleicht doch sein Bewenden haben sollte, setzte ich hinzu, indem ich mich im Geiste an das schlafende Gehirn wandte, das von dem knorpelartigen Tumor zusammengepreßt wurde; wenn ich das jeden Tag machen muß, ist es vielleicht am Ende nicht gar so faszinierend.

Ich trug den stinkenden Kissenbezug die Treppe hinab und steckte ihn in einen schwarzen Müllsack, den ich zuband, hinaus zum Auto trug und in den Kofferraum legte, um ihn zur Wäscherei zu bringen. Und *warum* das alles richtig war und so, wie es sein sollte, hätte mir jetzt, da die Arbeit getan war, gar nicht deutlicher sein können. *Das* also war das Vermächtnis. Und nicht weil die Beseitigung symbolisch für etwas anderes gestanden hätte, sondern weil das nicht der Fall war, weil es sich um nicht mehr und auch nicht weniger handelte als um die durchlebte Wirklichkeit, wie sie nun einmal war.

Das also war das Vermächtnis für mich: nicht das Geld, nicht die Tefillin, nicht der Rasiernapf, sondern die Scheiße.

Am nächsten Abend half ich ihm beim Baden. Am Morgen, als ich sein Bett machte, hatte ich wieder Blutflecken in seiner Pyjamahose und auf den Badetüchern gefunden, die das untere Laken bedeckten, und als ich gefragt hatte, ob er wisse, daß er derartig blute, sagte er, das sei eben so, wenn er vor dem Schlafengehen kein Sitzbad nehme. »Aber wenn das alles ist, dann bade doch im vorderen Badezimmer«, sagte ich. »Das hättest du mir gleich sagen sollen. Du mußt doch nicht unbedingt duschen.«

»Ich brauche Epsom-Salz.«

Ich fuhr zur Drogerie in der nächsten Stadt, um eine Packung Epsom-Salz zu kaufen, und am Abend ließ ich ihm ein Bad ein und rührte eine Handvoll davon ins Wasser. Ich saß auf dem Wannenrand, während das Wasser einlief, und überprüfte die Temperatur mit den Fingern – meine Mutter, so erinnerte ich mich, hatte das immer mit dem Ellbogen gemacht. Er saß in meinem roten Frotteebademantel wartend auf dem Toilettendeckel. Als die Wanne voll war, legte ich die gummierte Duschmatte auf den Boden der Badewanne, um zu verhüten, daß er beim Hinein- oder Heraussteigen stürzte. Dann bot ich ihm meinen Arm, doch er wollte nicht zulassen, daß ich ihm half, selbst als ich darauf bestand. Statt dessen ließ er mich beiseite treten, und indem er sich hinkniete und den Unterleib herumschwenkte, gelang es ihm, erst das eine Bein ins

Wasser zu bekommen und dann das andere, und als er drinnen war, drehte er sich langsam um, so daß er mit dem Gesicht nach vorn saß.

»Das ist aber ein kompliziertes Manöver.«

»Das mache ich abends ganz allein.«

»Na, ich bleibe mal hier sitzen. Falls du mich brauchst.«

»Ah, das tut gut«, sagte er und ließ sich mit beiden Händen Wasser über die Brust laufen. Er begann zunächst zaghaft, dann immer kräftiger, die Knie anzuwinkeln und zu strecken, und ich sah, wie in seinen dünnen Unterschenkeln die Muskeln arbeiteten. Ich schaute auf seinen Penis. Ich glaube nicht, daß ich ihn gesehen hatte, seit ich ein kleiner Junge war, und damals hatte ich gedacht, daß er recht groß sei. Es stellte sich heraus, daß ich recht gehabt hatte. Er war dick und füllig und der einzige Körperteil, der überhaupt nicht alt aussah. Er sah eher ganz dienstbar aus. Alles in allem stämmiger, so stellte ich fest, als mein eigener. »Wie gut für ihn«, dachte ich. »Wenn er ihm und meiner Mutter ein bißchen Freude gebracht hat, um so besser.« Ich sah ihn ganz bewußt an, als sähe ich ihn zum ersten Mal, und wartete auf die Gedanken. Doch es gab keine mehr, außer daß ich mich dazu aufrief, ihn in Erinnerung festzuhalten für die Zeit, wenn mein Vater nicht mehr leben würde. Das könnte vielleicht verhindern, daß er sich im Laufe der Jahre ätherisch verflüchtigte. »Ich muß mich genau erinnern«, sagte ich zu mir, »mich genau an alles erinnern, damit ich, wenn er nicht mehr ist, den Vater wiedererschaffen kann, der mich geschaffen hat.« *Du sollst nichts vergessen.*

Philip Roth, Mein Leben als Sohn

Menschen werden älter, auch die eigenen Eltern. Sie brauchen eine Brille. Sie sagen: Ich habe keinen Appetit, auch wenn das Gericht gerade noch ihr Lieblingsessen war. Die Männer bekommen einen Spitzbauch. Den Frauen sacken die Backen nach unten. Das geschieht so langsam und allmählich, daß man es gar nicht merkt. Vielleicht wenn man Fotos vergleicht. »Mein Gott, Mutter sieht ja wie Großmutter aus! Und schau mal, wie rank und schlank der Vater noch bei seiner Silberhochzeit gewesen ist!«

Und plötzlich steht die Welt auf dem Kopf. Plötzlich müssen die Kinder die Alten pflegen. Müssen für sie sorgen und hinter ihnen herwischen. Als ich meine Großtante zum ersten Mal reinigte, sagte sie: »Früher habe ich dich geputzt, jetzt mußt du es bei mir machen.«

Das erste Mal. Die vollkommen neuen Gefühle. Die andere Liebe. Die Veränderung dessen, was bisher als Schamgrenze empfunden wurde. Die merkwürdige automatische Selbstverständlichkeit, mit der man Dinge tut, von denen man gar nicht ahnte, daß man sie tun könnte. Der Stolz auf diese unvermutete Leistung. Aber »wenn ich das jeden Tag machen muß, ist es am Ende vielleicht gar nicht so faszinierend«. Philip Roth ist einer, der den Mut besitzt, sich das einzugestehen und das auszusprechen und niederzuschreiben: diese Nähe von Liebe und Last, die Zerrissenheit zwischen Pflichtgefühl und der Unmöglichkeit, in unserer heutigen Gesellschaft und unter allen Umständen diese letzte Pflicht zu erfüllen, ein guter Sohn oder eine gute Tochter zu sein. Wer ein Kind der heutigen Zeit ist und sagt: »Ich zahle meine Steuern, wenigstens einigermaßen ehrlich. Dafür will ich auch kriegen, was mir zusteht. Der Staat soll für die Alten sorgen!«, der macht sich kein Gewissen, wie er seine Alten bei den zwei Besuchen im Jahr erlebt. Vielleicht seufzt er, vielleicht tun ihm die Alten leid, aber er sieht sie nicht mehr als seine Sache an.

Wer sich jedoch ein Gewissen macht, wer wie im Grimmschen Märchen den alten Vater so lange am Tisch halten will, wie er nur sitzen kann, und darunter leidet, daß unsere Gesellschaft andere Bedingungen stellt, der wird sich unaufhörlich Vorwürfe machen. »Ich mußte sie ja ins Heim geben. Ich muß ja den Laden weiterführen, von was sollen wir denn sonst leben! Und ich konnte sie nicht allein in der Wohnung lassen. Einmal ist sie gestürzt, und ich habe sie erst abends gefunden und erst dann den Krankenwagen rufen können. Und danach, als sie wieder zu Hause war, hat sie sich nicht mehr zurechtgefunden. Sie war verwirrt. Sie hat allen Leuten erzählt, daß ich sie fremden Männern überlassen hätte. Das waren die Männer vom Rettungswagen, alle haben es gesehen und gewußt, aber mich haben diese Vorwürfe schrecklich gekränkt. Ich hab doch mein ganzes Leben lang alles für die Eltern getan, hier im Laden, dann Vater mitgepflegt und dann – jetzt sitzt sie da in ihrem Zimmer, und wenn ich komme, fängt sie an zu schreien, und wenn ich sage: Aber Mutter, ich bin's doch, fängt sie an zu strampeln, und wenn ich sie streicheln will, schlägt sie nach mir – ich weiß wirklich nicht mehr, was ich machen soll. Ich kann nur noch weinen.«

Und wenn die Mutter nicht ins Heim gegeben wird, machen sie sich Vorwürfe, daß sie die Alte vielleicht doch nicht so gut pflegen – es geht ihr ja gar nicht besser! Sie machen sich Vorwürfe, daß sie nach Jahren oder nach einem Jahrzehnt intensivster Pflege der Bettlägerigen verzweifelt denken: Kann sie nicht endlich das Leben loslassen und sterben? Sie machen sich Vorwürfe, daß sie der, die ihnen das Leben schenkte, nun das Leben nicht mehr gönnen, weil sie ihnen das eigene Leben frißt. Daß sie sie zu hassen beginnen, obgleich sie sie lieben.

An die Kindesliebe eines Sohnes oder einer Tochter werden heute wahrhaftig hohe Ansprüche gestellt, höchste, wenn es nicht nur bei einer einmaligen Liebestat bleibt, sondern Jahre dauert. Dann sind es freilich die Töchter, die die alten Eltern pflegen. Meist eine, auf die sich die Familie stillschweigend einigt. »Die macht es schon«, sagen sie höchstens. »Sie konnte mit Mutter ja immer am besten.« Oder »Ich habe den Beruf« oder »die Familie« oder »ein Haus, in dem ich Mutter wirklich nicht aufnehmen kann«.

Diese Töchter sind gerade pensioniert. Sechzig oder fünfundsechzig. Sie hatten Pläne, wollten endlich eine Art Freiheit genießen. Vielleicht den ganzen Herbst im Schwarzwald leben. Badenweiler soll so schön sein, und dort wohnt eine Freundin, die sie seit Jahren eingeladen hat. Aber nun ist es Mutter. Meist fängt alles auch ganz harmlos an. Eine kleine Krankheit oder ein erster Anfall, ein Sturz – »Hauptsache, du bist da, wenn Mutter aus dem Krankenhaus (oder vom Arzt oder von der Untersuchung) kommt. Sie wird in den ersten Tagen jemanden brauchen, der...« Selbstverständlich springt sie ein. Schaut sich bei der Gelegenheit Mutters Wohnung genau an – was für ein Bett! Die Matratze stammt sicher noch aus der Roßhaarzeit. Und wenn Mutter wirklich gebrechlich wird – was Gott verhüten möge –, dann kommt sie in diesem Badezimmer niemals mehr zurecht. Aber als sie mit Mutter darüber sprechen will – »Was soll denn das? Ich bin doch kein Krüppel!« –, da merkt sie, daß die Matratze und die Badewanne keine logische, sondern eine emotionale Sache geworden sind und daß die Autorität bei ihr liegt.

Die Welt steht auf dem Kopf. Die Tochter muß wie eine Mutter denken, und die Mutter trotzt wie ein Kind. Spielt den Sohn gegen die Tochter aus. »Dir geb ich die Vollmacht! Sie hat nie mit Geld umgehen können! Und sie hat außerdem ihre eigene dicke Rente! Wenn sie wieder bei mir wohnt und ißt – denk doch, was sie alles spart!« Wenn dann die Tochter empört Rechenschaft fordert, leugnet sie alles. »Ach was! Das hat er sich ausgedacht! Aber du könntest doch wirklich gleich wieder in dein altes Kinderzimmer ziehen! Dann brauchst du nicht bei Nacht und Nebel zu dir nach Hause zu fahren.«

Ob sie es tut oder nicht, ob sie sich sträubt oder nicht, sie hängt am Bändel, und die Mutter braucht nur zu zupfen. Das schmerzt, selbst wenn sie zu den Standhaften gehört und sagt: »Jetzt geht es dir wieder gut, und du hast hier den und den, der dir helfen kann, wenn du jemanden brauchst. Ich fahre wieder heim nach Freising.« Sie muß dann ertragen, daß sich die Mutter bei allen beklagt: »...sie ist immer schon so gewesen! Hauptsache, daß sie ihr Vergnügen hat. Die alte Mutter kann ja sehen, wie sie zurechtkommt! Aber verstehen kann man das wirklich nicht. Sie hat ja gar nichts zu tun! Und der Platz einer Tochter ist doch bei der alten Mutter, besonders jetzt, wo ich auch noch den Mann verloren habe!«

Die Lebenskraft des Menschen ist manchmal unbesiegbar, und der Egoismus – der Wunsch, nicht vergessen, nicht übersehen zu werden – im Alter so heftig und unverhüllt wie in der frühesten Kindheit. »Ich will!« sagt die Mutter, die ihren Kindern vor fünfzig oder sechzig Jahren eingedrillt hat: »Kinder mit dem Willen / kriegen was auf die Brillen!« Sie hat jetzt keine Zeit mehr für Höflichkeit und leise Bitten. Kein »Ich möchte gern« oder »Könntest du wohl...?« – einfach »Ich will« ohne die Möglichkeit zum Einwand, erst recht nicht zum Widerspruch. Wenn sich die Kinder nicht um diesen Willen kümmern, müssen sie es ausbaden. Da engagieren sie zum Beispiel Hilfstruppen, eine Frau am Vormittag, die mit der Mutter einen kleinen Spaziergang macht oder Besorgungen erledigt, die alte vertraute Putzfrau wie immer jeden Mittwoch, eine andere Person am Spätnachmittag zum Waschen und

Schlafengehen. Vielleicht dazu einen Wäschedienst, das Essen auf Rädern – wunderbar! Kaum aber ist die Tochter daheim, packt vielleicht gerade den Koffer für die Reise zur Freundin im Schwarzwald, da ruft der Bruder oder eine Nachbarin oder die treue Putzfrau an: »Alles aufgelöst! Alle rausgeschmissen! ›Ich habe Sie doch nicht engagiert! Das war meine Tochter! Was weiß die denn schon, was ich brauche! Die ist ja nie da!‹«

Wenn das nicht reicht, kommt die Nachricht von einem Sturz. Oder von der ersten Inkontinenz. Oder die Hiobsbotschaft: »Sie kann nichts mehr sehen! Der Augenarzt ist ratlos, aber sie sieht wirklich nichts! Du mußt erst mal wieder kommen.«

Die Tochter packt den Koffer um, ihre Freunde sagen: »Laß dich doch nicht an der Nase herumführen, denk doch an unsere Mutter! Bei der war es genauso«, und dann folgt die ganze Geschichte, und die Tochter hört zu, sagt an den richtigen Stellen ja und nein und packt ihren Koffer zu Ende. »Dann such ihr wenigstens jetzt sofort ein anständiges Heim. Vielleicht gibt's ja bei euch eins, in dem schon eine Freundin von ihr wohnt.«

Ja, sagt die Tochter, und vielleicht findet sie einen solchen Ausweg, aber in den meisten Fällen eben nicht. Die Mutter weigert sich. »Ich hab doch das schöne Haus und dich!«, und noch geht es auch. Die Mutter ist noch nicht bettlägerig, und die Augen haben sich wahrhaftig wieder gebessert. »Das warst du«, sagt sie voller Liebe, »du bist und bleibst doch meine Beste! Auf dich hab ich mich immer verlassen können.« Die Tochter wartet auf den Abschlußsatz: »... und ich habe ja auch immer alles für dich getan!« Das wäre der Schluß der Litanei, die sie nun tagtäglich hört. Auch wenn es nicht stimmt, auch wenn sie es war, die immer zur Kasse gebeten wurde – »Du hast doch dein gutes sicheres Gehalt, und ich muß unbedingt in diesem Jahr den Keller neu betonieren lassen, und dein

Bruder hat doch schließlich seine Familie –«, so spürt die Tochter genau, daß das alles nur Finten sind. Es ist die Angst vor dem Tode, mit der die alte Frau nicht allein gelassen werden will. Es ist die Angst, gegen die sie das Licht selbst der erpreßten Nähe braucht, das Licht der Liebe, des Erbarmens. Sie blüht auf, wenn ihr eigen Fleisch und Blut neben ihr steht, wenn sie nach der vertrauten Hand greifen und Halt finden kann.

So sitzt die Tochter in der Falle, und das Alter der Mutter ist nichts als ein langes Warten auf den Tod. Für das Kind aber kann es eine Qual und eine Belastung werden, die selbst beim Redlichsten und Liebevollsten oder beim Gottergebenen Gefühle aus der Tiefe des Ichs aufsteigen läßt, die sie später gar nicht mehr begreifen können, die ihnen das Gedächtnis gnädig löscht. Dreimal, fünfmal täglich windeln und waschen und windeln. Offene Haut salben. Kein Gespräch mehr möglich. Längst zu spät für ein Heim, längst über den Gedanken hinaus: »Es muß ja jetzt zu Ende gehen!« Dann sitzt das altgewordene Kind von siebzig neben dem neunzigjährigen Geschöpf, das einst seine Mutter war, und kann die Gedanken nicht abstellen. Einmal ein Anruf mitten in der Nacht: »Bitte sprich mit mir! Du bist die einzige, der ich sagen kann: Ich möchte am liebsten ein Kissen nehmen und sie damit ersticken. Ich habe eben darüber nachgedacht, wie lange es wohl dauern würde – ich flehe dich an, sprich mit mir, bis ich wieder bei mir bin, aber ich kann einfach nicht mehr.«

Wer hilft, braucht erst recht selber Hilfe. Wer sich rückhaltlos hingibt, braucht bei anderen Rückhalt, und das ist nicht nur ein christliches Problem der Nächstenliebe.

Man kann nach der Liebe fragen. Muß sie nicht stärker sein als alles andere? Es gibt Geschichten, die diese Frage so beantworten, daß man weiter an das Humane im Menschen glauben kann. Und es gibt Männer und Frauen, deren Erbarmen und deren Opferfähigkeit alles übersteigt. Aber es gibt eine Grenze für die Kraft des Körpers und der Seele. Manchmal bricht jemand einfach zusammen, und dann muß es ja auch ohne ihn weitergehen, irgendwie.

Manchmal bricht nur die Seele zusammen, weicht aus in eine imaginäre Welt, in der sie sich alles so zurechtrückt, daß sie es ertragen kann. Wahn – sagen die anderen, aber schließlich besteht das ganze Leben aus Strategien und auch Einbildungen, die uns ein Dasein ohne allzuviel Ärger und Schmerzen gestatten. Im sogenannten gesunden, alltäglichen Zustand ähneln sich diese Strategien. Eine Art Seelenkonvention entsteht, einer kann den anderen verstehen. In Extremfällen aber hat die Seele keine allgemein üblichen Entwürfe, zwischen denen sie wählen könnte. Sie muß sich ausgerechnet im Augenblick der tödlichen Belastung ihre eigene Strategie entwerfen.

Wenn alles vorbei ist, wenn der Druck wieder verschwindet, ist diese Hilfswelt nicht mehr nötig. Kann verblassen, sich auflösen, wieder in das übergehen, was wir den normalen vernünftigen Alltag nennen.

»Bitte sprich mit mir!« – das war der Hilfeschrei des Menschen, der in dieser Vernunftwelt bleiben und nicht hinabgerissen werden wollte in die Abgründe, die immer in uns lauern. Sprich mit mir, überlaß mich nicht der Versuchung. Sigmund Freud schrieb vor einem Menschenalter in »Totem und Tabu«: »Wenn eine Frau ihren Mann, eine Tochter ihre Mutter durch den Tod verloren hat, so ereignet es sich nicht selten, daß die Überlebende von peinigenden Bedenken, die wir ›Zwangsvorwürfe‹ heißen, befallen wird, ob sie nicht selbst durch eine Unvorsichtigkeit oder Nachlässigkeit den Tod der geliebten Person verschuldet habe. Keine Erinnerung daran, wie sorgfältig sie den Kranken gepflegt, keine sachliche Zurückweisung der behaupteten Verschuldung vermag der Qual ein Ende zu machen, die etwa den pathologischen Ausdruck einer

Trauer darstellt und mit der Zeit langsam abklingt. Die psychoanalytische Untersuchung solcher Fälle hat uns die geheimen Triebfedern des Leidens kennen gelehrt. Wir haben erfahren, daß diese Zwangsvorwürfe in gewissem Sinne berechtigt und nur darum gegen Widerlegung und Einspruch gefeit sind. Nicht als ob die Trauernde den Tod wirklich verschuldet oder die Vernachlässigung wirklich begangen hätte, wie es der Zwangsvorwurf behauptet; aber es war doch etwas in ihr vorhanden, ein ihr selbst unbewußter Wunsch, der mit dem Tode nicht unzufrieden war, und der ihn herbeigeführt hätte, wenn er im Besitze der Macht gewesen wäre. Gegen diesen unbewußten Wunsch reagiert nun der Vorwurf nach dem Tode der geliebten Person. Solche im Unbewußten versteckte Feindseligkeit hinter zärtlicher Liebe gibt es nun in fast allen Fällen von intensiver Bindung des Gefühls an eine bestimmte Person, es ist der klassische Fall, das Vorbild der Ambivalenz menschlicher Gefühlsregungen. Von solcher Ambivalenz ist bei einem Menschen bald mehr bald weniger in der Anlage vorgesehen; normalerweise ist es nicht so viel, daß die beschriebenen Zwangsvorwürfe daraus entstehen können. Wo sie aber ausgiebig angelegt ist, da wird sie sich gerade im Verhältnis zu den allergeliebtesten Personen da, wo man es am wenigsten erwarten wird, manifestieren.«

Das wurde 1913 veröffentlicht, als die Zahl der Uralten noch gering war, absolut und relativ. Die Alten von heute fragen sich: Sind wir nicht eine unzumutbare Last für die Kinder geworden?

Wer alt zu werden beginnt, der hofft, daß die Antwort darauf nicht Ja lautet.

Die Stunde ist ungewiß oder Gevatter Tod

Es hatte ein armer Mann zwölf Kinder und mußte Tag und Nacht arbeiten, damit er ihnen nur Brot geben konnte. Als nun das dreizehnte zur Welt kam, wußte er sich in seiner Not nicht zu helfen, lief hinaus auf die große Landstraße und wollte den ersten, der ihm begegnete, zu Gevatter bitten. Der erste, der ihm begegnete, das war der liebe Gott, der wußte schon, was er auf dem Herzen hatte, und sprach zu ihm: »Armer Mann, du dauerst mich, ich will dein Kind aus der Taufe heben, will für es sorgen und es glücklich machen auf Erden.« Der Mann sprach: »Wer bist du?« – »Ich bin der liebe Gott.« – »So begehr ich dich nicht zu Gevatter«, sagte der Mann, »du gibst dem Reichen und lässest den Armen hungern.« Das sprach der Mann, weil er nicht wußte, wie weislich Gott Reichtum und Armut verteilt. Also wendete er sich von dem Herrn und ging weiter. Da trat der Teufel zu ihm und sprach: »Was suchst du? willst du mich zum Paten deines Kindes nehmen, so will ich ihm Gold die Hülle und Fülle und alle Lust der Welt dazu geben.« Der Mann fragte: »Wer bist du?« – »Ich bin der Teufel.« – »So begehr ich dich nicht zum Gevatter«, sprach der Mann, »du betrügst und verführst die Menschen.« Er ging weiter, da kam der dürrbeinige Tod auf ihn zugeschritten und sprach: »Nimm mich zu Gevatter.« Der Mann fragte: »Wer bist du?« – »Ich bin der Tod, der alle gleich macht.« Da sprach der Mann: »Du bist der rechte, du holst den Reichen wie den Armen ohne Unterschied, du sollst mein Gevattersmann sein.« Der Tod antwortete: »Ich will dein Kind reich und berühmt machen, denn wer mich zum Freunde hat, dem kanns nicht fehlen.« Der Mann sprach: »Künftigen Sonntag ist die Taufe, da stelle dich zu rechter Zeit ein.« Der Tod erschien, wie er versprochen hatte, und stand ganz ordentlich Gevatter.

Als der Knabe zu Jahren gekommen war, trat zu einer Zeit der Pate ein und hieß ihn mitgehen. Er führte ihn hinaus in den Wald, zeigte ihm ein Kraut, das da wuchs, und sprach: »Jetzt sollst du dein Patengeschenk empfangen. Ich mache dich zu einem berühmten Arzt. Wenn du zu einem Kranken gerufen wirst, so will ich dir jedesmal erscheinen: Steh ich zu Häupten des Kranken, so kannst du keck sprechen, du wolltest ihn wieder gesund machen, und gibst du ihm dann von jenem Kraut ein, so wird er genesen; steh ich aber zu Füßen des Kranken, so ist er mein, und du mußt sagen, alle Hilfe sei umsonst, und kein Arzt in der Welt könne ihn retten. Aber hüte dich, daß du das Kraut nicht gegen meinen Willen gebrauchst, es könnte dir schlimm ergehen.«

Es dauerte nicht lange, so war der Jüngling der berühmteste Arzt auf der ganzen Welt. »Er braucht nur den Kranken anzusehen, so weiß er schon, wie es steht, ob er wieder gesund wird, oder ob er sterben muß«, so hieß es von ihm, und weit und breit kamen die Leute herbei, holten ihn zu den Kranken und gaben ihm so viel Gold, daß er bald ein reicher Mann war.

Nun trug es sich zu, daß der König erkrankte: Der Arzt ward berufen und sollte sagen, ob Genesung möglich wäre. Wie er aber zu dem Bette trat, so stand der Tod zu den Füßen des Kranken, und da war für ihn kein Kraut mehr gewachsen. »Wenn ich doch einmal den Tod überlisten könnte«, dachte der Arzt, »er wirds freilich übelnehmen, aber da ich sein Pate bin, so drückt er wohl ein Auge zu: ich wills wagen.« Er faßte also den Kranken und legte ihn verkehrt, so daß der Tod zu Häupten desselben zu stehen kam. Dann gab er ihm von dem Kraute ein, und der König erholte sich und ward wieder gesund. Der Tod aber kam zu dem Arzte, machte ein böses und finsteres Gesicht, drohte mit dem Finger und sagte: »Du hast mich hinter das Licht geführt: diesmal will ich dirs nachsehen, weil du mein Pate bist, aber wagst du das noch einmal, so geht dirs an den Kragen, und ich nehme dich selbst mit fort.«

Bald hernach verfiel die Tochter des Königs in eine schwere Krankheit. Sie war sein einziges Kind, er weinte Tag und Nacht, daß ihm die Augen erblindeten, und ließ bekanntmachen, wer sie vom Tode errettete, der sollte ihre Gemahl werden und die Krone erben. Der Arzt, als er zu dem Bette der Kranken kam, erblickte den Tod zu ihren Füßen. Er hätte sich der Warnung seines Paten erinnern sollen, aber die große Schönheit der Königstochter und das Glück, ihr Gemahl zu werden, betörten ihn so, daß er alle Gedanken in den Wind schlug. Er sah nicht, daß der Tod ihm zornige Blicke zuwarf, die Hand in die Höhe hob und mit der dürren Faust drohte; er hob die Kranke auf, und legte ihr Haupt dahin, wo die Füße gelegen hatten. Dann gab er ihr das Kraut ein, und alsbald röteten sich ihre Wangen, und das Leben regte sich von neuem.

Der Tod, als er sich zum zweitenmal um sein Eigentum betrogen sah, ging mit langen Schritten auf den Arzt zu und sprach: »Es ist aus mit dir und die Reihe kommt nun an dich«, packte ihn mit seiner eiskalten Hand so hart, daß er nicht widerstehen konnte, und führte ihn in eine unterirdische Höhle. Da sah er, wie tausend und tausend Lichter in unübersehbaren Reihen brannten, einige groß, andere halbgroß, andere klein. Jeden Augenblick verloschen einige, und andere brannten wieder auf, also daß die Flämmchen in beständigem Wechsel hin- und herzuhüpfen schienen. »Siehst du«, sprach der Tod, »das sind die Lebenslichter der Menschen. Die großen gehören Kindern, die halbgroßen Eheleuten in ihren besten Jahren, die kleinen gehören Greisen. Doch auch Kinder und junge Leute haben oft nur ein kleines Lichtchen.« »Zeige mir mein Lebenslicht«, sagte der Arzt und meinte, es wäre noch recht groß. Der Tod deutete auf ein kleines Endchen, das eben auszugehen drohte, und sagte: »Siehst du, da ist es.« – »Ach, lieber Pate«, sagte der erschrockene Arzt, »zündet mir ein neues an, tut mirs zuliebe, damit ich meines Lebens genießen kann, König werde und Gemahl der schönen Königstochter.« – »Ich kann nicht«, antwortete der Tod, »erst muß eins verlöschen, eh ein neues anbrennt.« – »So setzt das alte auf ein neues, das gleich fortbrennt, wenn jenes zu Ende ist«, bat der Arzt. Der Tod stellte sich, als ob er seinen Wunsch erfüllen wollte, langte ein frisches großes Licht herbei: aber weil er sich rächen wollte, versah ers beim Umstecken absichtlich, und das Stückchen fiel um und verlosch. Alsbald sank der Arzt zu Boden, und war nun selbst in die Hand des Todes geraten.

Brüder Grimm, Der Gevatter Tod

Irgendwo in den Bergen gab es eine Sägemühle. Wenn man vorüberging, hörte man über dem Rauschen des Wassers das laute Kreischen der Schneideblätter, und unwillkürlich schaute man hinüber. Dann fiel der Blick auf eine weiße Hauswand, auf der zu lesen stand: »Ich schneide und schneide den ganzen Tag / ich schneide die Bretter zu deinem Sarg / du aber lebst.«

Ja, sagt man sich und schaut das Gebirge rings um sich an, steinern und weiß vom Firnschnee über den blauschwarzen Tannen, und wenn man Glück hat, ein kornblumenblauer Himmel darüber, ich lebe. Wer weiß, wie lang. Und denkt an den anderen Hausspruch: Ich geh und weiß nicht wohin / ich leb und weiß nicht wie lang / mich wundert's, daß ich so fröhlich bin.

Volksweisheit wie der Satz von der Sonnenuhr: Der Tod ist gewiß. Die Stunde ist ungewiß.

Früher, scheint mir, hat man öfter an den Tod gedacht. Oder: früher hat man unbefangener davon gesprochen. Welche Frau wußte schon, ob sie die nächste Schwangerschaft überlebte. Das Brautkleid lag zuunterst in der Aussteuertruhe und wartete darauf, das Totenhemd zu sein.

Das mag den Gedanken an das Alter ein anderes Gewicht gegeben haben. Es ist die Zeit zwischen tätigem Leben und Tod, und wenn man nicht vergißt, daß der Tod die größte Macht in diesem Leben ist und die einzige Gewißheit, so zögert man, das Alter zu verplanen. Es liegt in Gottes Hand – und selbst wenn man den alten Herrn nur als Symbol betrachtet: Wer oder was auch immer den genialen Plan des Lebens entworfen hat, in diesem System gibt es ein Verfallsdatum, und es hat noch keiner geschafft, den Code dieses Datums zu knacken.

Das bewunderungswürdigste ist aber die unbezwingbare Freude trotz allem an der beschränkten Zeit unseres Lebens. Mich wundert's, daß ich so fröhlich bin.

Konnte man das früher leichter sagen, weil man mehr davon sprach? Weil es nicht nur die Sprüche an Haus und Sonnenuhr waren, sondern weil man bei jedem Kirchgang, bei jedem Weg über Land an jeder Kapelle, an jeder gefährdeten und jeder Unglücksstelle das Kreuz gesehen hat?

Die Kreuze stehen heute noch, aber der Blick nimmt sie nicht wahr oder versteht nicht mehr, was das Kreuz sagt. Merkwürdigerweise hat in dem Kruzifixstreit 1995 in Bayern auch keiner dieses Offensichtliche gesagt, so als ob es ein anstößiges Geheimnis sei.

Der Mensch kann immer fröhlich sein, weil und so lange er lebt, denn was könnte uns mehr entzücken, als daß wir leben? Daß wir unsere Glieder regen, daß wir den blauen oder den regengrauen Himmel sehen und die Maiglöckchen und den frischen Kaffee riechen können, daß wir lieben können und geliebt werden, daß wir gesunde Kinder haben – die Liste ist lang. Und je älter wir werden, desto kostbarer werden uns die Geschenke des Lebens, desto länger wird die Liste der Freudensgründe und -ursachen.

Geschenke, unverdiente Gaben. Wem gebührt der Dank? Mir natürlich? Vielleicht ist unser kluger Kopf irgendwann so weit, daß nicht nur alte, abgenutzte Organe und Knochen ersetzt, sondern genetische Schwachstellen repariert oder restauriert werden können, ein kleines ewiges Leben. Ein Biß von den Äpfeln der Hesperiden. Muß ich deshalb nicht den Mitmenschen von der Wissenschaft dankbar sein, den Ärzten für das neue Herz, den Apothekern für das gute Kraut und Pülverchen?

Im Märchen ist es Gevatter Tod, der seinem Patensohn für eine Weile gestattet, seine Gesetze zu übertrumpfen. Aber als der Patensohn, der Arzt, den Tod betrügen will, wird dieser zornig.

Neue Kerzen, neue Herzklappen und Hüftgelenke. Der Tod bleibt gewiß, heute wie in der Zeit der Brüder Grimm, aber in einer Gesellschaft, in der der Arzt den Tod mehr als zweimal wie in diesem Märchen zu überlisten vermag, kann man den Gedanken an seine Macht verdrängen. Kann sich überarbeiten lassen, kann teure Kuren und Medikamente kaufen, kann turnen und tanzen und gegen alles angehen, was nach Greisenalter und Bresthaftigkeit riecht. Was hat ein Kreuz in dieser aktiven dritten Lebensphase zu suchen? Das Kreuz mit dem Corpus Christi, dem Leidenden, elend an sein Kreuz Geschlagenen? »Ich will das nicht sehen, es erinnert mich nur an den Tod«, sagte ein alter Mann mitten in der Diskussion um das Kruzifix in Klassenräumen.

Der Mann hatte recht. Der Gekreuzigte erinnert uns an den Tod. Aber der Mann hat auch unrecht. Wir sollen das Kreuz sehen. Wir sollen an den Tod denken, aber: »Ich bin die Auferstehung und das Leben, und wer an mich glaubt, wird niemals sterben.«

Das sagt das Kreuz, und das ist vielleicht einer der Sätze, die unsere Kultur stärker als alles andere geprägt haben: nicht der banale Glauben an ein gemütliches Paradies, in dem einen nicht mehr das Rheuma plagt und die ewigen kalten Füße, sondern der Glaube an die Güte Gottes, die uns auch in der Stunde unseres Todes nicht verlorengehen läßt. Die Güte des Schöpfers, der seine Geschöpfe auch in der erbärmlichen Gestalt noch liebt, die sie dem Erdenleben verdanken.

Ich weiß nicht, ob es früher die christliche Nächstenliebe den Menschen leichter gemacht hat, das Alter mit seinen Gebresten zu ertragen. Aber es gab die sieben Werke der Barmherzigkeit, die jedem auferlegt wurden: Hungrige speisen, Durstige tränken, Nackte bekleiden, Tote bestatten, Obdachlose beherbergen, Kranke pflegen und Gefangene aufsuchen.

Das waren ganz alltägliche Christenpflichten. Sicher wurden sie nicht immer und nicht von jedem Menschen erfüllt. Aber sie mahnten, jeder wußte, was er eigentlich tun müßte. Sie stellten auch ein Tabu dar: Um Christi willen standen die im Schutz der Gesellschaft, die Schutz und Hilfe brauchten.

Das waren Christenpflichten, das sind heute verschiedene politische Sozialprogramme, notwendigerweise. Denn wenn man die Steuerersparnis zu den höheren Werten und Zielen des täglichen Lebens rechnet, bleibt für die sieben Werke, freiwillig und um Gottes willen geleistet, nichts übrig. Das Tabu ist gefallen. So müssen der Hilflosen wegen Gesetze den Egoismus reglementieren. So kommen heute Pfleger zu den Alten, werden mit Geld akribisch abgerechnet, wir lassen sie die Rolle des christlichen Nächsten spielen und wundern uns, daß die Sache nicht klappt.

Das ist das Kreuz, das das Alter bestimmt: Keiner weiß, wann er seine letzte Pullman-Reise in die Arktis macht. Keiner weiß, wann er Hilfe für die letzte Zeit des Lebens braucht. Manche machen trotzdem Pläne, und das ist ja auch gut und schön. Man muß nur wissen, daß es Pläne auf Abruf werden. Dann genießt man vielleicht jeden Tag, der nach Plan verläuft, doppelt, und man genießt den Anblick des Baumes im Frühlingsgrün nicht nur in Thailand, sondern auch in der eigenen Straße.

Aber vielleicht müssen wir einmal nicht nur an unseren eigenen Genuß denken, sondern an den Satz des Philosophen Hegel: »Jede Zeit hat ihre Werte!« Diejenigen, mit denen wir noch leben, die abendländischen, humanistischen, christlichen Werte, haben offenbar ihre Zeit gehabt. Sie beruhen auf den Geboten des Alten und Neuen Testamentes, und zu den großen ethischen Werten gehören kleine alltägliche Werte wie Verzicht, Barmherzigkeit, Dankbarkeit, auch Höflichkeit. Das sind, ob wir es uns eingestehen oder nicht, für die nachwachsenden Generationen Museumswerte. Sie setzen sich gar nicht mehr damit auseinander. Sie lachen nicht einmal darüber. Sie entdecken sie nicht im Internet, und damit sind solche Werte nicht existent. Wer muß die Konsequenzen daraus ziehen? Wer kann es? Wer muß seine Denkschablonen austauschen? Welche neuen Prinzipien ergeben sich, wenn man die Ur-Ansprüche der Menschen, den ewig gleichen Verfall im Alter zugrunde legt und danach den Entwurf für die Zukunft bemißt, mit Compassion und Computer?

Was auf uns wartet oder Der reuige Sünder

Und er sprach zu Jesu: »Herr, gedenke an mich, wenn du in dein Reich kommst!« Und Jesus sprach zu ihm: »Wahrlich, ich sage dir: Heute wirst du mit mir im Paradiese sein.«

Lukas 23,42 und 43

Ein Mann hatte auf Erden siebzig Jahre gelebt und war immer ein großer Sünder gewesen. Und dieser Mann erkrankte und tat nicht Buße. Und als Tod zu ihm kam, da weinte er in seiner letzten Stunde und sprach: »Herr, vergib mir, wie du dem Schächer am Kreuz vergeben hast!« Kaum hatte er das gesagt, da verließ seine Seele den Leib. Und des Sünders Seele entbrannte in Liebe zu Gott und glaubte an seine Gnade und kam zur Himmelstür.

Und der Sünder klopfte an und begehrte Einlaß in das Himmelreich.

Und er vernahm eine Stimme von innen: »Wer ist es, der da klopft an das himmlische Tor? Und was für Werke hat dieser Mensch in seinem Leben vollbracht?«

Und es antwortete die Stimme des Anklägers und zählte alle Sünden des Menschen auf und nannte nicht ein einziges gutes Werk.

Und die Stimme hinter der Tür sprach: »Sünder können nicht eingehen in das Himmelreich. Hebe dich weg von hier!«

Und der Mensch sprach: »Herr! ich höre deine Stimme, aber ich sehe dein Antlitz nicht und weiß deinen Namen nicht.«

Und die Stimme erwiderte: »Ich bin Petrus, der Jünger des Herrn.«

Und der Sünder sprach: »Erbarme dich meiner, Petrus, gedenke der menschlichen Schwäche und der Gnade Gottes. Warst du nicht ein Jünger des Heilands, hörtest du nicht seine Lehre aus seinem eigenen Munde und hattest das Beispiel seines Lebens vor Augen? Aber erinnere dich, wie er bangte und seine Seele betrübt war und wie er dich dreimal bat, nicht zu schlafen, sondern zu beten; du aber schliefst, denn deine Augen waren schwer geworden, und dreimal fand er dich schlafend. So war es auch mit mir.

Und gedenke weiter, wie du ihm gelobtest, bis zu deinem Tode ihm treu zu bleiben, und wie du ihn dreimal verrietest, als man ihn zum Kaiphas führte. So war es auch mit mir.

Und gedenke endlich, wie der Hahn krähte, und du gingst hinaus und weintest bitterlich. So war es auch mit mir. Du kannst mich nicht von der Tür weisen.«

Und die Stimme hinter der Himmelstür verstummte.

Und der Sünder stand eine Zeitlang da und klopfte abermals an die Himmelstür und bat um Einlaß.

Und eine andere Stimme ertönte hinter der Tür und sprach: »Wer ist dieser Mann? Und wie hat er auf Erden gelebt?«

Und es antwortete die Stimme des Anklägers, zählte abermals alle schlimmen Taten des Sünders auf und nannte nicht ein einziges gutes Werk.

Und die Stimme hinter der Tür sprach: »Hebe dich von hinnen! So große Sünder dürfen nicht mit uns im Paradiese leben.«

Und der Sünder sprach: »Herr! ich höre deine Stimme, aber ich sehe dein Antlitz nicht und weiß deinen Namen nicht.«

Und die Stimme antwortete: »Ich bin David, der König und Prophet!« Und der Sünder verzweifelte nicht, ging nicht fort von der Himmelstür, sondern sprach: »Erbarme dich meiner, König David, und gedenke der menschlichen Schwäche und der göttlichen Gnade. Gott hatte dich lieb und erhob dich über alle Menschen. Alles hattest du – ein Königreich und Ruhm und Schätze und Weiber und Kinder; aber da erblicktest du vom Dach deines Palastes das Weib eines armen Mannes, und die Sünde fuhr in dich, und du nahmst das Weib des Urias und tötetest ihn selbst durch das Schwert der Ammoniter. Du, der reiche Mann, nahmst dem Armen sein einziges Schäflein und raubtest ihm auch das Leben. Gleiches tat auch ich.

Und gedenke weiter, wie du Buße tatst und sprachst: ›Herr, ich erkenne meine Missetat, und meine Sünde ist immer vor mir!‹ So ist es auch mit mir. Du kannst mich nicht von der Tür weisen.«

Und die Stimme innen verstummte.

Und wieder stand der Sünder eine Weile und begann dann von neuem zu klopfen und um Einlaß zu bitten. Und eine dritte Stimme ließ sich hinter der Tür vernehmen und sprach: »Wer ist dieser Mann? Und wie hat er auf Erden gelebt?«

Und es antwortete die Stimme des Anklägers, und zum dritten Mal zählte er alle Missetaten des Menschen auf und nannte nicht ein gutes Werk.

Und es sprach die Stimme hinter der Tür: »Hebe

dich von hinnen! Sünder können nicht in das Himmelreich eingehen.«

Und der Sünder antwortete: »Ich höre deine Stimme, aber ich sehe dein Antlitz nicht und weiß deinen Namen nicht.«

Und die Stimme sprach: »Ich bin Johannes Theologus, der Lieblingsjünger des Herrn.«

Da freute sich der Sünder und sprach: »Jetzt muß mir Einlaß werden. Petrus und David werden mich einlassen, weil sie die menschliche Schwachheit und die Gnade Gottes kennen, du aber wirst mich einlassen, weil du viel Liebe hast. Warst du es nicht, Johannes, der in seinem Buche schrieb, Gott sei die Liebe, und wer die Liebe nicht habe, der kenne Gott nicht? Sprachst du nicht als Greis zu den Menschen immer das eine Wort: ›Kindlein, liebet einander!‹ Wie könntest du mich denn jetzt hassen und vertreiben? Entweder mußt du verleugnen, was du selbst gesagt hast, oder mich liebgewinnen und mir Einlaß gewähren ins Himmelreich.« Und die Himmelstür ging auf, und Johannes umarmte den reuigen Sünder und führte ihn in das Himmelreich.

Lew Tolstoj, Der reuige Sünder

Das ist die letzte Geschichte dieser Sammlung. Da geht es um die Gnade und die himmlische Gerechtigkeit.

Gibt es das wirklich? Ist das nicht nur ein Symbol, ein kleiner Trostpreis für die Alten und die Einfältigen im Geiste? Wer weiß. Keiner kann sagen, was am Ende des Alters auf uns wartet. Manche glauben, es sei wie ein Schlaf, manche, immer weniger, glauben, es sei der Beginn des wahren Lebens.

Tolstoj erzählt von Himmel und Weltgericht, als ob sie wirklich oben, ein wenig über den Wolken stattfänden. So etwas bezeichnet man heute als Kinderglauben und meint es abfällig. Ein Kind lebt noch in einer Welt voll Vertrauen. Davon kommt ihm im Lauf des Lebens das meiste abhanden. Möchte man im Alter wieder auf irgendeine Gnade vertrauen können, so wie das Kind auf die unendliche Güte der Eltern vertraut? Oder besser: nicht auf irgendeine Gnade, sondern auf die Gnade des Schöpfers, der sie sich nicht durch Verdienste, Ruhm und Ansehen abverlangen läßt, sondern der seine Geschöpfe in seine unverdiente und unberechenbare Gnade hüllt. Auch den reuigen Sünder, der neben ihm am Kreuze hing und ihn bat: »Herr, gedenke an mich, wenn du in dein Reich kommst!«

Kann man das glauben?

Wer es glaubt, ist ein guter Freund im Alter. Sicher auch ein guter Arzt, ein guter Geliebter, ein gutes Kind. Bei ihnen brauchte ich keine Angst zu haben, was auch mit mir geschieht. Vielleicht ist das die letzte Gnade Gottes. Darüber muß man nachdenken, so lange man noch denken kann.

Nachweis der Texte

Die Geschichte von Noah: 1. Mose 6, aus: Die ganze Heilige Schrift des Alten und Neuen Testaments. Übersetzt von D. Martin Luther.

Im Alter endlich frei...: Bertolt Brecht, Die unwürdige Greisin. Aus: Gesammelte Werke, Band 11, © Suhrkamp Verlag, Frankfurt am Main 1967, S. 315–320.

Was ihm das Alter bringen würde: Aus: Marcus Tullius Cicero, Cato der Ältere über das Alter. Übersetzt von Max Faltner, © Artemis Verlag, München und Zürich o. J. (Auszüge).

Der alte Großvater: Der alte Großvater und der Enkel, aus: Brüder Grimm, Kinder- und Hausmärchen.

Gullivers Reise: Aus: Jonathan Swift, Reisen zu mehreren entlegenen Völkern der Erde von Lemuel Gulliver. Übersetzt von Franz Kottenkamp. Aufbau Verlag, Berlin 1967, Nachdruck bei Schreiber, Esslingen (in der Bearbeitung der Autorin).

Abschied vom Lebenden: Aus: Marie Luise Kaschnitz, Orte. Gesammelte Werke, Band 3, © Insel Verlag, Frankfurt am Main 1982 (Auszüge).

Nicht allein bleiben müssen...: Publius Ovidius Naso, Philemon und Baucis, aus: Metamorphosen. Nacherzählt von der Autorin.

Sorgt euch nicht um euer Leben: Matthäus 6,25–34, aus: Die ganze Heilige Schrift des Alten und Neuen Testaments. Übersetzt von D. Martin Luther.

Wege zu sich selbst: Aus: Marc Aurel, Wege zu sich selbst. Herausgegeben und übersetzt von Rainer Nickel. © Artemis Verlag, München und Zürich 1990 (Auszüge aus den Seiten 37, 39, 41, 43, 217 und 317).

Handelnd sterben: Aus: Velma Wallis, Zwei alte Frauen. Übersetzt von Christel Dormagen. © Ingrid Klein Verlag, Hamburg 1994 (Auszüge aus den Seiten 14–35).

Requiem ...: Aus: Peer Hultberg, Requiem. Übersetzt von Ursula Schmalbruch. © Residenz Verlag, Salzburg 1991, S. 449 f.

Ankunft und Abschied ...: Aus: Thomas Mann, Lotte in Weimar. © S. Fischer Verlag, Frankfurt am Main 1958 (die ersten beiden und die letzten beiden Seiten des Romans).

Der Tod eines Hundes: Aus: Grete Weil, Generationen. Benziger Verlag, Zürich, Köln 1983 (Auszüge aus den Seiten 152–154, 204–208). © Grete Weil, Verlag Nagel & Kimche AG, Zürich/Frauenfeld.

Der Nachsommer: Aus: Adalbert Stifter, Der Nachsommer. Insel-Verlag, Leipzig o. J. (Auszüge ab S. 115).

Laß es genug sein ...: Michelangelo Buonarroti, Gebet. Furche, Hamburg.

Der letzte dunkle Punkt: Aus: Theodor Fontane, Von Dreißig bis Achtzig. Nymphenburger Fontane-Ausgabe, Band X. Herausgegeben von Hans-Heinrich Reuter. © Nymphenburger Verlagshandlung, München 1970, S. 229, 313, 351 und 425 f. (Auszüge).

Der undankbare Sohn: Der undankbare Sohn, aus: Brüder Grimm, Kinder- und Hausmärchen.

Leben im Heim: Aus: Heinrich Albertz, Am Ende des Weges. © Kindler Verlag, München 1989, S. 38–43.

Du bist alt ...: Aus: Simone de Beauvoir. Der Lauf der Dinge. Übersetzt von Paul Baudisch. © Rowohlt Verlag, Reinbek 1966, S. 620–623.

Die Geschichte vom Feigenbaum: Nach einer indischen Legende erzählt von der Autorin.

Die Last für die Kinder ...: Aus: Philip Roth, Mein Leben als Sohn. Übersetzt von Jörg Trobitius. © Carl Hanser Verlag, München Wien 1992 (Auszüge aus den Seiten 149–158).

Die Stunde ist ungewiß ...: Der Gevatter Tod, aus: Brüder Grimm, Kinder- und Hausmärchen.

Was auf uns wartet ...: Lew Tolstoj, Der reuige Sünder. Aus: Volkserzählungen und Legenden. Übersetzt von Guido Waldmann. © Philipp Reclam Jun., Stuttgart 1951, S. 218–221.

SERIE PIPER

Sybil Gräfin Schönfeldt

Kinder brauchen Großmütter

191 Seiten. SP 2127

Sybil Gräfin Schönfeldt macht in diesem Buch Mut, als Großeltern sich einzumischen, sich der wichtigen Rolle bewußt zu sein und auf die Enkelkinder zuzugehen. Denn Mutter oder Vater können niemals bieten, was Großeltern voraushaben. Nicht nur mehr Zeit und Muße, sondern auch die Geschichte und die Geschichten der älteren Generation.
Großmütter (und Großväter!) haben bekanntlich alles, was Eltern nicht haben: Zeit, Muße, tröstende Worte, Phantasie und jede Menge Geschichten und Geschenke, die es nicht überall zu kaufen gibt. Kinder brauchen heute mehr denn je die andere, die ältere Generation. Sie brauchen auch Menschen, nahe Menschen, die von einer anderen Zeit und einer anderen Welt erzählen können. Noch jedes Kind ist begeistert, wenn eine wirkliche Geschichte mit dem Satz beginnt: »Als dein Papi so klein war wie du, da ...« Sybil Gräfin Schönfeldt gibt in diesem Buch ein höchst persönliches, lebendiges und energisches Plädoyer für die Rückgewinnung der Großeltern, sie spricht sogar von der Pflicht und Verantwortung, sich in das Leben der Enkelkinder einzumischen. Was ein Kind von einer Großmutter und/oder einem Großvater bekommen kann, kann ihm niemals Mutter und/oder Vater geben.

»Die Autorin spricht nicht von Idealgestalten, sondern von lieben, aufgeschlossenen Großmüttern, die manchmal sogar den Unsinn der Enkel mitmachen.«
Welt am Sonntag

Bei Großmutter ist es am schönsten

Ein Handbuch für Großeltern. Gemeinsam spielen, essen, lesen, basteln, malen, Feste feiern. Illustriert von Steffen Butz. 269 Seiten. SP 2517

Für moderne Großeltern hat Sybil Gräfin Schönfeldt tausend kleine Reime, Spiele, Texte und all die andern Anleitungen zum gemeinsamen Spielen, Essen und Basteln gesammelt.

SERIE PIPER

Norberto Bobbio

Vom Alter

De senectute. Aus dem Italienischen von Annette Kopetzki. 128 Seiten. SP 2803

Der Turiner Rechtsphilosoph – seit Jahrzehnten eine intellektuelle Institution in Italien – erzählt hier gänzlich unprofessoral, unbestechlich nüchtern, mit hellwacher Aufmerksamkeit, wie er sein Altwerden erfahren und was er dabei erkannt hat – ein selbstkritisches, bescheidenes, sehr persönliches Buch, dessen Realismus in heitere Gelassenheit mündet.

Es gibt immer mehr Alte, die immer älter werden, und dabei wandeln sich die Anschauungen über das, was Alter ist und wann es beginnt, immer schneller. Nur die Werbespots und die Botschaften der Ratgeber wissen es genau: Moderne Senioren sind frisch, quick, sexy und optimistisch. Ganz anders dagegen Norberto Bobbio, der große alte Rechtsphilosoph aus Turin, in seinen Gedanken über das Alter und über das, was er beim Altwerden erfahren hat. In Italien ist Bobbio eine intellektuelle Institution und singuläre Autorität. In diesem sympathischen Buch spricht er als ein gescheiter alter Mann sehr einfach und klar über das Leben, den Tod und über sich selbst. Und er tut dies mit heiterer Melancholie. Am Anfang steht eine Art Selbsterkundung – offen, bescheiden, selbstkritisch. Mit illusionslos klarem Blick sieht und benennt Bobbio die Schwächen des Alters, er beschwört die Kraft des Erinnerns als Quelle der Lebendigkeit, er räsoniert über die modische Parole »das Alter genießen« und die handfesten Vermarktungsinteressen, denen sie dient.

»Es ist ein glasklares, unprätentiös schlichtes, beispielhaft nüchternes Buch, melancholisch zuweilen, trotzdem nicht depressiv, sondern von einem humanen Humor erwärmt.«
Ludger Lütkehaus, Die Zeit

Angelika Aliti

Der weise Leichtsinn

Frauen auf der Höhe ihres Lebens. 259 Seiten. SP 2440

»Alte Drachen haben mehr Spaß am Leben als brave Seniorinnen«, schreibt Angelika Aliti und muntert die Frauen ab fünfzig zum femininen Ungehorsam auf. Denn Frauen ab fünfzig auf Klimakterium und Großmutterschaft zu reduzieren, das hält sie für grundfalsch, und sie vermißt ein positives Frauenbild für diesen Lebensabschnitt. Ist es ganz ungewöhnlich zu behaupten – und das tut Aliti –, daß sich Frauen in diesem Alter auf der Höhe ihres Lebens befinden? Herausgetreten aus dem »Wald der Wichtigkeiten«, sind sie stark und frei, ihre noch nicht gelebten Möglichkeiten, Kräfte und Talente zu entdecken und auszuleben. Scharfsinnig, witzig, charmant und eloquent fordert Angelika Aliti ihre Leserinnen auf, die zweite Lebenshälfte selbst in die Hand zu nehmen, denn schließlich ist das Glas nicht halbleer, sondern halbvoll …

Irene Stratenwerth

Wahn & Sinn

Verrückte Lebenswege von Frauen. 163 Seiten. SP 2762

Wie sich Menschen fühlen, die den Wahnsinn erleben oder erlebt haben, bleibt normalerweise im dunkeln. Menschen mit einer Psychose behalten ihr Erleben – zwischen Euphorie und Todesangst, zwischen Verwirrung und neuer Geistesgegenwart – und ihre inneren wie äußeren Dramen für sich. Erst seit wenigen Jahren versucht eine neue Initiative, die Bewegung der »Psychiatrie-Erfahrenen«, das zu ändern. Frauen spielen hier eine besonders aktive Rolle. Sie haben erkannt, wieviel Sinn im Kranksein stekken kann, und sie möchten davon Mitteilung machen. Die Frauen, die hier zu Wort kommen, stellen sich vor als: eine Stimmenhörerin, eine Malerin, eine Psychotherapeutin, eine Selbstverletzerin, eine Geheilte, eine »unheilbar Geisteskranke«, eine Schizophrene und eine »Expertin aus Erfahrung«.

SERIE PIPER

SERIE PIPER

Shere Hite / Kate Colleran

Keinen Mann um jeden Preis

Aus dem Amerikanischen von ILS und Margaret Minker. 245 Seiten. SP 1226

Immer mehr Frauen entscheiden sich, alleine zu leben. Shere Hite hat in zahlreichen Interviews herausgefunden, daß die meisten Single-Frauen sich wohlfühlen, oft sogar besser leben, befreit von ehelichen Pflichten und männlicher Bevormundung. Der Mythos vom »weiblichen Masochismus«, so die Autorinnen, hat ausgedient. Frauen lieben, aber nicht um jeden Preis! »Keinen Mann um jeden Preis« ist die Essenz des dritten Hite-Reports »Frauen und Liebe«. Am Beispiel zahlreicher Berichte und Kommentare von Frauen, über ihre Situation und ihr Lebensgefühl, beschreiben Shere Hite und Kate Colleran, was derzeit in der Liebe so schiefläuft und warum.

Eva Jaeggi / Walter Hollstein

Wenn Ehen älter werden

Liebe, Krise, Neubeginn. 310 Seiten. SP 867

Das große Problem der privaten Existenz ist für die Menschen unserer Epoche die Partnerschaft. Eva Jaeggi und Walter Hollstein beschreiben in diesem Buch Liebe und Kontakte zwischen Frau und Mann. Wie ist Partnerschaft heute möglich? Läßt sich das Außergewöhnliche der Liebe mit dem Gewöhnlichen des Alltags verbinden?
Für ihre Darstellung haben die Autoren eine Mischform gewählt: Interviews, Zwiegespräche, Erzählungen der Betroffenen, Tagebuchnotizen und Berichte der Partner wechseln sich ab mit den Beobachtungen, Kommentaren, Analysen und Interpretationen der Autoren. Das Ergebnis ist ein flüssig zu lesendes, außerordentlich anregendes und hilfreiches Buch, das die Partnerschaft bejaht, ohne ihre Konflikte zu leugnen.

SERIE PIPER

Barbara Dobrick

Abschied von den Kindern

Loslassen und sich neu begegnen. 261 Seiten. SP 2305

Die normalen Probleme der Ablösung von Eltern und Kindern sind bekannt: In der Pubertät werden Söhne und Töchter schwierig, irgendwann ziehen sie aus, sie brauchen eine Phase der inneren Distanzierung, die meistens heftige Auseinandersetzung bedeutet. Irgendwann wollen und müssen sie selbst über ihr Leben bestimmen. Heute aber ist das Problem der Ablösung in einer Weise verschärft, die viele Eltern verzweifeln läßt: Ihre Kinder sind voller Ablehnung, Groll, Schuldzuweisungen, Vorwürfe, oft überhaupt nicht bereit, ein eigenes Leben anzufangen.
Barbara Dobrick, die alle Facetten dieses besonderen Generationen-Konflikts unserer Zeit beschreibt, ermutigt Eltern, den Abschied von ihren Kindern bewußter zu erleben, sich den Auseinandersetzungen offener zu stellen und – heute ein verbreitetes Phänomen – sich nicht auf Dauer in die Defensive drägen zu lassen von den Vorwürfen der Söhne und Töchter, von der eigenen Unsicherheit, den eigenen Schuldgefühlen, Ängsten und Wünschen. Sie plädiert für ein neues Selbtbewußtsein der Eltern und zeigt, daß Selbstachtung und Respekt vor dem anderen gleichermaßen wichtig sind für die Entwicklung neuer Möglichkeiten, einander zu begegnen.

»Fazit des Buches – und Bilanz vieler Eltern, die erwachsene Kinder haben: Es gibt eine Phase im Leben der Töchter und Söhne, da können die Erziehungsberechtigten eigentlich nur alles falsch machen. Zuviel Verständnis wird zurückgewiesen, Nachgiebigkeit als Hilflosigkeit verachtet, Strenge oder auch nur Abgrenzung führt zu Dauerkrächen. Bemerkenswert ist, wie groß heutzutage die Bereitschaft der Eltern ist, alle Schuld auf sich zu nehmen.«

Deutsches Allgemeines Sonntagsblatt

SERIE PIPER

Heiner Keupp (Hrsg.)

Der Mensch als soziales Wesen

Sozialpsychologisches Denken im 20. Jahrhundert. Ein Lesebuch. 378 Seiten. SP 1975

Wie sehr Menschen soziale Wesen sind, wird ihnen erst bewußt, wenn sich ihr vertrauter gesellschaftlicher Rahmen verändert. Sie fühlen sich dann zunehmend »unbehaust« und suchen nach ihren Fundamenten, nach Heimat, Gemeinschaft, Identität. Gegenwärtig leben wir in einer solchen Situation. Die Auseinandersetzung mit der Frage, was eigentlich den Menschen zum »sozialen Wesen« macht, bekommt in der Krise aktuellen Sinn. Ist der Mensch von seiner Triebausstattung her dazu verurteilt, des Menschen Wolf zu sein? Kann er überhaupt die ihm spezifische Chance zu Freiheit und Selbstbestimmung wahrnehmen? Zu diesen Grundfragen der Sozialpsychologie versammelt dieses Lesebuch zentrale Texte des 20. Jahrhunderts.

Michael Murphy

Golf und Psyche

Der kleine weiße Ball und die Intuition des Spiels. Aus dem Amerikanischen von Michael Windgassen. 247 Seiten. SP 2761

Golf ist keineswegs nur die Fertigkeit, einen kleinen weißen Ball in einem Loch zu plazieren – Golf ist auch die Möglichkeit, ins Nirwana einzugehen. Wie Golf zur Seelenübung und Kraftquelle werden, auch zur mystischen Erfahrung und zur Ekstase führen kann, das erzählt dieses kurzweilige, anekdotenreiche Buch des Psychologen Michael Murphy, das bei amerikanischen Golfern schon vor Jahren zum Kultbuch avanciert ist, zu einer Art »Zen oder Die Kunst, einen Golfball zu schlagen«. John Updike urteilte im »New Yorker« darüber: »Golf ist die mystischste aller Sportarten, die am wenigsten erdgebundene, es ist die Sportart, die die Mauern zwischen uns und dem Übernatürlichen am durchlässigsten macht. Murphys Buch steckt voller Witz und Weisheit.«

Alice Fuldauer

Fatale Liebe

Mord und Totschlag in der Partnerschaft. Aus dem Niederländischen von Eva Schweikart. 191 Seiten. SP 2239

Täglich schwören sich Paare ewige Liebe – bis daß der Tod uns scheidet. Wenn Liebe in Haß umschlägt, wenn jahrelang Demütigungen und Mißhandlungen das Leiden unerträglich machen oder ein Partner die Beziehung beenden will, kann es passieren, daß das Ehegelöbnis wörtlich genommen wird und ein Ehepartner den anderen umbringt. Die Motive sind so verschieden, wie es kein einheitliches Täterprofil gibt. Alice Fuldauer hat zwölf Jahre lang geforscht und Menschen interviewt, die ihren Partner getötet, zu töten versucht oder bei der Tötung des Partners mitgeholfen haben. Das beunruhigende Fazit ihrer Untersuchungen auf dem Schlachtfeld der Liebe: Jedem von uns kann es passieren. Wenn wir nicht zufällig – oder aus purer Selbsterhaltung – vorher die Notbremse ziehen.

Elisabeth Müller-Luckmann

Die große Kränkung

Wenn Liebe ins Leere fällt. 137 Seiten. SP 2565

Er will »nur mal eben« Zigaretten holen und kommt nicht wieder. Der Märchenprinz hat sich einer anderen zugewandt und hinterläßt eine schmerzliche Leere. Die Gefühle verlassener Frauen hat die Psychologin Elisabeth Müller-Luckmann in diesem Buch untersucht. Setzen Frauen Erwartungen in Liebe und Partnerschaft, die Männer einfach nicht erfüllen können? Ist die große Kränkung also geradezu vorprogrammiert? In ihrer Beratungspraxis hat die Autorin mit vielen Frauen in der Verzweiflung des Verlassenseins gesprochen und dabei bestimmte weibliche Beziehungsmuster entdeckt: Frauen bauen fiktive Manns-Bilder auf, sie erhöhen den Stellenwert des Geliebtwerdens und verlieren so den Kontakt zur Wirklichkeit und zu den eigenen Bedürfnissen. Seit dem Erscheinen 1985 ist dieses Buch zum Standardwerk geworden.

SERIE PIPER

Rosmarie Welter-Enderlin

Paare – Leidenschaft und lange Weile

Frauen und Männer in Zeiten des Übergangs. 336 Seiten. SP 2164

Der Anspruch auf Gleichberechtigung von Frauen und Männern stellt auch – oder gerade – die Beziehungen zwischen den Geschlechtern auf die Probe. Daß es dabei häufiger kriselt als im herkömmlichen Eheschema unserer Eltern und Großeltern, ist kein Wunder.

Krisen gehören zu jeder lebendigen Paarbeziehung, wenn die Liebe nicht zur leeren Form erstarren soll. Sie sind Vorboten von fälligem Wandel, für die wir eigentlich dankbar sein müßten. Wer aber mittendrin steckt, wünscht sie zum Kuckuck und sehnt sich zurück nach der »guten alten Zeit«, als Mann und Frau noch wußten, wo sie hingehörten und nicht jeden Morgen die moderne Frage beantworten mußten: Bleiben wir in der Beziehung, weil wir glücklich sind – oder einfach aus Gewohnheit?

Hier geht es nicht um simple Reparaturmodelle für Beziehungskonflikte; die Autorin sucht vielmehr die vielfältigen Entwicklungschancen für das Zusammenleben von Mann und Frau in der Auseinandersetzung mit historisch und biographisch gewachsenen inneren Leitbildern und äußeren Strukturen – so wenn sie etwa dazu auffordert, die herrschenden Bilder von »Männlichkeit« und »Weiblichkeit« aufzuweichen und individuell neu zu bestimmen.

Die hier versammelten Fallbeispiele zeigen, wie Menschen ihre Lebensläufe neu definieren können, wenn sie in der Lage sind, eingefahrene Wege zu verlassen.

»Die Schweizer Familientherapeutin hat 33 Paare, die vor Jahren bei ihr zur Beratung waren, gefragt, wie sie sich inzwischen entwickelt haben, und ihre Berichte aufgeschrieben. Hier werden ›Fälle‹ nicht in Ratgebermanier über einen Kamm geschoren, sondern individuell ausgeleuchtet. Wer sich darauf einläßt, bekommt Denkanstöße für den eigenen Weg.«

Brigitte

Hans Jellouschek

»Warum hast du mir das angetan?«

Untreue als Chance. 191 Seiten. SP 2465

Wenn einer von beiden fremdgeht und der andere das erfährt, erlebt der Betrogene einen Schock, einen Bruch des Vertrauens und fühlt dann meistens nur noch, daß alles zu Ende ist... Daß ein Seitensprung keineswegs der Tod der Beziehung sein muß, daß diese Situation viele Chancen für einen neuen und gemeinsamen Aufbruch birgt, beschreibt der Therapeut Hans Jellouschek in diesem Buch am Beispiel von drei Paaren, die es anders machen. Untreue kann auch als »kritisches Lebensereignis« gewertet werden, das alle herausfordert, alte, eingefahrene Gleise zu verlassen und zu neuen Ufern aufzubrechen. Durch den Seitensprung nämlich werden oft zum ersten Mal wichtige Themen des Paares und seiner Beziehung angesprochen, die bisher unter den Teppich gekehrt wurden. Jellouschek plädiert gegen schnelle »Alles-oder-nichts-Lösungen«, wohl aber für einen langen Atem, Geduld und viel Toleranz.

»Kann ein Seitensprung gut sein für die Beziehung? Hans Jellouschek meint ja. Er glaubt, daß das Ausbrechen eines Partners aus der Ehe ein ›Aufbruch in ein unbekanntes Land‹ ist, das ein ›gelobtes Land‹ sein kann, ›wenn alle Beteiligten sich den Erfahrungen ehrlich stellen, die sie auf dem Weg machen werden‹. Das wird bei manchen Betroffenen ungläubiges Kopfschütteln auslösen. In seinem Buch erklärt der Theologe und Eheberater jedoch, warum man eine solche Krise als Aufforderung zum Wandel betrachten und wie man das beste daraus machen kann...
Die Stärke des Buches zeigt sich da, wo der Autor auf seine langjährigen Erfahrungen als Therapeut zurückgreift, nämlich bei den Lösungsvorschlägen.«

Psychologie heute

SERIE PIPER

Lesen bildet Meinung.
Mit uns garantiert.
Frankfurter Rundschau
Unabhängige Tageszeitung
Die Zeitung zwei Wochen zum Nulltarif.
☎ 08 00/8 666 8 66